Elisabeth Lukas

Geborgensein – worin?

Logotherapeutische Leitlinien zur Rückgewinnung des Urvertrauens

Herder
Freiburg · Basel · Wien

Umschlaggestaltung:
Werbeagentur Kraxenberger / München.

Das Foto auf dem Umschlag stammt von Max Steiger:

Totale Sonnenfinsternis in Mexico 1991.

2. Auflage

Herstellung: Freiburger Graphische Betriebe 1994
Gedruckt auf umweltfreundlichem, chlorfrei gebleichtem Papier
ISBN 3-451-23201-4

Inhalt

Für Panagiotis Tsachiotis
einen begnadeten Arzt,
und Gerhard Pfohl,
einen großen Befürworter
geistiger Werte

Geborgensein – Urzustand menschlicher Existenz?

Vorwort von Angela Steiger-Ronner

Die für jeden Menschen zentrale Frage nach dem Warum des Daseins kann nur sinnvoll sein auf dem Hintergrund der Annahme eines außerhalb meiner Existenz, jenseits meiner menschlich begrenzten Welterfahrung existierenden Willens, indem ich in meinem Dasein als Geschöpf von einem Schöpfer gewollt bin, lange bevor ich selber wollen kann. Natürlich kann ich dieses Gewolltsein zunächst nicht einfach in existentieller Ahnungslosigkeit als Urzustand des Geborgenseins annehmen, sondern ich muß mir zuvor meiner individuellen Freiheit bewußt werden, selber wollen zu können, also auch anders oder sogar nicht wollen zu können. Ich muß gleichsam den vorbewußten paradiesischen Zustand verlassen und „jenseits von Eden" in wachsender Differenzierung erwachenden Bewußtseins meine subjektive Freiheit erproben mit all den in meiner Persönlichkeit angelegten Möglichkeiten der Entwicklung, des reifenden Wachsens und Vorwärtsdrängens und gleichzeitig aber auch mit dem schmerzlichen Erkennen der einengenden Begrenzungen meines Menschseins mit all den Möglichkeiten des Scheiterns, des Versagens, der Verworrenheit, mit all den Gefahren, Nöten und Ängsten, vor denen ich im paradiesischen Zustand ge-borgen bin.

Im Sinne des Wortes „Geh ins Dunkel, wenn du wissen willst, wie das Licht wirklich ist" *(H. A. Gornik)*, muß ich zuerst Dunkelheit und Begrenzungen meines irdischen Daseins erfahren, um mir überhaupt meiner Bedürftigkeit nach Geborgensein bewußt zu werden und mich sehnsüchtig nach diesem Geborensein auszustrecken. So gesehen erhält das Irregehen, das Straucheln, das Bewußtwerden eigener Unzulänglichkeit und Grenzen eine kreative Komponente, und hier liegt auch der erste Schritt verborgen auf dem Weg zum bewußten Suchen nach Geborgensein.

Um diesen Gedanken im Bild zu verdeutlichen, möchte ich auf das Gleichnis vom verlorenen Sohn hinweisen und behaupten, daß der ältere, der zu Hause gebliebene Sohn das Geborgensein in seinem tiefsten Sinne gar nicht kennt, weil er es nie suchen und finden, geschweige denn rückgewinnen mußte. Er hat die beschützende Ordnung des Vaterhauses nie verlassen, sie wurde nie in Frage gestellt oder bedroht, so daß er sie auch nicht als Ge-borgen-sein im tiefsten Sinne des Wortes erleben kann. In ihrer Kontinuität ist ihm die friedliche Ordnung zum stabilen Zustand, zur Selbstverständlichkeit im Alltag geworden, stagniert, erstarrt zur Gewohnheit.

Ganz anders der jüngere Sohn: Er hat diese heimatliche Ordnung, den noch unreflektierten Dämmerzustand des Bewußtseins verlassen, hat das unausweichlich Drängende seiner ahnungsvollen Sehnsucht nach Mehr, nach Besserem, nach noch Unerreichtem, die lebendige Dynamik seines Menschseins und der damit verbundenen Freiheit als existentielle Notwendigkeit erkannt und dann aber in Fehleinschätzung seiner Fähigkeiten und orientierungslosem Mißverstehen seiner Freiheit chaotische Prozesse in Gang gesetzt, die ihn in Not und Elend, an die Grenzen seiner Möglichkeiten geführt haben. Aber gerade an diesen Grenzen, in schmerzlicher Erfahrung eigenen Ungenügens und Versagens entfacht sich ahnungsvoll das Bewußtsein der Bedürftigkeit nach Geborgenheit, der Drang, die eigene Enge und Kümmernis zu sprengen und der Wunsch nach einem transzendenten Mehr, nach einem „noch nicht Seienden“, nach einem „erst Sein-sollenden“, das sich im Sinne Viktor Frankls dem Gewissen erschließt.

Das Leiden an der schmerzhaften Diskrepanz zwischen maßloser Forderung an das eigene Wollen und der Begrenztheit des menschlich Erreichbaren ist ja immer schon Ausdruck des Suchens, des sehnsuchtsvollen Sich-Ausstreckens nach einem Unerreichbaren, nach einem die Ohnmacht der menschlichen Existenz Überragenden, Ausdruck des ahnenden Wissens, daß gerade in diesem aus eigener Kraft nicht erreichbaren Überragenden das Geborgensein liegt, dessen der Mensch bedarf, um das Leben in seiner irdischen Begrenztheit zu bestehen, es dem eigenen Wesen gemäß zu erfüllen, ihm Sinn und Richtung aus diesem Überragenden und auf das Überragende hin zu ermöglichen.

Und hier öffnet sich der Blick – um noch einmal auf unser Gleichnis zurückzukommen – für die ursprünglich noch gar nicht erkannte Bedeutsamkeit der zuvor erlebten und aus eigenem Willen verlassenen paradiesischen Ordnung und die Sehnsucht, diese Ordnung – in dem an Erfahrung und Erkenntnis gereiften Bewußtseinszustand und ausgerichtet auf noch nicht Seiendes – nun neu zu erreichen, einen Weg zu finden, die eigenwillig zugeschlagene Türe wieder zu öffnen.

Und wenn wir nun da mit Viktor Frankl den transzendenten Charakter des Gewissens erkennen und erfahren, daß das Gewissen nicht bloß Stimme *hat,* die den Menschen animiert zu stetem Bemühen um das, was sein soll und sein kann, sondern daß das Gewissen selber Stimme *ist,* daß „durch das Gewissen der menschlichen Person eine außermenschliche Instanz personat“ *(Viktor Frankl),* dann ereignet sich das, was uns in unserem Menschsein so zu schaffen macht und unerreichbar erscheint, unverhofft von jenseits der Begrenzung, indem die Türe von der andern Seite her sich öffnet und die das Gewissen durchtönende Stimme uns herausruft aus Enge und Verzweiflung hinein in eine über chaotische Entwicklungsprozesse rückgewonnene, aber zugleich nun als Folge dieser stattgefundenen Entwicklung auf anderer Ebene neu zu verstehende höhere Ordnung der Offenheit und der Freiheit, in eine Ordnung nicht mehr des unmündig passiven Wohlversorgtseins und der Garantie für Sicherheit, sondern der Offenheit und Freiheit, aus der eigenen Kleinheit auszubrechen, sich der realen Welt mit ihren Gefahren und Herausforderungen auszuliefern und den Kampf gegen Turbulenz, Unordnung, Irrtum und Hilflosigkeit im Chaos aufzunehmen, wobei nun aber als Voraussetzung zum Bestehen dieses Kampfes die durch den Ruf neu erfahrene Orientierung, das Durch-töntsein, das Sich-weisen-lassen von ganz entscheidender Auswirkung ist: Entsprechend den Bedeutungen des griechischen Wortes kann ich das „Chaos“ ebenso als Ausdruck eines bedrohlich „klaffenden Schlundes“, wie auch einer befreiend kreativen „Unbegrenztheit“ erleben, je nachdem, ob ich mich den Geschehnissen im Chaos des Lebens in Angst und Schrekken ausgeliefert fühle, oder ob für mich die Türe von der andern Seite her offensteht und die mein Gewissen durchtönende Stimme im ganzen Geschehen gleichsam ein Leitmotiv für Sinn und Richtung in meinem persönlichen Leben intoniert. Denn „ein Leben aus dem Gewissen heraus ist immer ein absolut persönliches Leben auf eine absolut konkrete Situation hin“ *(Viktor Frankl).*

Die Stimme verweist mich also auf den absolut individuellen Charakter meines Daseins, sie enthebt mich ein für allemal des Zwangs zur Vollkommenheit, der qualvollen Überforderung, Unerreichbares anzustreben, unüberwindbare Grenzen zu durchstoßen und befreit mich dazu, in meiner per-sönlich erlebten Existenz das Unvertauschbare meiner individuellen Bestimmung mit allem in mir liegenden Reichtum an kostbaren Möglichkeiten und ebenso mit allen beengenden Grenzen zu entdecken, dynamisch offen für alles auf Entfaltung und Wachstum hin Angelegte und gleichzeitig versöhnt mit dem Verzicht auf das meinen persönlichen Fähigkeiten und Begabungen nicht Zustehende. In solcher Befreiung zum Selbstsein, Per-son-sein kann ich es ertragen, nur Mensch zu sein in der Annahme meines Gewolltseins, und es gelangen in meiner Seele alle die Saiten zum Schwingen, aus deren Zusammenklang die für mich stimmenden, einmaligen und einzigartigen Melodien den Kompositionsprozeß meiner Lebensthematik in Bewegung setzen und inspirieren. „Denn es gibt Melodien, es gibt Gesänge, die nur in uns, in unserer Seele schlummern, und es bildet die zentrale Aufgabe unseres Lebens, sie auszusingen. Einzig zu diesem Zweck sind wir gemacht; und keine andere Aufgabe ist wichtiger, als herauszufinden, welch ein Reichtum in uns liegt. Erst dann wird unser Herz ganz, erst dann wird unsere Seele weit, erst dann wird unser Denken stark. Und erst mit allen Kräften, die in uns angelegt sind, preisen wir unseren Schöpfer, wie er es verdient." *(Eugen Drewermann).*

„Diese Melodien auszusingen" bedeutet nun in unserem Sinne, durch die offene Türe die Stimme der Transzendenz zu erhorchen und in der Würde des unvollkommenen, seine Begrenztheit akzeptierenden Ebenbildes auf menschlicher Ebene sich vom Gewolltsein durch-tönen zu lassen und in wachsender Selbsttranszendenz im täglichen Denken, Wollen und Handeln auf das Überragende hin unterwegs zu sein.

In so verstandener Würde wandeln sich Überforderung und Angst in vertrauendes Geborgensein und die Idee des Paradieses, um noch einmal am Ausgangspunkt unserer Gedankengänge anzuknüpfen, überschreitet die ursprünglich ortsgebundene „Umhegung" heimatlicher Ordnung und weitet sich in beglückender Weise zu einer individuell gelebten Welt, zu einer Welt, „wie sie beständig um jenen Menschen her wird, atmet, sich entfaltet, der Ebenbild Gottes ist und immer vollkommener dieses Ebenbild verwirklichen will" *(Romano Guardini).*

Paradies wird also zu einem kontinuierlich sich ereignenden, dynamisch kreativen Geborgensein mitten im Alltag, und dieses Geborgensein ist nicht mehr nur Ur-*zustand,* sondern darüber hinaus Ur-*dynamik* menschlicher Existenz, um am göttlichen Gewolltsein das eigene per-sönliche Wollen zu entzünden und inmitten der Bedingtheiten, denen sowohl das Wollen, als auch das Erkennen des Gewolltseins ausgesetzt sind, den Weg auf das Überragende hin zu wagen im Vertrauen darauf, daß die Türe immer offensteht, auch wenn das hereinflutende Licht bisweilen durch die Schatten solcher Bedingtheiten unseren Blicken verborgen bleibt.

Dazu, den Weg auf das Überragende hin zu wagen, will das vorliegende Buch animieren. Und wer wäre hier besser berufen als die weltweit bekannte Frankl-Schülerin Frau Dr. Elisabeth Lukas, der in seltener Weise die Fähigkeit geschenkt ist, nicht nur aus wissenschaftlich exaktem Ergründen greifbare Wirklichkeiten, erfahrene Sachverhalte und deren Sinnbedeutung in Einzelerkenntnissen verständlich zu machen und Hilfe zu bieten, mit den Schatten besser umzugehen, sondern darüber hinaus in gelebter Urdynamik das ahnende Wissen von der Existenz des Überragenden wirksam auszustrahlen, darin den Weg zu höheren Erkenntnisbereichen zu öffnen und die Gewißheit des Geborgenseins im Lichte jenseits der Schatten zu verankern.

Angela Steiger-Ronner

Gymnasialprofessorin für Musik und Methodik
Zug, Schweiz, im Februar 1993

Ein psychiatrisches und ein psychotherapeutisches Credo

Von guten Mächten wunderbar geborgen
erwarten wir getrost, was kommen mag ...

Dietrich Bonhoeffer, 1944
(1945 im KZ Flossenbürg ermordet)

Um das Menschenbild der Logotherapie nachzuzeichnen bedarf es zunächst eines kleinen Rekurses auf das Begriffspaar Immanenz – Transzendenz. Die Immanenz wird allgemein definiert als die Beschränkung auf das innerweltliche Sein und das darin Erkennbare und Erfahrbare. Was aber ist erkennbar und erfahrbar im innerweltlichen Sein? Ein Vierfaches: Raum, Zeit, Materie und Kausalität (Naturgesetze). Nicht mehr und nicht weniger brauchte auch die Evolution, um in einem unendlich langsamen doch steten Prozeß lebendige Zellen, Pflanzen, Tiere und schließlich den Menschen hervorzubringen. Innerweltliches Leben ist somit Leben in Raum und Zeit, auf der Basis von Materie und durchkonstruiert in kausalen Zusammenhängen.

Im Unterschied dazu wird die Transzendenz definiert als das jenseits von Erkenntnis und Erfahrung Liegende, Bewußtseinsgrenzen Überschreitende, einer Überwelt Zugehörige, theologisch ausgedrückt Göttliche. Über die Transzendenz gibt es – von Offenbarungen abgesehen – mangels Erkenntnis und Erfahrung keine Aussagen außer solchen, die beschreiben, was sie *nicht* ist und sein kann. Sie ist *nicht* in Raum und Zeit (sondern „ewig", überall und nirgends), sie ist *nicht* aus Materie entstanden oder ableitbar (sondern eher der Ursprung aller Materie) und sie unterliegt *keiner* zwingenden Kausalität (weil sie selber und ihrerseits die „Causa prima" darstellt).

In der Logotherapie wird nun davon ausgegangen, daß der Mensch von immanenter *und* transzendenter Herkunft ist, oder poetisch formuliert, Wurzeln im Himmel und auf Erden hat. Die „Erdwurzeln" repräsentieren die psychophysische Gebundenheit des Menschen: seine Körperlichkeit und die Funktionen seiner Körperlichkeit bis hin zu den hochkomplexen Vorgängen im Zentralnervensystem, die jedwedes leibseelische Wechselgeschehen steuern. Die „Himmelswurzeln" repräsentieren im Kontrast dazu die geistige Freiheit des Menschen: sein durch Körperlichkeit Bedingt- aber nicht Bewirkt-sein, sein durch evolutionäre Entwicklung Ermöglicht- aber nicht Erschaffen-worden-sein und sein durch Schäden des Zentralnervensystems Behindert- aber nicht Ausgelöscht-werden-können.

Psychophysische Gebundenheit und geistige Freiheit in Einheit und Ganzheit – *das* ist das Bild des Menschen in der Logotherapie, wobei sich Viktor E. Frankl an Nicolai Hartmann anlehnt, der als Charakteristikum des Menschen von einer „Autonomie trotz Dependenz" gesprochen hat.

Verglichen mit anderen psychotherapeutischen Schulen und Denkansätzen besteht in Hinblick auf die psychophysische Gebundenheit des Menschen durchaus Übereinstimmung. Keine seriöse Humanwissenschaft negiert heutzutage mehr die „Erdwurzeln" des Menschen mit ihren starken biologischen, psychologischen und soziologischen Determinanten. Weniger Übereinstimmung besteht hinsichtlich der Beurteilung, ob dem Menschen über jene psychophysische Gebundenheit hinaus ein Rest an geistiger Freiheit verbleibt, ja, ob seine Existenz sozusagen aus transzendenten Wurzeln mitgespeist wird, und ob diese vielleicht das Eigen-tliche und Wesen-tliche des Menschen ausmachen. Hier nimmt die Logotherapie im Reigen der verschiedenen Schulmeinungen gewiß die entschiedenste Ja-Position ein. Sie ordnet dem Menschen eindeutig „Himmelswurzeln" zu, was auch für die angewandte Psychiatrie und Psychotherapie nicht ohne Belang ist. Diese Position der Logotherapie soll an Hand von Original-Textstellen aus den „Metaklinischen Vorlesungen", die Viktor

E. Frankl 1949 an der Wiener Universität gehalten hat, belegt werden.*

Gemäß Viktor E. Frankl ist der Mensch eine geistige Person:

„Woher rührt die menschliche Schichtstruktur? Das gestufte Gefüge des Menschen? Nicht daher, daß er sich aus Leib, Seele und Geist zusammensetzt, sondern daher, daß sich das Geistige mit dem Leiblichen und dem Seelischen auseinandersetzt: immer nimmt der Mensch als Geist zu sich als Leib und Seele Stellung, immer steht der Mensch als Geist sich selbst als Leib und Seele gegenüber. *Was er sich selbst gegenüber „hat", ist Leib und Seele; was Leib und Seele gegenüber „ist", ist Geist ...*

Der Mensch „hat" Leib und Seele – aber er „ist" Geist." (176)

Hier werden bereits die „Erd- und Himmelswurzeln" von einander getrennt. Der Mensch *hat* Haare, Zähne, Augen, Arme usw. Er *hat* Ängste, Träume, Gedanken, Triebe usw. Er hat Physis und Psyche, aber er *ist* Geist. Das von ihm zu Habende ist raum- und zeitgebunden. Haare und Zähne befinden sich an einem Ort, Ängste und Träume finden zu einer bestimmten Zeit statt. Was aber der Mensch ist, ist raum- und zeitübergreifend:

„... das Hinauslangen von Existenz ist niemals eines in der Zeit, vielmehr immer eines über die Zeit hinaus – ins Überzeitliche hinein ..." (182)

und:

„Mein Geist ‚ist' tatsächlich ‚bei' allem, woran er jeweils denkt, woran er ‚rührt'. Nur, daß dieses Bei-sein nicht räumlich vorgestellt werden darf ... geistig Seiendes ist nämlich der Raumkategorie überhaupt nicht unterstellt. Geist – als wesentlich Unräumliches – ist im Raume nirgends, und so denn auch nicht ‚im Leibe' ... er ‚ist bei' den Dingen." (136)

---

* Die folgenden Textstellen sind dem Buch „Der leidende Mensch" von Viktor E. Frankl, Verlag Piper, München, Neuausgabe 1990, entnommen. Die Zahlen in den Klammern geben die Seitenzahlen an.

Die geistige Person, die ein Mensch ist, kann sich sonach aus dem Hier und Jetzt entfernen, kann sich aufschwingen in Zeiten und Räume, denen der psychophysische Organismus nicht zu folgen vermag. Sitzt beispielsweise jemand an seinem Schreibtisch und studiert die geologische Formation des Meeresbodens im Pazifik, dann „ist" er geistig am Meeresboden des Pazifiks, auch wenn er physisch an seinem Schreibtisch sitzt und psychisch erste Ermüdungserscheinungen verspürt. Oder gedenkt jemand liebend seines verstorbenen Vaters, dann „ist" er geistig bei seinem Vater, auch wenn er physisch in einem Jahr lebt, in dem der Vater längst nicht mehr lebt und in dem er psychisch über das Nicht-mehr-leben des Vaters trauert.

Wie ist nun die Wirklichkeit des Geistigen zu verstehen? Viktor E. Frankl erteilt dem Materialismus eine klare Absage:

„Das Wesen des Materialismus erblicken wir darin, daß er die geistigen Phänomene als bloße Epiphänomene der Materie hinstellt. Mit anderen Worten: alles Geistige wird aus der Materie abgeleitet. Dieser ‚spiritus ex materia' ist und bleibt jedoch so recht ein Deus ex machina: denn niemals läßt menschlicher Geist sich auf den ‚homme machine' zurückführen." (147)

Hier kommt ein weiteres Kennzeichen der „Himmelswurzel" des Menschen zum Ausdruck: die geistige Person ist nicht nur nicht gefesselt in Raum und Zeit, sie ist auch nicht von materieller Art. Die Attribute der Immanenz gelten nicht für sie:

„Die leibliche Erkrankung schränkt die Entfaltungsmöglichkeiten der geistigen Person ein, und die somatische Behandlung gibt sie ihr zurück, gibt ihr wieder Gelegenheit, sich zu entfalten: dies lehrt uns die Klinik ... Was wir vom Klinischen her erklären können, das ist nur die Einengung der Möglichkeiten des Geistigen; aber die Wirklichkeit des Geistigen verstehen – das vermögen wir einzig und allein von einem Metaklinischen her." (167)

Aus dem bisher Gesagten ergibt sich in einem nächsten Schritt, daß die geistige Person des Menschen nicht krank werden kann. Krankheit setzt ja Materie in Raum und Zeit voraus, eine Materie, die ihr Werden und Vergehen hat.

Krankheit braucht eine Entstehungsgeschichte und eine Verfallsgeschichte. Eine Blume zum Beispiel, die am Verwelken ist, besteht aus Materie, die sich im Laufe der Zeit verändert hat, etwa von saftigen grünen Blättern zu dürren braunen infolge von Wassermangel. Geistiges Sein jedoch, das sich aus Raum und Zeit herausheben kann, vermag seiner eigenen Geschichtlichkeit zu entrinnen. Und geistiges Sein, das nicht aus Materie aufgebaut ist, geht auch nicht mit Materie unter.

Was von der leiblichen Erkrankung gilt, gilt von den leibseelischen Erkrankungen analog, zu deren schwersten die Psychose zählt. Viktor E. Frankl, Experte auf dem Gebiet der Psychiatrie, verfaßte ein eindringliches Plädoyer für die Unversehrtheit der geistigen Person selbst noch in der Psychose:

„Das Psychophysikum und nicht der Geist ist krank. Dies kann nicht genug unterstrichen werden; denn wer die Psychose nicht dem Psychophysikum ‚zurechnet', sondern sie in die Person verlagert, der kommt leicht in Gefahr, einem ‚Geistes'-Kranken das Menschentum abzusprechen, und kommt leicht in Konflikt mit ärztlichem Ethos. Vor allem wird er keinen hinreichenden Grund mehr sehen, eine ärztliche Tat zu setzen; denn die ärztliche Tat setzt ein Etwas voraus, um dessentwillen sie gesetzt werde – oder, besser gesagt: sie setzt nicht ‚etwas' voraus, sondern ‚jemand', eben eine Person, und zwar eine nach wie vor – prä- wie postmorbid – existente Person ...

Die geistige Person ist störbar aber nicht zerstörbar – durch eine psychophysische Erkrankung. Was eine Krankheit zerstören, was sie zerrütten kann, ist der psychophysische Organismus allein. Dieser Organismus stellt jedoch sowohl den Spielraum der Person als auch deren Ausdrucksfeld dar. Die Zerrüttung des Organismus bedeutet demnach nicht weniger, aber auch nicht mehr als eine Verschüttung des Zugangs zur Person – nicht mehr. Und das möge unser psychiatrisches Credo sein: dieser unbedingte Glaube an den personalen Geist – dieser ‚blinde' Glaube an die ‚unsichtbare' aber unzerstörbare geistige Person. Und wenn ich, meine Damen und Herren, diesen Glauben nicht hätte, dann möchte ich lieber nicht Arzt sein. –" (171/173)

Das also ist das berühmte „psychiatrische Credo" aus der Logotherapie, welches besagt, daß die geistige Person zwar krankheitsbedingt ohnmächtig und unsichtbar werden aber niemals verloren gehen kann.

Wenn sie „ohnmächtig" ist, ist sie nicht mehr mächtig, Kunde von sich selbst zu geben. Sie kann ihren Spielraum in der Immanenz nicht mehr nützen, kann Welt nicht mehr mitgestalten auf ihre ganz besondere Weise. Das geschieht bei schweren psychotischen Schüben, im Drogenrausch, bei Altersdemenz, bei hirnorganischen Läsionen und sonstigen gravierenden Beeinträchtigungen an Leib und Seele. Gleichzeitig wird die geistige Person von außen so gut wie „unsichtbar"; ihre Mitmenschen, Freunde, Bekannten und Ärzte „sehen" sie nicht mehr, dringen nicht mehr zu ihr vor, werden ihrer Existenz nicht mehr gewahr. Was sie statt dessen als ihr Gegenüber erkennen, ist bloß noch die Maske der Krankheit, etwa ein verzerrtes Gesicht, unzusammenhängende Worte lallend, ein starrer Mensch, desorientiert, ein infantiler Greis.

Überlegen wir: wie werden jene Mitmenschen, Freunde, Bekannten und Ärzte mit dem Kranken verfahren? Eine Tat setzt ein „um jemandes willen" voraus, haben wir gehört. Um wessentwillen werden sie den Kranken achtungs- und würdevoll versorgen? Wenn da nicht das psychiatrische Credo wäre, der Glaube an die trotz allem unversehrte geistige Person „hinter" und „über" (nicht räumlich!) der vordergründigen organismischen Ruine, die sie vor Augen haben, woraus könnten sie dann die Achtung vor dem Kranken schöpfen, die allein eine würdevolle Pflege garantiert? Wer pflegt schon eine irreparable Ruine?

Die „Himmelswurzel" Unzerstörbarkeit der geistigen Person weist an ihrem anderen Ende die Unzeugbarkeit der Person auf. Viktor E. Frankl nimmt dazu folgendermaßen Stellung:

„Die Eltern geben bei der Zeugung eines Kindes die Chromosomen her – aber sie hauchen nicht den Geist ein. Die Chromosomen bestimmen einzig und allein das Psychophysikum, aber nicht den Geist; sie bestimmen jeweils den psychophysischen Organismus, aber nicht die geistige Person. Mit einem Wort: durch die überkommenen, von den Eltern her übernommenen Chromosomen wird ein Mensch nur darin bestimmt, was er ‚hat', aber nicht darin, was er ‚ist'." (181)

Mit dieser Aussage wird die geistige Person wiederum ein Stück aus der Zeitlichkeit und Geschichtlichkeit herausgerückt, sie ist keine „Fortsetzung" des Geistes ihrer Ahnen, sondern ein absolutes Novum, das „irgendwie" zum fortgepflanzten Organismus dazutritt – aus der Transzendenz. * Viktor E. Frankl bekennt sich zum „Wunder" der Menschwerdung:

„In Wahrheit erzeugen wir keinen Menschen – wir bezeugen nur ebendieses Wunder; personale Existenz, als geistige, die sie ist, läßt sich ja überhaupt nicht erzeugen, sondern nur ermöglichen. Verwirklichen gar muß sie sich selbst – in geistigem Selbstvollzug. Zu solcher Selbstverwirklichung können wir, wir Eltern, nur beitragen, und zwar dadurch, daß wir geistiger Existenz das physiologische Existenz-Minimum beistellen." (188)

Hiermit wird ein neues logotherapeutisches Kapitel aufgeschlagen: die Lockerung der kausalen Zusammenhänge, wie sie im Rahmen der Immanenz klassisch beobachtbar sind, in bezug auf den Menschen. Nicht mehr ist der Mensch ein Erbprodukt. Und er ist, wie sich in der Weiterführung des Gedankens zeigt, auch kein Erziehungsprodukt. Zur Endo- und Exogenese tritt ein Drittes hinzu, eben die sich selbst verwirklichende geistige Person. Die Person, die Möglichkeiten vorfindet, viele oder wenige Möglichkeiten, Möglichkeiten zum Guten und zum Schlechten, leib-seelische Möglichkeiten aus ihrer Veranlagung und dargebotene Möglichkeiten aus der Umwelt, und *die selber wählt,* welche sie davon ergreift und welche nicht. Die Person, deren Handeln nicht restlos kausal aufschlüsselbar ist, weil die geistige Entscheidungsfreiheit in all ihr Handeln miteinfließt.

Viktor E. Frankl schreibt dazu:

---

* Woraus ersichtlich wird, daß die Frage: „Wo ist die Person vor der Zeugung?" eine falsch gestellte Frage (nach dem Wo, nach dem Raum) ist. Analog könnte man fragen: „Wo ist das (elektrische) Licht vor dem Einschalten?" Eine Analogie, die deswegen zulässig ist, weil auch das Betätigen des Schalters das Licht nicht *erzeugt,* sondern nur *ermöglicht.* Auf falsch gestellte Fragen gibt es keine Antwort.

„Was wir betonen, das ist die Tatsache, daß der Mensch als geistiges Wesen sich der Welt – der Umwelt wie Innenwelt – nicht nur gegenübergestellt findet, sondern ihr gegenüber auch Stellung nimmt, daß er sich zur Welt immer irgendwie ‚einstellen', irgendwie ‚verhalten' kann, und daß dieses Sich-verhalten eben ein freies ist. Sowohl zur naturalen und sozialen Umwelt, zum äußeren Milieu, als auch zur vitalen psychophysischen Innenwelt, zum inneren Milieu, nimmt der Mensch in jedem Augenblick seines Daseins Stellung." (223)

Das „Wunder" der Menschwerdung, das sich also in jedem Menschen wiederholt, hält insofern ein Leben lang an, als es den Menschen befähigt, ein Leben lang *mehr* als Opfer und Ausgeburt des Schicksals zu sein. Der Geist durchstößt Kausalketten, indem er auf Selbigkeiten unterschiedlich reagiert.

Eine Frau ist von ihren Eltern sehr streng und mit Handgreiflichkeiten erzogen worden. Als Erwachsene ergreift sie den Beruf der Kindergärtnerin und wendet bewußt einen liebevoll-partnerschaftlichen Erziehungsstil an, um den Kleinen ein ähnliches Los zu ersparen. Eine andere Frau ist von ihren Eltern genauso streng und mit Handgreiflichkeiten erzogen worden. Sie gibt das Erlebte in der ganzen Brutalität an ihre eigenen Kinder weiter. Wie könnten die Verhaltensweisen der beiden Frauen kausal erklärt werden? Mit dem Vorbild ihrer Eltern? Mitnichten! Wenn die schmerzliche Kindheit mit ihren Lernerfahrungen bei der erstgenannten Frau keine Wiederholung ausgelöst hat, dann hat sie es auch bei der zweitgenannten Frau nicht getan, nicht zwangsläufig. Nein, dann hat jede Frau für sich entschieden, ob sie sich in den Sog einer psychologischen Gesetzmäßigkeit hineinziehen läßt oder ihr trotzt, ob sie das in ihrem Psychophysikum gespeicherte Erziehungsmuster geistig „ausklinkt" oder geistig übernimmt, ob sie ein Drama fortsetzt oder generös abschließt. Daß es beide Frauen, durch die harte Kindheit bedingt, in ihrem späteren Leben nicht leicht haben, daran wird auch in der Logotherapie nicht gezweifelt. Gezweifelt wird allerdings daran, daß diese harte Kindheit die Identität der Frauen formen könnte; denn nur womit sie sich identifizieren, geht ein in ihre Identität, nicht aber, *wovon sie sich distanzieren:*

„... immer wieder gilt es, die ‚Trotzmacht des Geistes', wie ich sie genannt habe, aufzurufen gegen die nur scheinbar so mächtige Psychophysis. Gerade die Psychotherapie kann dieses Aufrufs nicht entraten, und ich habe es als das zweite, das psychotherapeutische Credo bezeichnet: den Glauben an diese Fähigkeit des Geistes im Menschen, unter allen Bedingungen und Umständen irgendwie abzurücken vom und sich in fruchtbare Distanz zu stellen zum Psychophysikum an ihm." *

So lautet das Frankl-Wort vom „psychotherapeutischen Credo", das eine Art „Vetorecht" des menschlichen Geistes darstellt. Der Geist kann psychischen Impulsen, Trieben, Konditionierungen trotzen, er muß nicht mitspielen bei dem, was ihn umtreibt, bewußt oder unbewußt, er braucht sich nicht auszuliefern an die Schwächen seines Charakters. Ist es unbarmherzig, den Menschen solcherart radikal verantwortlich zu sprechen? Über die Unbarmherzigkeit nachzudenken, lohnt sich.

Wer meint, er könne der zweitgenannten Frau im vorigen Beispiel, die ihre Kinder mit Brutalität erzieht, die „psychologische Absolution" erteilen, indem er ihr aufzeigt, daß sie in ihrer eigenen Kindheit keine Geborgenheit erfahren hat und folglich auch keine Geborgenheit zu geben weiß, der würde sich vielleicht der größten Unbarmherzigkeit schuldig machen. Würde er sich doch allein an ihren „Erdwurzeln" entlang tasten, aber ihr ihr bestes Potential verhehlen: nämlich die Fähigkeit ihres Geistes, *zu geben, was sie von ihren Eltern nie und nimmer empfangen hat,* wenn es sein muß; zu geben, was aus „Himmelswurzeln" gespeist wird. Damit würde er sie entmutigen, in einer gewaltigen Anstrengung das Korsett ihrer psychophysischen Kindheitsprägung endgültig zu sprengen! Er würde sie in dem Irrtum weiterleben lassen, daß sie durch die Schuld ihrer Eltern an ihren eigenen Kindern schuldig werden müsse ... eine doppelbödige Moral, die keinem der Beteiligten zu einem menschengerechten Dasein verhilft. Vik-

---

* Viktor E. Frankl, „Der Wille zum Sinn", Verlag Piper, München, Neuausgabe 1991, Seite 116.

tor E. Frankl spricht in dieser Hinsicht eine ernste Warnung aus:

„Lange genug hat die Psychiatrie, die Psychotherapie den Menschen hingestellt als ein Reflexwesen oder ein Triebbündel, als bedingt, bewirkt und bestimmt bald vom Ödipus- und anderen Komplexen, bald von Minderwertigkeits- und anderen Gefühlen, hat sie ihn hingestellt als eine Marionette, die an äußerlich sichtbaren oder innen verlaufenden Drähten zappelt.

Immer war der Mensch zwar mehr als ein Nichts; immer war er aber ‚nichts als' ein Etwas, das sich vom Biologischen, Psychologischen, Soziologischen her restlos erklären läßt. Und immer hat solcher Biologismus, Psychologismus, Soziologismus wider das Geistige im Menschen gesündigt." (248/249)

Fassen wir zusammen. Im Menschenbild der Logotherapie scheint der Mensch als geistiges Wesen in Personalunion mit seinem psychophysischen Organismus auf. Da das Geistige der Transzendenz und das Organische der Immanenz zugehören, vereinen sich im Menschen Schöpfungsgedanke und gedachtes Geschöpf, Himmel und Erde, Unendlichkeit und Endlichkeit. Als Organismus lebt der Mensch in Raum und Zeit, besteht er aus Materie und ihren Funktionen, und unterliegt er den kausalen Gesetzlichkeiten der Natur. Als Organismus wird er geboren, wird er (körperlich oder seelisch) krank und stirbt er. Als geistiges Wesen hingegen ist er Abkömmling einer anderen Dimension, die ihm unbewußt bleibt, es sei denn, sie wird ihm im Glauben bewußt. Einer Dimension jenseits von Raum und Zeit, Materie und Kausalität, von der sämtliche Religionen der Erde berichten, ohne sie konkret benennen zu können.

Viktor E. Frankl äußert sich dazu verhalten:

„... kann von der Existenz der geistigen Person jenseits deren Koexistenz mit dem Psychophysikum nur eines aussagen: sterblich ist sie nicht. Die negative Aussage – daß die geistige Person un-sterblich ist – braucht uns jedoch nicht weiter in Erstaunen zu versetzen. Stellt sie doch so recht ein Gegenstück dar zu jener Aussage, die sich nicht auf den Tod, sondern auf die Zeugung bzw. Geburt bezogen und gelautet hat: Die geistige Person ist un-zeugbar." (212)

und:

„Wie eine Kreislinie in sich zurückführt, so das Leben eines Menschen im Augenblick des Todes. Jene ‚Lötstelle' jedoch, die das Leben zum Ganzen schließt, die das Ende an den Anfang anschließt, – diese Lötstelle wird repräsentiert durch das Unbewußte, aus dem der Mensch zum Leben erwacht und in das er in den Tod entschläft." (218)

Auf Grund dieser Auffassung steht Viktor E. Frankl für die unantastbare Würde des Menschen ein, aber auch für die Freiheit und Verantwortlichkeit des menschlichen Geistes, der kein von Erdbedingungen gemachter ist, kein von Genen vorprogrammierter, von Erziehungsprogrammen geprägter, von Gesellschaftsstrukturen vergewaltigter und vom Schicksal überwältigter, sondern: *entscheidender Geist ist.* Der – was keinem anderen irdischen Geschöpf zugestanden ist – mitentscheiden darf über sich und seine Taten.

Viktor E. Frankl beendet seine „Metaklinischen Vorlesungen" mit den Worten:

„Meine Damen und Herren, ich habe versucht, als Kliniker vor Ihnen Zeugnis abzulegen von einem wahren Bild vom Menschen. Zeugnis abzulegen vom Menschen als einem nicht nur bedingten, sondern auch unbedingten – vom Menschen als einem mehr als leiblichen und allenfalls auch noch seelischen Wesen: vom Menschen als einem geistigen, freien und verantwortlichen Wesen." (250)

Darauf nimmt *Rolf Kühn,* einer der herausragenden Frankl-Kenner, Bezug, wenn er schreibt:

„Freiheit besagt weder absolute Bewußtheit aller vollzogenen Akte noch reine Selbstschöpfung aller Werte, sondern sie verweist logotherapeutisch auf ein letztes unbedingtes menschliches *Person*-sein. Jenseits aller determiniert oder gar pathologisch erscheinenden Äußerungen eines Menschen vermag dieser Personenkern niemals zu erkranken, da sein Wesen in einer „unbewußten Geistigkeit" gründet. Durch dieses „noetische" Axiom unterscheidet sich die Logotherapie von anderen Psychotherapieschulen, die das „Unbewußte" vor allem durch energetische Triebe, gesellschaftliche Sozialisation oder konditionierte Reflexe bestimmt sehen." *

---

* Rolf Kühn, „Sinn – Sein – Sollen", Junghans-Verlag, Cuxhaven, 1991, Seite 1.

Rolf Kühn hat den Finger an die richtige Stelle gelegt. Das „noetische Axiom“ (nous, gr. = Geist) unterscheidet die Logotherapie von den anderen Psychotherapieschulen und verleiht ihrem Methodenrepertoire ein unerschütterliches Fundament. Denn wer als Therapeut an das Geistige im Menschen glaubt, der gibt keinen seiner Patienten auf, und der hält keinen seiner Patienten für ein hilfloses, an den Lebensumständen zerbrochenes Wrack. Im Gegenteil, wer von der „Himmelswurzel“ in jedem einzelnen überzeugt ist, der läßt sich von verrotteten „Erdwurzeln“ nicht blenden. Er wird jeden Patienten aufrufen, sein Menschsein trotz Krankheit zur Fülle zu leben – zu jener Sinnfülle hin, die nie versiegt, weil sie von immanenten Quellen unabhängig ist.

Was ist stärker als die Angst?

Es gibt in der Psychotherapie ein geflügeltes Wort, das lautet: Stärker als die Angst ist einzig *eine noch stärkere Angst.* Ein Beispiel dazu: Viele Hypochonder in unserem Land, die ständig um ihr körperliches Wohlbefinden besorgt sind, haben während des Golfkrieges Anfang 1991 wochenlang auf ihre kleinen Beschwerden vergessen, haben darauf vergessen, täglich Blutdruck zu messen, Puls zu fühlen, Kalorien zu zählen und Medizinen einzunehmen. Sie taten das aber nicht, weil sie plötzlich die Angst um ihre Gesundheit los gewesen wären, sondern weil die Angst vor einem drohenden Atomkrieg, der auch Europa nicht verschonen würde, ihr Denken und Fühlen derart beherrscht hat, daß darin kaum noch Platz war für Schwindel, Magengrimmen und ähnliche Unpäßlichkeiten.

Ein anderes Beispiel: Ein Kind hat Angst, zur Schule zu gehen, weil es von seinen Kameraden gehänselt wird. Dennoch schwänzt es die Schule nicht, weil es noch größere Angst vor seinen gestrengen Eltern hat, die ihm ein Schulschwänzen handfest verleiden würden.

Aus beiden Beispielen ersehen wir, daß der von Ängsten getriebene Mensch tatsächlich manche Angsthürde überwindet, wenn ihm eine noch stärkere Angst im Nacken sitzt. Diese Erfahrung verleitet Verwandte, Freunde und sonstige Betreuer von ihm oft, seine Ängste mit Druck kurieren zu wollen, also etwa einen unsportlichen Jungen, der sich vor dem Klettern fürchtet, unter Androhung seiner Ausstoßung aus der Pfadfindergruppe zum Baumkraxeln zu motivieren.

Ein solcher Erfolg ist allerdings sehr relativ. Natürlich macht Übung den Meister, und je öfter sich einer auf Bäume schwingt, um beim letztgenannten Beispiel anzuknüpfen, desto leichter wird ihm dies mit der Zeit fallen. Andererseits bleibt die Angst nach wie vor der Motor seines Handelns, sie hat sich lediglich in ihrem inhaltlichen Kern vom Baum zur Pfadfindergruppe verschoben. Genauer gesagt: das Handlungsziel des Betreffenden ist konstant und ungebrochen die *möglichste Vermeidung dessen, was am meisten gefürchtet wird.* Ein bedenkliches Handlungsziel im menschlichen Leben.

Dazu gesellt sich ein Zweites. Die Verscheuchung einer kleineren Angst durch eine größere Angst ist nur bis zu mittleren Intensitätsgraden fortsetzbar. Darüber hinaus fällt das ganze auf Angst gebaute Gebäude wie ein Kartenhaus zusammen. Panikattacken, Nervenzusammenbrüche, psychosomatische Krankheiten und Kurzschlußhandlungen lassen sein Fundament explodieren, und keinerlei Drohung irgendwelcher Art greift dann mehr. Der Druck von außen trifft auf den für ängstliche Menschen typisch passiv-verbogenen, unaufrichtigen Widerstand, der, in das Mäntelchen von Scheinanpassung gehüllt, uneinnehmbar wird – weder klare Aussprachen, noch offene Auseinandersetzungen sind dann mehr durchführbar. Der Ängstliche hat sich in ein Schutzhaus von Krankheit, Stummheit und Weltabgewandtheit verkrochen und ist dort erstarrt. Er nimmt sozusagen am Leben nicht mehr teil, damit ihn das Leben nicht mehr aufstöbern und bedrohen kann.

Wollte man daraus den Schluß ziehen, daß es besser sei, überhaupt keinen Druck auf ängstliche Menschen auszuüben, würde man im Endeffekt über das magere Ergebnis erstaunt sein. Ein Mensch, den die Angst und insbesondere die jeweils stärkere Angst in Bewegung setzt, bewegt sich nicht im druckfreien Raum. Ohne äußere Nötigung keine innere Angstentsprechung, und ohne eine solche keine Handlungsmotivation. Das ängstliche Kind, das von niemandem gedrängt wird, zur Schule zu gehen oder bei Pfadfinderausflügen mitzumachen, sitzt eben zu Hause in seiner Spielecke und spinnt sich in eine wohlige Traumwelt ein. Der ängstliche Erwachsene, der von allen Verpflichtungen freigestellt wird, züchtet sich kleine, eingebildete Problemchen, mit denen er sich beschäftigt wie mit Zinnsoldaten. Das druckfreie Klima erzeugt also nicht minder einen Rückzug in abgeschirmte Nischen, wie ihn der zu starke Druck erzeugt, nur weniger dramatisch und ostentativ pathologisch.

Somit erweisen sich mittlere Anforderungen aus der Umwelt, die weder gesteigert werden, noch nachlassen, für ängstliche Personen als am ehesten günstig. Und doch ist auf diese Weise ihrer Angst im Prinzip nicht beizukommen. Sie stellt weiterhin den Schwerpunkt-Faktor bei jeder Zielsetzung dar: getan wird, was getan werden muß, um Drohendem zu entgehen, selbst wenn es sich um verkraftbares, und das heißt „mäßig Drohendes“ handelt.

Ich habe diese Erwägungen an den Anfang meiner Ausführungen gestellt, weil ich zeigen möchte, daß innere Angst und äußere Umwelteinflüsse zwar einen Zusammenhang haben, aber nicht den im allgemeinen erwarteten. Es ist nicht die Umwelt und ihr Verhalten allein, die Angst einjagt. Es ist vielmehr die in einem Menschen liegende Angstbereitschaft, welche bewirkt, daß er so heftig auf Umwelteinflüsse anspricht und sich von ihnen dirigieren läßt: mittels sanfter Nachhilfe ins Leben hinein, mittels fehlender oder gewaltsamer Nachhilfe aus dem Leben hinaus. Die Grundnot zentriert sich um dieses Sich-dirigieren-Lassen des ängstlichen Individuums, das seiner Umwelt gleichzeitig die Dosierungslast eines „richtigen Dirigierens“ aufbürdet. Die Grundnot ist, daß sich jemand nicht von selbst ins Leben hinein bewegt, unabhängig von einem eventuellen Geschobenwerden und unbeirrt durch ein eventuelles Gedrücktwerden, daß kein anderer Motor in ihm ist als die Vorstellung und das Erlebnis eines mehr oder weniger akuten Bedrohtseins.

Zur Verdeutlichung sei im folgenden eine Patientenniederschrift analysiert. Sie wurde aus einer Menge von ähnlichen Briefen, die uns laufend im Institut erreichen, ausgewählt, weil sie hervorragend veranschaulicht, was die Angst mit einem Menschen machen kann, der sich ihr überantwortet. Mit nahezu photographischer Schärfe skizziert darin ein junger Mann den Käfig, in dem er sich gefangen hat. Ich denke, daß es lehrreich sein kann, Stab für Stab seines Käfigs eingehend zu betrachten: worin er besteht, was ihn errichtet hat, und was ihn wieder wegräumen könnte. Denn es gibt etwas, das stärker ist als die Angst und sogar stärker als die noch stärkere Angst, und das ist *die dem Menschen gemäße Existenzweise.* Sie ermöglicht es, die Stäbe eines solchen Käfigs zu durchdringen, wie wir herausarbeiten werden. Doch hören wir zunächst, was der junge Mann uns schrieb:

„Bei mir selbst und in den eigenen vier Wänden sowie im Schutz eines recht großen Hauses finde ich seit vielen Jahren kaum noch die Geborgenheit, den inneren Frieden und die Gelassenheit, mit der ich mich in eine Sache vertiefen oder einer Sache hingeben könnte. Ich weiß nicht mehr, wo ich die Kraft hernehmen soll, den Belastungen und Anforderungen durch die Außenwelt standzuhalten. In meiner Seele bin ich so verwüstet, daß ich mein Innenleben nicht zu schützen weiß. Von allem, was sich um mich herum abspielt, werde ich abgelenkt, wodurch ich mich kaum konzentrieren kann.

Niemand hilft mir dabei, alle gehen ihrer eigenen Wege und lassen mich links liegen, das ist mein Gefühl. Andererseits weiß ich beim besten Willen nicht recht auf die Außenwelt zu reagieren und entsprechend zu handeln; ich suche immer erst Schutz, worauf ich angewiesen bin. Solche Erwartungen werden enttäuscht.

Meine eigene Identität kenne ich nicht; was kann ich so mit anderen Menschen anfangen? Es gibt wirklich niemanden, dem ich erzählen kann, wie mir seit Jahren zumute ist, und der einfach nur zuhört. Ich weiß nicht, wie man von anderen angenommen wird, Beziehungen knüpft und etwas darauf aufbaut. Diese Dinge kann ich mir nur schlecht oder gar nicht vorstellen.

Jetzt bin ich 32 und noch nicht einmal zu einem geregelten Arbeits- und Erwerbsleben in der Lage: ich traue mich nicht weit genug hinaus! Dann schäme ich mich unter den anderen Menschen und muß denken, sie halten mich für schwierig, sie tuscheln über mich, ziehen sich zurück und freuen sich an meinem Verderben. So erhalte ich keine Anregungen mehr von außen, die ich dringend brauche. Ich leide darunter, daß ich mich von den anderen verachtet fühle. Damit werde ich seit Jahren nicht fertig. Ich bin mir selbst im Weg!

Wie kann ich aus diesem verengten Horizont hinaus in mehr Weite gelangen und wieder Halt gewinnen, auf daß ich mir mehr zutraue und weniger von der Angst vor mir selbst gequält werde?"

Soweit der Text der Patientenzuschrift. Ein sympathisch ehrliches und Mitgefühl auslösendes Dokument, in klinischer Diktion die Beschreibung einer Angstneurose in fortgeschrittenem Stadium. Doch obwohl es sich um ein Krankheitsbild handelt, werden auch seelisch gesunde Menschen sich in der einen oder anderen Formulierung wiederfinden, etwa in der Sehnsucht nach Schutz oder im häufigen Abgelenktwerden, in der Frage nach Identität und Beziehung, in der Sorge, was andere von ihnen denken könnten, und im Leiden an einem verengten Horizont. Es sind keine unbekannten oder ungewöhnlichen Stäbe, die sich hier zu einem ehernen Käfig zusammengefügt haben, im Gegenteil, alle ausgedrückten Gefühle sind nachvollziehbar von jedem von uns.

Wie kam es aber zu der Katastrophe, daß ein erwachsener junger Mann innerhalb der Mauern seines Wohnbereichs dahinvegetiert, als wäre er lebendig begraben, während draußen vor seiner Haustüre der Strom der Welt vorbeirauscht und nichts von ihm auf- und mitnimmt außer seiner puren Verzweiflung? Wir werden das Heraufdämmern dieser Katastrophe an Hand des Textes rekonstruieren, um zur Erkenntnis zu gelangen, wie man der Angst begegnet. Wie ihr zu begegnen ist auch in unserem eigenen Leben, in dem die gleichen Käfigstäbe sozusagen herumliegen, nicht selten direkt vor unseren Füßen, und es darauf ankommt, vorsichtig darüberzusteigen, um sie *hinter uns* zu lassen, damit sie sich niemals *vor uns* aufrichten oder gar *rund um uns* schließen können.

Gehen wir also die fünf Absätze des Briefes im einzelnen durch und beginnen wir mit dem ersten, der gelautet hat:

„Bei mir selbst und in den eigenen vier Wänden sowie im Schutz eines recht großen Hauses finde ich seit vielen Jahren kaum noch die Geborgenheit, den inneren Frieden und die Gelassenheit, mit der ich mich in eine Sache vertiefen oder einer Sache hingeben könnte. Ich weiß nicht mehr, wo ich die Kraft hernehmen soll, den Belastungen und Anforderungen durch die Außenwelt standzuhalten. In meiner Seele bin ich so verwüstet, daß ich mein Innenleben nicht zu schützen weiß. Von allem, was sich um mich herum abspielt, werde ich abgelenkt, wodurch ich mich kaum konzentrieren kann."

Dieser Absatz ist dem Thema „Schutz" gewidmet. Nun hat zweifellos jedes Tier und jeder Mensch ein elementares Bedürfnis nach Schutz, Geborgenheit und Sicherheit. Es steht ganz im Zeichen des Selbsterhaltungstriebes, der stärksten Naturkraft, die wir in der Biologie kennen. Was lebt, will weiterleben, will überleben, wenn man von wenigen Ausnahmen absieht, und aus dem Drang zu leben entspringt der Wunsch nach Behütung dieses Lebens, das ein einziges Mal nur zugeteilt ist, ob ein Wesen sich dessen bewußt ist oder nicht.

Schutz und Behütung sind somit vitale Bedürfnisbefriedigungen, und jedes Lebewesen sucht sich die im Wort „Be-hütung" steckenden „Hüte", unter denen es sich vor Feinden oder rauhen Anfechtungen verbergen kann, wo es sich in Ruhe erholen oder im Kreis der Familie regenerieren kann, und wo es eben es selbst sein darf, ohne sein Selbst ständig verteidigen zu müssen. Solche „Hüte" reichen von den leeren Muschelschalen, in die sich kleine Krabben schutzsuchend verkriechen, bis hin zu den großen Landesarmeen oder sozialen Versicherungssystemen in modernen Zivilisationen, wobei gewiß nicht alle „Hüte" gleichermaßen geeignet sind, doch soll uns dies hier nicht beschäftigen.

Hier geht es um einen anderen Aspekt. Jeder Schutzmaßnahme kommt eine Sekundärrolle, die Rolle der Zweitrangigkeit zu. Ein „Hut" im erwähnten Sinne ist dazu da, um primär dasjenige, was unter ihm passiert, ungestört passieren zu lassen. Der Ameisenhaufen ist dazu da, daß sich die junge Brut darin unbehelligt entwickeln kann. Die Häuser der Menschen sind dazu da, daß in ihnen nicht nur leibliche Nachkommen friedvoll heranwachsen, sondern auch geistige Güter ihre Fortsetzung und kulturelle Pflege finden. Wird im Unterschied dazu die Behütung zur Erstrangigkeit, ja, zum Selbstzweck erhoben, verwandelt sie sich schlagartig in ihr Gegenteil und wird zur Gefahr – ein „Hut", unter dem nichts mehr passiert, außer daß der „Hut" gehütet wird, entartet zur Farce.

Genau das kann im menschlichen Leben mit der Angst geschehen. Denn die uns eingeborene Angst ist in ihrer Ursprünglichkeit ein unsichtbarer „Hut" besonderer Art. Sie malt uns kritische Situationen aus, damit wir rechtzeitig gegensteuern können. Sie schützt uns vor Übermut und Leichtsinn, die uns ruinieren würden, sie behütet uns vor uns selbst.

Bei jeder Entscheidung, die wir treffen, soll die Angst getrost ein Wörtchen mitreden. Denn nur, wer sich über die Tragweite seiner Entscheidungen im klaren ist, wird vor massiven Fehlentscheidungen gefeit sein. Die Angst ist eine lebensrettende Freundin und eine unserer besten Sicherheitsgarantien beim Abenteuerfeldzug ins Leben. Aber sie ist Dienerin. Sie ist Magd, und das muß sie bleiben. Sie ist wirklich nicht mehr als der „Hut“, unter dem das Abenteuer gestartet wird, zu dem uns das Leben aufruft. Eine Umkehrung läuft nicht. Wir sind nicht die Diener unserer Angst. Wenn wir das Abenteuer einstellen, ehe es begonnen hat, um bloß noch unserem eigenen Schutz zu leben, dann verlieren wir jeglichen Schutz: dann kommt die Angst wie ein Moloch und frißt uns auf.

Der junge Mann hat das in seinem Text ganz deutlich beschrieben. Seit Jahren vertieft er sich nicht mehr in eine Sache, gibt er sich nicht an eine Sache hin. Das Abenteuer „Leben“ ist in seinen Plänen storniert worden. Unter dem „Hut“ seiner Angst passiert nichts mehr. Von allem, was sich um ihn herum abspielt, fühlt er sich abgelenkt. Freilich, weil sich drinnen, im geschützten Raum nichts abspielt, wird seine Aufmerksamkeit nach außen gezogen. Aber was soll von außen kommen? Belastungen und Anforderungen kommen von außen, und innen ist nichts, dem stand zu halten. Das Vakuum in seinem Schutzraum hat diesen zu einem Gefängnis umfunktioniert.

„In meiner Seele bin ich so verwüstet ...“, was für eine wahrheitsgetreue Formulierung. Ein Vakuum, eine Wüste, die von einem Bollwerk geschützt werden – wozu? Ein Bollwerk für nichts? Das Sekundäre, zum Primären erklärt, entbehrt jeglichen Sinns.

Was müßte man folglich dem jungen Mann empfehlen? Etwa dies: „Kümmern Sie sich nicht um Geborgenheit, inneren Frieden und Gelassenheit! Versuchen Sie nicht, Ihr Innenleben zu schützen! Kehren Sie zurück zur *Sache,* dem kostbaren Gut, in das Sie sich einst vertieft, an das Sie sich einst hingegeben haben. Lassen Sie sich aufs Neue von einer Sache faszinieren, arbeiten Sie an einer Sache, engagieren Sie sich für eine Sache, investieren Sie Herz und Verstand in eine

Sache, die es wert ist, daß sich jemand ihrer annimmt. Die Sache wird es Ihnen danken. Indem Sie sie beackern, wird die Wüste Ihrer Seele wieder fruchtbar werden, und indem Sie sich um sie mühen, werden Ruhe und Konzentration zurückkommen. Denken Sie nicht an irgendeinen Schutz für sich selbst, ziehen Sie eine *beschützenswürdige* Sache auf, und es werden sich genügend Kräfte einstellen, um über ihr zu wachen."

Vielleicht würde der junge Mann uns fragen, wieso wir solches voraussagen können. Wir können das in der Tat, weil es zu der dem Menschen gemäßen Existenzweise gehört, Seiendes zu gestalten. Das Eintreten für eine sinnvolle Sache hat ausgesprochenen „Primärcharakter" in unserem Leben, und sobald wir ihm diesen ersten Platz zugestehen, der ihm gebührt, verweisen wir automatisch alle Zaghaftigkeit und Ängstlichkeit, alles Schutzsuchen und Bollwerkbauen auf den zweiten Platz, wo es dienlich, aber nicht schädigend ist. Das gilt für den einzelnen wie für ganze Völker. Erinnern wir uns doch nur an den Putschversuch in der Sowjetunion im August 1991. Als tausende Menschen für eine sinnvolle Sache eintraten, wich ihre Angst selbst vor heranrollenden Panzern in den Hintergrund, und als ihr Schutzbedürfnis sekundär wurde, erfüllte es wieder seine Funktion: die junge Demokratiebewegung wurde behütet und geschützt.

Der nächste Absatz des Patientenbriefes schließt an das Gesagte nahtlos an. Er lautet:

„Niemand hilft mir dabei, alle gehen ihrer eigenen Wege und lassen mich links liegen, das ist mein Gefühl. Andererseits weiß ich beim besten Willen nicht recht auf die Außenwelt zu reagieren und entsprechend zu handeln; ich suche immer erst Schutz, worauf ich angewiesen bin. Solche Erwartungen werden enttäuscht."

Dieser Absatz steht unter dem Thema „Erwartungen". Was für Erwartungen? Erwartungen an sich selbst? Oh nein, Erwartungen an die Mitmenschen. Nachdem der eigene „Hut" über dem inhaltsleeren Raum brüchig geworden ist, sollen die anderen einspringen. Daß sie das nicht tun, wird ihnen angekreidet. Sie reagieren nicht wie erwartet, wie schlimm! Daß man selber nicht angemessen reagiert, scheint bei weitem nicht so schlimm zu sein, denn man hat ja den besten Willen. Man kann bloß nicht, trotz bestem Willen. Eine geordnete Philosophie: die anderen können das Richtige tun, wollen es aber nicht, und man selbst will das Richtige tun, kann es aber nicht. Oder noch kürzer: die anderen sind ekelhaft, und man selbst ist arm dran. Dieses vierblättrige Kleeblatt von Erwartung, Enttäuschung, Anklage und Selbstmitleid blüht vielerorts, bevorzugt in „seelischen Wüsten“, nur Glück hat es noch niemandem gebracht.

Verweilen wir ein wenig beim Thema „Erwartungen“. Der berühmte Ausspruch: „An ihren Taten werdet Ihr sie erkennen“ läßt sich in der Psychologie variieren zum Satz: „An ihren Erwartungen werdet Ihr sie erkennen“. Denn an der Art der Erwartungen, die ein Mensch hegt, ist der Grad seines Infantilismus bzw. seiner Reife und Mündigkeit direkt ablesbar. Je mehr Erwartungen ein Mensch an seine Um- und Mitwelt stellt, desto infantiler ist er geblieben. Er gleicht dann den soeben ausgebrüteten Vögeln, die in der Dunkelheit des sie umfangenden Nestrandes hocken und ihre offenen Schnäbel hinausrecken in der Erwartung, daß Mutter und Vater feinschmeckende Würmer hineinstopfen werden. Je mehr ein Mensch hingegen Erwartungen an sich selbst, und zwar konkrete und realistische Erwartungen an seine eigenen Vorhaben stellt, desto mündiger ist er geworden. Dann gleicht er den freien Vögeln in der Luft, die weit über die Lande streifen, munter vor sich hin zwitschern, und sich bei Bedarf ihre Würmer selber holen.

Wie alles zum Extrem ausarten kann, so können die Erwartungen an sich selbst natürlich auch überzogen werden, zum Beispiel von Menschen, die sich verkrampft und verspannt Perfektion und Superleistungen abverlangen. In diesen Fällen wird die vorhandene Reife wieder beeinträchtigt durch zwanghafte Strukturen; ein Vogel, der nur noch nach Würmern wühlen würde, würde sich dem lichten Firmament über ihm, seinem eigentlichen Milieu, entfremden. Demnach soll dasjenige, was ein Mensch von sich selbst erwartet, synchron sein mit demjenigen, was das Leben von ihm erwartet, nicht mehr und nicht weniger, mit dem, was von ihm erwartet wird als „Gegenleistung" für das grandiose Geschenk, lebendig zu sein.

In welche Richtung müßten wir also unseren jungen Mann lenken, hätten wir die Gelegenheit dazu? Dahin, sich zu fragen, was er von sich selbst erwarten soll und darf. „Niemand hilft mir, alle gehen ihrer eigenen Wege ..." hat er geschrieben. „Erwarten Sie von sich, daß *Sie* anderen helfen, z. B. indem Sie sie ihrer Wege gehen lassen!" würden wir darauf erwidern. „Ich weiß nicht recht auf die Außenwelt zu reagieren, ich suche immer erst Schutz ..." fuhr er fort. „Erwarten Sie von sich, so gut wie eben möglich auf die Außenwelt zu reagieren, und zwar *ungeschützt*. Je öfter Sie Ihre Angewiesenheit auf Schutz überwinden, desto seltener werden Sie von sich enttäuscht sein."

Das vierblättrige Kleeblatt von Erwartung – nämlich Erwartung an andere –, Enttäuschung – nämlich Enttäuschung über andere –, Anklage – nämlich Anklage gegen andere – und schließlich Selbstmitleid, ist, wie bereits angedeutet, ein sehr verbreitetes Unkraut unserer Zeit. Es ist das Kraut, aus dem sich der Infantilismus zusammenbraut, weil alle vier Vorgänge bequem vom Nest aus getätigt werden können. Man kann leicht mit offenem Schnabel im Nest sitzen und auf die herangeschafft zu werdenden Würmer warten, entrüstet sein, wenn sie spärlich eintrudeln, lauthals protestieren, wenn sie ausbleiben, und sich in seiner Opferrolle buchstäblich einnisten, wie es nicht nur der junge Mann, sondern viele Menschen heutzutage tun. Allein, es ist nicht die uns gemäße Existenzweise, und deshalb türmt sich dieses Nest für Erwachsene alsbald zum Käfig auf. Dagegen hilft nur ein Heilkraut: nach den Erwartungen an sich selber fragen. Wer erfüllen will, was das Leben von ihm erwartet, muß den Schnabel schließen, seine Flügel ausbreiten und das Nest verlassen, um draußen in der Welt zu entdecken, was für ihn existentiell ist: seine Identität.

Das ist das Stichwort für den 3. Absatz des Patientenbriefes, in dem es heißt:

„Meine eigene Identität kenne ich nicht; was kann ich so mit anderen Menschen anfangen? Es gibt wirklich niemanden, dem ich erzählen kann, wie mir seit Jahren zumute ist, und der einfach nur zuhört. Ich weiß nicht, wie man von anderen angenommen wird, Beziehungen knüpft und etwas darauf aufbaut. Diese Dinge kann ich mir nur schlecht oder gar nicht vorstellen."

Es ist der Absatz, der vom Thema „Beziehungen" handelt. Von Beziehungen, die nicht vorhanden sind, ja, nicht einmal vorgestellt werden können. Die genauso fehlen, wie die eigene Identität, was kein Zufall ist. Denn beides, Beziehungen und Identität, entfalten sich nur in der aktiven Auseinandersetzung mit der Außenwelt. Speziell zu den Beziehungen ist noch folgendes zu sagen: Sie haben hauptsächlich mit der *Wahrheit* zu tun, und weniger mit dem *Warum der Wahrheit*. Ein Beispiel soll dies erläutern.

Ein Mann heiratet eine Frau, die zwei kleine Kinder in die Ehe mitbringt. Er gewinnt recht guten Kontakt zu den Kindern und ist auf dem besten Weg, ein passabler Stiefvater zu werden. Doch stets, wenn er in die Erziehung eingreift, indem er etwa die Kinder ermahnt oder ihnen einen bestimmten Auftrag erteilt, hat seine Frau Einwände. Einmal ist er zu streng, einmal kommt der Auftrag an die Kinder ihrer Meinung nach zum falschen Zeitpunkt; jedenfalls macht sie kein Hehl daraus, daß sie für seine pädagogischen Versuche nicht allzu viel übrig hat. Da ihr die Kinder vertrauter sind als ihm, ist durchaus denkbar, daß sie öfters sogar recht hat, doch auf Grund von Kritik allein wird selten jemand klug, und auch der Mann in unserem Beispiel wird dadurch nicht erziehungsgeschickter.

Nun geschieht etwas Folgenschweres: er zieht sich zurück. Er reduziert gemeinsame Vorhaben mit den Kindern, überläßt der Mutter das „Kommando" und mischt sich nicht mehr ein. Er entwickelt Hobbies, die niemand in der Familie mit ihm teilt. Zwar ist er weiterhin anwesend, und die Kommunikation zwischen den Familienmitgliedern verläuft auch sehr freundlich, doch genau besehen lebt er sein eigenes Leben. So vergeht die Zeit, die Kinder werden groß und ziehen aus.

Werfen wir jetzt einen Blick auf die Wahrheit. Was ist die Wahrheit über die Beziehung zwischen diesem Mann und seinen Stiefkindern? Die Wahrheit ist, daß fast keine Beziehung besteht, daß der Mann keine Söhne oder Töchter, und die jungen Menschen keinen Vater dazugewonnen haben. Die Wahrheit ist, daß beide Seiten menschlich verwaist sind, zumindest was ihr gegenseitiges Verhältnis betrifft.

Und was ist mit dem Warum der Wahrheit? Noch schärfer: wen interessiert das Warum der Wahrheit? Einen Psychotherapeuten vielleicht, falls sich der Mann jemals einer psychotherapeutischen Behandlung unterziehen sollte. Aber wen noch? Die Kinder? Die Frau? Wofür ist das Warum relevant? Der Mann wird wahrscheinlich darauf bestehen, daß es ein entscheidendes Warum gibt. Die wiederholten Einwände seiner Frau in der Anfangszeit ihrer Ehe hätten ihn entmutigt, sich mit seiner ganzen Person einzubringen, hätten ihn in den Rückzug gedrängt, ins Abseits der Familie, wo er seine Ruhe fand. Aber ist das ein ausreichendes Warum? Hat er am Ende Ruhe statt Beziehung gewählt? Hat er vorschnell kapituliert? Und gibt es nicht auch dafür ein Warum, womöglich tief zurückliegend in seiner Kindheit? Etwa an die Dominanz seiner eigenen Mutter gekoppelt?

Das Warum der Wahrheit ist ein Faß ohne Boden, gefüllt mit endlosen Spekulationen. Trotzdem steht daneben, auf dem festen Boden der Wirklichkeit die Wahrheit selbst, massiv, unverrückbar, nicht hinwegdeutbar und völlig unabhängig geworden von jeglichem Warum. Die Beziehung zwischen dem Mann und seinen erwachsenen Stiefkindern ist schwach, und damit Punkt. Das ist ein Faktum, das durch keine Interpretation aus der Welt geschafft werden kann.

Wie wäre es nun, wenn der Mann in dem Beispiel etwas aus seiner Lebensgeschichte lernen würde? Wenn er, statt sich ans bodenlose Warum der Wahrheit zu halten im kläglichen Versuch, sein mißglücktes Vatersein zu rechtfertigen und seiner

Frau den „schwarzen Peter“ zuzuschieben, lernen würde, sich der *konstruktiven Veränderung der Wahrheit* zu widmen? Wie wäre es, wenn er damit begönne, einen zarten und unaufdringlichen Kontakt mit seinen Stiefkindern zu pflegen? Eine Reise, bei der man sich auf halbem Wege trifft, ein Brieflein, das ausgetauscht wird, ein anerkennendes Wort, eine freundschaftliche Geste bei Gelegenheit? Es müßte nicht viel von ihm kommen, keine materielle Verlockung, bloß ein liebevolles Signal dann und wann, und sogleich wäre dasjenige, was von ihm kommt, wahr, es wäre ein Zugewinn an Wahrheit – und die ganze Wahrheit, die da unverrückbar auf dem Boden der Wirklichkeit steht, wäre nicht mehr dieselbe wie vorher.

Dabei müßte er allerdings ein Stück Angst überspringen: die Angst vor Zurückweisung und Ablehnung, und müßte bereit sein, etwas Unangenehmes einzustecken, sollte ihm solches geboten werden. Er dürfte sich nicht mehr irritieren lassen wie früher von seiner Frau, sondern müßte von sich aus die Hände reichen, ob sie angenommen oder ausgeschlagen werden. Woraus könnte ihm die Kraft dafür zufließen? Ganz einfach: aus der Begeisterung für eine positiv veränderte Wahrheit. Begeisterung ist stärker als Angst. Sie ist eines der wesentlichsten Attribute der dem Menschen gemäßen Existenzweise, und wo sie sich entzündet, schrumpfen Irritationen auf ein Minimum; die Begeisterung fegt sie hinweg. Wahrheitssuche, Wahrheitsliebe und das Erringen einer im Positiven veränderten Wahrheit haben den Menschen von jeher gepackt. Spinozas Erkenntnis: „Veritas norma sui et falsi est“ (Die Wahrheit ist die Norm ihrer selbst und des Falschen)* gilt heute wie damals, die Wahrheit ist die letzte Bemessungsgrundlage allen Seins.

Wenden wir uns damit wieder unserem Briefschreiber zu. Wie sieht die Wahrheit um ihn aus? Er ist einsam, isoliert, das ist die Wahrheit. Und das Warum der Wahrheit? Er möchte erzählen, wie ihm seit Jahren zumute ist, aber wer will schon

---

* Ethik II. Prop. 43 Scholion, zitiert nach Weissmahr, 1985, 44–45.

Gejammer hören? Er klagt, daß ihm keiner zuhört. Klagen sind das ungeeignetste Mittel, Bekanntschaften zu schließen. Das Warum der Wahrheit liegt offen zu Tage, doch was nützt das? Wichtig wäre es, die Wahrheit zu verändern. Könnte sich der junge Mann dafür begeistern? Auch bei ihm bräuchte es nicht viel mehr als ausgestreckte Hände, ein Zugehen auf andere, ein selber Zuhören, wenn andere sprechen, ein sich Interessieren für die Belange der anderen, ein Mitmachen, wenn andere etwas vorschlagen. Ein inneres Ja-sagen zu seinen Kontaktpersonen, wie sie auch sein mögen. Die Wahrheit könnte eine viel bessere und schönere sein; wäre das kein Motiv, sich für sie einzusetzen, über die Vorgeschichte ihres Warums hinweg?

Ich glaube, daß der junge Mann noch begeisterungsfähig ist. Nur, sobald es um das innere Ja-sagen zu den Mitmenschen geht, wird er einen großen Sprung über seinen inneren Schatten tun müssen. Denn er traut ihnen nicht. Im 4. Absatz hat er davon berichtet:

„Jetzt bin ich 32 und noch nicht einmal zu einem geregelten Arbeits- und Erwerbsleben in der Lage: ich traue mich nicht weit genug hinaus! Dann schäme ich mich unter den anderen Menschen und muß denken, sie halten mich für schwierig, sie tuscheln über mich, ziehen sich zurück und freuen sich an meinem Verderben. So erhalte ich keine Anregungen mehr von außen, die ich dringend brauche. Ich leide darunter, daß ich mich von den anderen verachtet fühle. Damit werde ich seit Jahren nicht fertig. Ich bin mir selbst im Weg!"

Hier spricht er das Thema „Zutrauen" an. Was ein Mensch wem zutraut. Was traut der junge Mann sich zu? Jedenfalls nichts Gutes, keine Selbständigkeit, keine geregelte Arbeit. Was traut er anderen zu? Auch nichts Gutes, sogar Freude an seinem Verderben, also Spott, Hohn, Sarkasmus, Ächtung. Das ist ein sehr düsterer Schatten in seinem Inneren, Spiegelbild eines grundsätzlichen Verlustes an Urvertrauen. Wer jedoch jedermann nur Schlechtes zutraut, speist sich selbst mit schlechten Gedanken. Er wird, was er denkt, er wird schlecht. Eine traurige Spirale!

Schauen wir uns dazu ein Experiment an, das zur Zeit des kalten Krieges zwischen den Supermächten mit amerikanischen Kindern durchgeführt worden ist. Die Kinder bekamen Photos von Straßen gezeigt, an deren Rändern Bäume gepflanzt wurden. Die Hälfte der Kinder erhielt außerdem die Information, daß es sich um russische Straßen handelte. Den übrigen Kindern wurde mitgeteilt, es wären Straßen in ihrer Nachbarschaft. Daraufhin sollten die Kinder erraten, wozu das Bäumepflanzen gut sei. Prompt antworteten jene Kinder, die von russischen Straßen ausgingen, daß die Bäume vermutlich verbergen sollten, was hinter ihnen in den Häusern geschah. Manche meinten auch, das Bäumepflanzen wäre eine Strafarbeit für Gefangene. Unvergleichlich vorurteilsloser reagierten jene Kinder, die von amerikanischen Straßen ausgingen. Die Bäume dienten der Luftverbesserung, verkündeten die Naseweise unter ihnen, und alle waren sich darüber einig, daß Straßen mit Bäumen viel hübscher aussähen als ohne.

Das Experiment beweist, daß die Frage des Zutrauens eine ernstzunehmende ist. Nur ein Volk, das dem Feind Böses zutraut, marschiert in den Krieg – und das Jemandem-Böses-Zutrauen ist vorprogrammierbar! Bleibt zu hoffen, daß die neue Weltordnung, die sich im Morgenrot des 21. Jahrhunderts abzeichnet, das Einander-Gutes-Zutrauen unter den Menschen fördert. Nichts würde den Frieden nachhaltiger sichern als dies.

Gleichermaßen ist zu hoffen, daß unser Briefschreiber aufhört, sich selber Unfähigkeit und seinen Kontaktpersonen Böswilligkeit zu unterstellen, und sich ungeniert auf seinen Weg macht. Da es keine Auferstehung ohne vorherigen Abstieg zur Hölle gibt, wird er anfangs durch eine schwierige Zeit hindurch müssen. „Sollen sie über mich denken, was sie wollen“, könnte sein Motto sein, „sollen sie ruhig über mich tuscheln und kichern. Ich nehme es ihnen nicht übel, ich betrachte sie und mich als ebenbürtige Partner, und einzig dementsprechend werde ich mich verhalten. Das Verhalten der anderen soll nicht meine Sorge sein!“ Würde er sich konsequent an dieses Motto halten, würde er die Gitterstäbe seines Käfigs sprengen. Vielleicht zum ersten Mal wäre sein Handlungsziel nicht mehr die möglichste Vermeidung dessen, was am meisten gefürchtet wird, wäre der Motor, der ihn in Gang setzt, nicht das Erlebnis des Bedrohtseins allein. Nein, das Ziel seines Weges würde bestimmt durch etwas Sinnvolles, das ihm vorschwebt. Wo ein solches sichtbar geworden ist, steht das Selbst sich nicht mehr im Wege ...

Das leitet zum letzten Absatz des Briefes über, dem Schrei nach der Lösung. Da steht:

„Wie kann ich aus diesem verengten Horizont hinaus in mehr Weite gelangen und wieder Halt gewinnen, auf daß ich mir mehr zutraue und weniger von der Angst vor mir selbst gequält werde?“

Die Lösung ist eindeutig. Durch die Wiederaufnahme einer dem Menschen gemäßen Existenzweise könnte dem jungen Mann all dies gelingen, und nur durch sie. In der Hingabe an eine sinnvolle Sache würde sich sein Horizont erweitern. Indem er vernünftige Erwartungen an sich selber stellt, würde er Halt an seinem Tun gewinnen. Im persönlichen Einsatz für eine positivere Wahrheit würde er seine Beziehung zu den Mitmenschen festigen. Und indem er sich und anderen Gutes zutraut, würde er gut werden, würde er zu einer Identität gelangen, deren er sich nicht zu schämen braucht. Selbstauslieferung, Faszination, Engagement und Begeisterung bilden die „Sesam-öffne-dich-Formel“, die das Bollwerk über dem Nichts zum Einsturz brächte. Stärker als die Angst ist ein sinnorientiertes Leben.

Deswegen läuft das ganze Problem der Angstbewältigung auf einen Motivationswechsel hinaus. Nicht was wir fürchten, soll uns in Bewegung setzen, sondern was wir lieben. Nicht Drohendes soll uns anschieben, sondern Vorschwebendes soll uns locken. Ein zu realisierender Sinn, der uns anspricht, der für sich selbst spricht, der aufleuchtet und einleuchtet, *er* ist der passende Motor, der menschliches Dasein über die Klippen und Hürden eines schwankenden Urvertrauens hinweg der optimalen Vollendung zuführt. Oder, um noch ein Gleichnis zur Veranschaulichung heranzuziehen: Wie eine giftige Flüssigkeit am widerstandsfreiesten in eine leere Flasche fließen kann, während sie kaum in eine vollgefüllte Flasche hineinzugießen ist, so breiten sich auch Ängste am ehesten in einem inhaltsleeren Leben aus. Ein Leben, bis an den Rand gefüllt mit Sinn und Werten, erweist sich ihnen gegenüber als immun.

Die Rückgewinnung des Urvertrauens

Wir fanden heraus, daß Sinnorientierung über die Klippen und Hürden eines schwankenden Urvertrauens hinweghebt. Was hat es aber mit dem Schwanken, ja, Verlust des Urvertrauens auf sich? Die Antwort darauf möchte ich in drei Teile gliedern. Zunächst will ich versuchen, den Begriff des „Urvertrauens" zu definieren, wobei es mir weniger um eine ausgeklügelte wissenschaftliche Definition geht, sondern eher um eine Beschreibung dessen, was Urvertrauen umfassend bedeutet. Was es für den einzelnen Menschen heißt, Urvertrauen zu haben. Im zweiten Teil müssen wir uns notgedrungen damit beschäftigen, daß es geschehen kann, daß ein Mensch sein Urvertrauen verliert. Da allen psychologischen Erklärungsversuchen gegenüber Skepsis geboten ist, weil meistens ein unerklärlicher Rest übrig bleibt, stellt dieser zweite Teil keine Fahndung nach den Ursachen eines frühkindlichen Vertrauensdefizites dar, sondern eine Bestandsaufnahme dessen, wie ein Leben in Ermangelung von Urvertrauen aussieht.

Im dritten Teil kommen wir schließlich zum Thema, zur Frage, ob und wie sich das verlorengegangene Urvertrauen zurückgewinnen läßt. Was deswegen eine heikle Frage ist, weil es menschliche Phänomene gibt, die nicht dem Willen unterliegen. Z. B. kann man nicht glauben wollen oder lieben wollen, weder mit Nachdruck, noch auf Befehl.* Entweder glaubt man etwas, oder nicht. Der Wille hat dabei nicht viel zu vermelden. Wenn allerdings etwas Glaub-würdiges oder etwas Liebens-wertes auftaucht, dann steigen die Chancen, daß sich Glaube bzw. Liebe von selbst einstellen. Genauso ist es mit dem Gefühl der Geborgenheit. Auch dieses kann nicht

---

* Viktor E. Frankl, „Der Mensch vor der Frage nach dem Sinn", Verlag Piper, München, 9. Auflage 1993, Seite 76.

willentlich herbeigerufen oder künstlich erzeugt werden. Einzig im Bezug zu einer Instanz, die Geborgenheit schenkt oder als eine Geborgenheit-Schenkende verstanden wird, stellt sich das Gefühl, geborgen zu sein, ein – und wenn das Geschenk dieser Instanz ein bedingungsloses ist, wird auch das Geborgenheitsgefühl ein bedingungsloses sein. Von daher ist die Frage nach der Rückgewinnung des Urvertrauens keine Frage nach dem „Wie mache ich es?“, also keine verfahrenstechnische Frage, sondern vielmehr die Frage nach dem „Wie erkenne ich etwas, das mir erlaubt, mich als bedingungslos beschenkt verstehen zu dürfen?“

Doch beginnen wir zunächst mit der Definition des Urvertrauens, und blättern wir dazu in den Schriften meines Lehrers nach. Im Buch „Der Wille zum Sinn“ nennt Viktor E. Frankl zwei Gründe, warum er als Seelenarzt die religiöse Erlebnisweise des Menschen in seine Theorien miteinbezieht. Der zweite dieser Gründe ist nach seinen Worten ein therapeutischer bzw. prophylaktischer. Ich zitiere:

„Denn wenn wir dem religiösen Erleben nur ein wenig auf den Grund gehen, so bemerken wir alsbald, daß es sich bei ihm um das Erleben der eigenen Fragmentarität und der eigenen Relativität auf einem absoluten Hintergrund handelt. Im religiösen Selbstverständnis erlebt der Mensch sonach die eigene Bezogenheit auf das Absolute – also eigentlich auf ein „Unbeziehbares“. Diese Paradoxie braucht uns aber nicht zu schrecken. Denn was ist diese Bezogenheit auf ein Unbeziehbares denn anderes als – Geborgenheit? Geborgenheit – im Verborgenen, im Transzendenten. So vermögen wir der Paradoxie wenn schon keine Lösung so doch eine positive Wendung zu geben. In dieser Positivität jedoch liegt zugleich, vom psychotherapeutischen bzw. psychohygienischen Standpunkt aus gesehen, ein unerhörtes Positivum. Denn hat sich schon gezeigt, daß das Erleben des Lebens als einer Aufgabe schlechthin – man könnte sagen: als einer persönlichen Mission, daß dieses Erleben das Verantwortungsbewußtsein in einem psychotherapeutisch eminent bedeutungsvollen Grade zu steigern vermag, dann zeigt sich nunmehr, daß das religiöse Erleben, das Erlebnis der Geborgenheit schlechthin, diese therapeutische Relevanz wohl erst recht besitzt. Und zumindest in entscheidenden Augenblicken des persönlichen Daseins wird sich immer wieder zeigen, wie kaum eine andere Einstellung gegenüber schicksalhaften Grenzsituationen es im gleichen Maße vermöchte wie die religiöse, den Menschen diese Situationen bewältigen zu lassen." *

Da der Text nicht ganz leicht zu verstehen ist, aber wesentliche Aussagen enthält, möchte ich ihn näher aufschlüsseln. Es gibt ganz sicher nichts auf Erden, auf das wir blind bauen und vertrauen könnten. Nichts ist vollkommen, nichts ist perfekt. Auch der gesündeste Körper kann erkranken, auch der beste Freund kann sich von uns abwenden, auch der festeste Arbeitsplatz kann uns verloren gehen, auch der treueste Beschützer kann uns wegsterben, auch der stabilste Friede kann in Krieg umschlagen. Echte Garantien für irgendetwas gibt es nicht – nicht im irdischen Dasein. Das meint Frankl, wenn er von der eigenen Fragmentarität und Relativität spricht: fragmentarisch, also bruchstückhaft, und relativ, also abhängig von gewissen Voraussetzungen, ist alles im menschlichen Leben. Wir erleben dies Tag für Tag, doch mitunter erleben wir es „auf einem absoluten Hintergrund", dann – so Frankl – ist es ein religiöses Erleben.

Hier stoßen wir sichtlich auf eine Paradoxie. Wie kann es die Idee, den Traum, die Ahnung von etwas Absolutem geben, wenn der Mensch rings um sich herum ausschließlich Fragmentarisches und Relatives vorfindet? Wir wissen, daß es dem menschlichen Geist unmöglich ist, etwas gänzlich Neues zu erfinden, ohne auf Vorbilder zurückzugreifen. Jede Maschine, die je gebaut wurde, hat ihre Vorlagen in der Natur, wie z. B. die Flugzeugkonstruktion im Vogelprinzip. Wir wissen es spätestens, seit sich findige Schriftsteller abmühen, Science-Fiction-Romane zu entwerfen: auch die tüchtigsten unter ihnen haben nur Neukombinationen statt Neues hervorgebracht. Woher aber dann dieses Erlebnis eines Absoluten im Hintergrund der Welt, von dem unaufhörlich in allen Epochen, Kulturen und Völkern berichtet wird, ja, das wir vielleicht aus eigener Erfahrung kennen? Frankl spricht von der Bezogenheit des Menschen auf ein Unbeziehbares und fährt fort:

---

* Viktor E. Frankl, „Der Wille zum Sinn", Verlag Piper, München, Neuausgabe 1991, Seite 73/74.

„Was ist diese Bezogenheit auf ein Unbeziehbares denn anderes als – Geborgenheit? Geborgenheit – im Verborgenen, im Transzendenten."

Die Paradoxie löst sich nicht auf, aber sie erhält eine Wendung. *Wenn* wir mitsamt unserer Fragmentarität und Relativität geborgen sind im Absoluten, in der Transzendenz, in Gott, oder wie man es ausdrücken möchte, *wenn* das der Fall ist, was wir selbstverständlich nicht wissen, sondern nur intuitiv erahnen können, *dann* wird unser religiöses Erleben verständlich, denn dann erzählt es ja gar nicht von einem Neuen, das wir ohne Vorlagen in der Welt erfunden hätten, sondern dann erzählt es von einem Alten, Uralten, Immer-schon-da-Gewesenen, Ewigen, von einem, für das wir zu klein sind, um uns darauf beziehen zu können – es sei denn, wir sind *auch immer schon in ihm gewesen.*

Geborgenheit läßt sich also definieren als ein Bezogensein auf ein Unbeziehbares, auf etwas, für das keinerlei Vorbilder in der Welt existieren, weil es selbst *das* Vorbild der Welt ist, und von dem wir keinerlei Ahnung haben könnten, wären wir nicht in unserer Kleinheit dennoch – sein Ebenbild.

Soweit der theoretische Aspekt. Uns aber interessiert die praktische Bedeutung des Gesagten, und Frankl als Seelenarzt hat ebenfalls ein Auge darauf geworfen. Er weist auf den psychotherapeutischen und psychohygienischen Standpunkt hin, von dem aus betrachtet Geborgenheit ein „unerhörtes Positivum" darstellt. Es stärkt einerseits das Verantwortungsbewußtsein des Menschen und hilft andererseits „in entscheidenden Augenblicken schicksalhafte Grenzsituationen zu bewältigen", wie er es formuliert. Da aber schicksalhafte Grenzsituationen stets mit ernsten, unangenehmen und bedrohlichen Dingen verquickt sind, die über einen Menschen hereinbrechen, können wir zusammenfassend festhalten, daß das Gefühl des Geborgenseins *Kraft verleiht,* eine eminente Kraftsteigerung, wie es im Zitat heißt, nämlich ethische Kraft in Form von Verantwortungsbewußtsein, und Bewältigungskraft in Hinblick auf Schicksalsschläge aller Art. Von daher ist es nicht verwunderlich, daß Ratsuchende, die den Psychotherapeuten aufsuchen, in überwiegendem Maße selbst erkennen, was sie zu tun hätten oder unterlassen sollten, aber ihrem Berater die Frage an den Kopf werfen: „Wo soll ich die Kraft dafür hernehmen?". Genausogut könnten sie sagen: „Ich habe mein Gefühl der Geborgenheit verloren. Wie gewinne ich das Urvertrauen, daß ich mich in dieser fragmentarischen und relativen Welt auf ein Absolutes, ‚Unbeziehbares' beziehen kann, wieder zurück?". Womit wir beim zweiten Teil meiner Ausführungen angelangt sind, den Folgen eines Verlustes an Urvertrauen.

Die Folgen sind dramatisch genug, doch sie offenbaren sich indirekt. Haßliebe, zum Beispiel, und sonstige Formen von Ambivalenz sind indirekte Folgen davon. Ein Mensch mag einen anderen nicht, aber er kommt auch nicht los von dem anderen. Warum nicht? Weil er Angst vor dem Alleinsein hat. Warum hat er Angst vor dem Alleinsein? Weil er sich dann ausgeliefert fühlt den Eventualitäten des Lebens. Warum fühlt er sich ausgeliefert? Weil er eben nirgendwo geborgen ist ... Also klebt er an dem anderen, den er nicht mag, liebt ihn in selbstsüchtiger Weise und haßt ihn dafür.

Minderwertigkeitsgefühle sind eine weitere indirekte Folge des Verlustes an Urvertrauen. Personen mit Minderwertigkeitsgefühlen sind nicht nur „arme Teufel", sie richten auch ziemlichen Unfug an. Denn nur das An-sich-Gute bewährt sich. Personen mit Minderwertigkeitsgefühlen investieren jedoch ihr gesamtes Bemühen in die *Darstellung,* was sie gut machen, gut können, gut erledigen würden, falls dies und das wäre, nicht gut erledigen können, weil jemand sie daran hindert, wieviel besser sie sind, als man von ihnen denkt, usw. Sie wollen ständig ihre Güte beweisen oder bewiesen bekommen, und beachten daher das An-sich-Gute zu wenig, wodurch sie Taten setzen, die sich nicht bewähren, bzw. Leistungen erbringen, die dann wirklich minderwertig sind, was ihre Minderwertigkeitsgefühle natürlich noch anheizt. Warum aber sind sie so begierig auf die Darstellung ihrer Güte? Nicht nur, weil sie insgeheim an ihr zweifeln, sondern vor allem, weil es *etwas ausmacht,* wenn sie nicht gut sind. Und warum macht es etwas aus? Weil sie dann fallen gelassen werden könnten, von wem auch immer, weil sie abgewiesen, verurteilt, vernichtet werden könnten, wenn sie nicht die entsprechenden Qualitäten aufweisen, oder noch nuancierter ausgedrückt: weil sie nicht irgendwo geborgen sind, wo ihr Eigenwert zählt, unabhängig vom Wert ihrer Leistungen, irgendwo, wo sie selbst „an sich gut“ sind.

Noch gefährlicher ist Brutalität als indirekte Folge des Verlustes an Urvertrauen. Hier handelt es sich um die Brutalität von Menschen, die andere schädigen, aber nicht, weil sie sie primär schädigen wollen, sondern weil sie ein bestimmtes Ziel erreichen wollen, zu dessen Zielerreichung sie die Schädigung der anderen sekundär in Kauf nehmen. Freilich ist das kein „mildernder Umstand“, denn der Zweck heiligt keinesfalls die Mittel, wie uns das Sprichwort suggeriert, sondern umgekehrt entweihen die schlechten Mittel den besten Zweck, wie Frankl wortspielerisch erklärt. Fragen wir aber, was Menschen verleitet, bei ihrer Zielstrebigkeit den Preis von Fremdschädigung in Kauf zu nehmen? Nun, doch wohl die Verbissenheit, ihr Ziel unbedingt erreichen zu wollen. Und warum sind sie so versessen darauf? Weil das Ziel für sie immens wichtig ist ... negativ formuliert, weil außerhalb des Zieles so wenig für sie wichtig ist, oder gar nichts ist, ein großes Nichts jenseits des Zieles, weil sie sich nicht verankert und geborgen fühlen in einem absoluten Seinsgrund, aus dem heraus irdische Ziele eben relativ sind ...

Die Aufzählung könnte noch lange fortgesetzt werden, doch ich denke, daß die Quintessenz in ihren Konturen bereits durchschimmert. *Ein Mensch, der sich geborgen weiß, braucht vieles nicht.* Aber was braucht ein Mensch, der sich nicht geborgen weiß, doch alles! Personen, die ihm ständig hilfreich zur Seite stehen (Stichwort: Haßliebe), Personen, die ihm pausenlos bestätigen, wie gut er ist (Stichwort: Minderwertigkeitsgefühle), die Erreichung seiner Ziele, und sei es, daß er über andere Personen hinwegtrampeln muß (Stichwort: Brutalität) und vieles mehr. Erfolg braucht er, Macht, Prestige, Zuwendung, Rückversicherung, materielle Güter, und bei alledem ist er nicht be-ruhigt und be-friedet. Rastlos mauert er an einer Festung im Diesseits und hat doch – auf Sand gebaut.

Zwei Hinweise sollen die Dramatik in ihrer ganzen Tragweite skizzieren. Der eine Hinweis betrifft das sogenannte „Burnout-Syndrom“, das heutzutage erschreckend verbreitet ist. Es nahm seinen Ausgang bei den helfenden und pädagogischen Berufen, bei Ärzten, Lehrern, Therapeuten und sogar Seelsorgern, hat aber inzwischen Eingang in fast alle Berufssparten gefunden. Die Symptomatik des „Sich-ausgebrannt-Fühlens“ ist schnell geschildert: der Betreffende kann körperlich-seelisch einfach nicht mehr. Die Arbeit hängt ihm zum Halse heraus, die Klienten oder Kunden, mit denen er zu tun hat, ekeln ihn an, der innere Widerstand gegen seine Arbeit ist so groß, daß er von einer Krankheit in die nächste taumelt, von schweren Schlafstörungen, die ihn quälen, bis hin zum völligen physischen Zusammenbruch.

Was steckt dahinter? Eine *Erfolgs- und Rückmeldungsabhängigkeit,* wie man in wissenschaftlichen Studien einwandfrei festgestellt hat. Demnach sind burnout-syndrom-anfällige Personen meist solche, die erst mit viel Engagement und Schwung in ihren Beruf einsteigen und durchaus gewillt sind, positiv-konstruktiv zu arbeiten. Allerdings erwarten sie den entsprechenden Erfolg oder die entsprechende Rückmeldung seitens ihrer Klienten und Kunden. Im Klartext: sie investieren viel, wollen aber auch die Früchte ihrer Bemühungen ernten. Von der jeweiligen Sache oder Person soll etwas zurückkommen, gleichsam eine Belohnung und Bestätigung des eigenen Wirkens. Und wenn es nicht kommt, nicht gleich kommt, nicht wie erwartet kommt? Dann sind sie bitter enttäuscht, desillusioniert, frustriert, dann verlieren sie die Lust, sich weiterhin zu engagieren, und funktionieren nur noch eine Weile wie ein Automat, bis auch dies nicht mehr geht, bis jeder Funke Kraft und jedes innere „Feuer“ in ihnen ausgebrannt ist.

Nun gibt es eine Reihe von Berufen, bei denen nie vergleichbar dasjenige zurückkommt, was man investiert, wie

z. B. der Beruf des Lehrers. Wenn er sich für einen lebendigen und interessanten Unterricht einsetzt, fallen ihm die Schüler deswegen nicht in Dankbarkeit um den Hals. Dennoch hat der lebendige und interessant gebrachte Unterricht seinen Sinn, einen „Eigen-sinn“, wenn man so will, und in dem Augenblick, da das Wirken eines Menschen sinnvoll ist – und das gilt für jeden Beruf –, ist es das auch ohne unmittelbar sichtbaren Erfolg und ohne enthusiastischen Beifall irgendwelcher Zuschauer. Es ist „an sich sinnvoll“.

Hier sind wir wieder beim Brückenschlag zum Urvertrauen angelangt. Das Urvertrauen fußt ja auf der Annahme, daß das An-sich-Gute und An-sich-Sinnvolle gewußt und gekannt ist von höherer Warte aus, daß es aufgehoben und aufbewahrt ist im „Guten-an-sich“, im „letzten Sinn“ von allem. Wer in diesem Urvertrauen geborgen ruht, macht sich von irdischen Erfolgsaussichten und zustimmenden mitmenschlichen Rückmeldungen nicht abhängig. Er ist frei zur Gestaltung seines Wirkens in Selbstverantwortung und gleichzeitig geschützt vor dem gefährlichen Burnout-Syndrom.

Der zweite Hinweis betrifft die weltweite Ökokrise. Der einzelne zerstört im allgemeinen nicht, doch er konsumiert manches, dessen Herstellung die Umwelt langfristig zerstört. Die Konsequenz ist, daß die Rettung u. a. in einem stärkeren Verzicht auf Güter bestünde. Tatsächlich befindet sich der Konsument am Steuer und nicht etwa die Industrie, auf die er sich auszureden pflegt. Denn was der Konsument nicht kauft, ist im Handel nicht verkäuflich und wird in einem nächsten Schritt von der Industrie nicht mehr erzeugt. Der Verführung durch den Hersteller steht somit das Diktat durch den Verbraucher gegenüber, und letzteres sollte nicht unterschätzt werden. Würde kein Mensch mehr Zigaretten kaufen, wäre die Zigarettenindustrie in kürzester Zeit pleite; würde niemand mehr Drogen nehmen, könnte die Jagd auf Anbauer und Dealer alsbald eingespart werden. Doch zurück zum Thema. Wir sagten, die Ökokrise ließe sich zu einem Großteil bremsen durch ein freiwilliges Leben in Bescheidenheit und Selbstbeschränkung. Hierin ist wiederum der Brückenschlag zum Urvertrauen zu sehen. Da das Urvertrauen auf ewige Werte ausgerichtet ist, bekommen die materiellen Besitztümer ihren relativen Wert zurück, und das heißt: sie werden verzichtbar. Freiwillige Bescheidenheit leben kann nur einer, der sich im Immateriellen geborgen weiß; vom Haben loslassen kann nur einer, der im Sein zu Hause ist.

Was sind also die dramatischen Folgen eines Verlustes an Urvertrauen? Daß wir Angst haben müssen, Angst um all das, was wir brauchen, um uns – aus dem Sein herausgefallen – einigermaßen sicher zu fühlen, und nie werden wir genug haben, um es wirklich zu tun. „Die Sicherheit der Menschen in Westeuropa ist gigantisch gewachsen, aber ihre Zukunfts- und Existenzängste sind es merkwürdigerweise auch", stand kürzlich im Feuilleton einer deutschen Zeitung zu lesen ... Dem gegenüber schrieb Viktor E. Frankl als Resümee seiner Erlebnisse im Konzentrationslager, also dem „unsichersten Ort", den wir uns überhaupt vorstellen können, daß diese Erlebnisse gekrönt wurden von „dem köstlichen Gefühl, nach all dem Erlittenen nichts mehr auf der Welt fürchten zu müssen –" und fügte schlicht hinzu: „– außer seinen Gott" *. *Das* ist Urvertrauen.

Kommen wir jetzt zum dritten Teil, zur Frage, ob und wie verloren gegangenes Urvertrauen zurückgewonnen werden kann. Um diese Frage zu beantworten, muß ich ein wenig ausholen. In der Psychologie und Psychotherapie gibt es sehr unterschiedliche Auffassungen darüber, wie gesundes Leben vor sich geht. Noch schillernder und widersprüchlicher sind die Weisheitslehren aus der esoterischen Szene, die zur Zeit Hochkonjunktur haben. Auf diesem großen Tummelplatz von Wissenschaft und Mystik, seriöser Forschung und dubioser Praktik zeichnen sich jedoch zwei Überzeugungen von überraschend hoher Übereinstimmung ab, so daß sie wert sind, ernstgenommen zu werden. Die eine Überzeugung betrifft die Notwendigkeit, ein „authentisches Ich" zu entwickeln. Schon

* Viktor E. Frankl, „... trotzdem Ja zum Leben sagen", dtv 30050, München, 11. Auflage 1992, Seite 148.

Sigmund Freud sagte: „Wo Es ist, soll Ich werden." Eric Berne spricht vom Erwachsenen-Ich gegenüber dem Eltern- und Kind-Ich im Menschen, Viktor E. Frankl vom agierenden statt blindlings reagierenden Wesen des Menschen, und Manoochehr Khatami, dessen Formulierung ich für die Gelungenste halte, eben vom authentischen statt automatischen Ich.

Gemeint ist damit, daß wir bewußt leben und bewußt entscheiden sollen, statt uns von unbewußten Mechanismen treiben zu lassen. Freilich tragen wir automatische Verhaltensmuster in uns, teils angeborene, aus der Triebebene stammende, teils in Lern- und Gewöhnungsprozessen erworbene, die, weil sie automatisch ablaufen, keine Beteiligung des Bewußtseins erfordern. Dennoch sollten wir sie nicht ganz aus unserem Bewußtsein entlassen. Automatismen vereinfachen zwar manchmal unser Leben, aber sie sind nicht kreativ, sie sind starr, und folglich dürfen sie uns nicht beherrschen. Im Gegenteil, wir selbst, vertreten in unserem authentischen Ich, sind es, die über sie zu herrschen haben.

Ein Beispiel dazu. Jemand fühlt sich, wenn er angegriffen wird, stets tief gekränkt. Das ist eine automatische Reaktion, die gewiß ihre Wurzeln in der Vorgeschichte dieses Menschen hat. Noch dazu ist es eine, die nicht einmal sein Leben vereinfacht, sondern es eher erschwert. Sie beizubehalten würde bedeuten, die Schatten der Geschichte schalten und walten zu lassen, ihnen zu erlauben, auch die Gegenwart dieses Menschen zu verdüstern. Das muß er nicht erlauben. Bei der nächsten Attacke, die gegen ihn geführt wird, kann er sich eine andere, bewußt gewählte Reaktion abringen, z. B. dem Angreifer freundlichst ins Gesicht zu lachen oder innerlich gelassen von ihm abzurücken. Er kann sein eigenes Gekränktsein „ausklinken", vom Haken lösen, an dem es hängt, indem er sich souverän darüber erhebt. Was ihm dabei konkret hilft, darüber scheiden sich die Geister der psychologischen Schulen, Einigkeit besteht jedoch in der Auffassung, daß eine solche Neuwahl souveräner Verhaltensweisen einen Triumph des authentischen Ichs über das automatische darstellen würde.

Die zweite Übereinstimmung zentriert sich um die Wichtigkeit von Einstellungen und Bewertungen im menschlichen Leben. Sämtliche Psychologen von Weltrang haben sich mit der Beobachtung auseinandergesetzt, daß der Mensch die Qualität seiner unmittelbaren Welterfahrung in hohem Maße selbst produziert. Paul Watzlawick geht sogar soweit, zu behaupten, der Mensch zimmere sich seine Wirklichkeit zurecht und darin sein Glücklichsein oder Unglücklichsein, je nachdem. Die Vertreter des Positiven Denkens schlagen in dieselbe Kerbe und plädieren für das Zurechtzimmern von Glücklichsein. Vielleicht ist es nicht ganz so einfach, aber alle Suggestionsverfahren beweisen die enorme Wirkung hoffnungsvollen Erwartens. Auch Reinhard Tausch betont die Notwendigkeit von Um- und Neubewertungen im Falle negativer Lebensinterpretationen, und in der Franklschen Logotherapie zielt die Methode der Einstellungsmodulation auf heilsame Korrekturen in genau diesem Sinne hin.

Im vorgenannten Beispiel könnte etwa die Person, die sich tief kränkt, wenn sie angegriffen wird, eine sein, die allen Menschen grundsätzlich mit Mißtrauen begegnet. Überall wittert sie potentielle Gegner, Konkurrenten, Ausbeuter. In ihrem Bewertungsschema ist die Mitwelt eine, die ihr offen oder versteckt Böses will. Also umgibt sie sich mit einem ehernen Abwehrpanzer, der so provozierend wirkt, daß sich immer wieder jemand herausgefordert fühlt, ihn zu knacken, sprich, die Person anzugreifen. Der erfolgte Angriff paßt dann exakt zum Bewertungsschema dieser Person: die Mitwelt ist wahrlich böse, und die Kränkung sitzt wieder einmal tief. Das heißt, ohne eine Änderung des Bewertungsschemas wird sich diese Spirale nicht aufdrehen, und die Änderung des Bewertungsschemas ist nicht Sache der Mitwelt, sondern Sache des authentischen Ichs der Person, nämlich sich vorzunehmen, in Zukunft nicht mehr automatisch jedermann Negatives zu unterstellen, sondern jedermann zumindest eine positive Chance zuzusprechen.

Überlegen wir: was ist bei einem Verlust an Urvertrauen geschehen? Im Grunde auch nichts anderes, als daß ins automatische Ich eines Menschen Fehlbewertungen eingegangen sind, wenn auch solche, die über die Mitwelt hinaus in eine Metaebene hineinreichen.

Nicht bloß die Kollegen oder Verwandten sind es, die einem Böses wollen, nein, der Herrgott persönlich, in welcher Gestalt er auch anvisiert wird, ist ein strafender, zürnender, drohender! Er fügt uns Leid zu, er läßt uns allein im Schmerz, er ist nicht da, wenn man ihn braucht, er ist Unendlichkeiten entfernt ... Diese Haltung darf nicht verwechselt werden mit einer gesunden „Gottesfürchtigkeit", die eher mit Ehr-furcht als mit Furcht zu tun hat; sie korrespondiert vielmehr mit der Verwegenheit und Anmaßung eines Menschen, die Pläne der Vorsehung verstehen zu wollen, und seinem zwangsläufigen Scheitern dabei.

Die Rückgewinnung des Urvertrauens ist folglich nur möglich erstens über eine Stärkung des eigenen authentischen Ichs und zweitens über eine bewußte Revision jenes Gottesbildes, das (vielleicht unbewußt) im Herzen verborgen schlummert, auf Bestrafung und Verdammnis programmiert, statt auf Erlösung.

Eine Stärkung des authentischen Ichs ist durch jede Art von Weiterbildung, kulturelle Betätigung und Aufnahme geistiger „Nahrung" einleitbar, dazu bietet die allgemeine Psychologie zahlreiche Hinweise. Zur Revision des Gottesbildes aber sei noch ein Gedanke aus der Logotherapie eingeblendet, der sich mit gewissen Erwägungen aus der Experimentalpsychologie deckt. Bekanntlich spielt der Zufall eine nicht unerhebliche Rolle im menschlichen Leben. Der Gedanke besagt nun, daß, wenn wir diese Rolle über größere Zeitabschnitte hinweg mit Offenheit und Akzeptanz betrachten, uns eine Ahnung davon zuteil werden kann, was es mit den Plänen der Vorsehung auf sich hat. Viktor E. Frankl schreibt dazu in einem berühmt gewordenen Zitat:

> „*Der Zufall ist der Ort, an dem das Wunder nistet* – oder besser gesagt: nisten kann, denn immer kann etwas nur – niemals muß es mehr als bloßer Zufall sein. Allemal *kann* nur das natürliche Sein Träger sein eines übernatürlichen Sinns, eines Übersinns; aber *der Übersinn*

ist diskret: er drängt sich einem nicht auf und kann ebensogut auch unbemerkt bleiben." *

Der Zufall definiert als der Ort, an dem das Wunder nistet – demnach wäre möglich, daß demjenigen, der sich aufmacht, den Zufällen seines Lebens auf die Spur zu kommen, ein alles umgreifender „Übersinn", der ihn von Anfang an trägt und birgt und niemals allein läßt, nicht ganz unbemerkt bleibt. Daß er einen kleinen Einblick erhascht in „Urvertrauenswürdiges". Ich will ein Beispiel dazu bringen: **

Eine Patientin von mir berichtete über ihre desolate Kindheit. Ihre Mutter hatte heimlich versucht, sie abzutreiben, angeblich mit einer Häkelnadel. Das war nicht gelungen. Als die Patientin, unehelich geboren, auf die Welt kam, hatte die Mutter keine Zeit für sie, und ein Vater war weit und breit nicht vorhanden. Deshalb ließ die Mutter das Baby öfters unbeaufsichtigt im Kinderwagen liegen. Eines Tages geriet der Kinderwagen ins Rollen, rutschte eine Böschung hinab und kippte um; die Patientin erlitt einen Schlüsselbeinbruch. Ein anderes Mal, als die Patientin bereits älter war, spielte sie, total sich selbst überlassen wie meistens, auf einem zugefrorenen Teich und brach ein. Einige Spaziergänger, die gerade vorübergingen, zogen das hilflose Mädchen aus dem Eiswasser.

Der Bericht könnte noch lange fortgesetzt werden, doch soll das Bisherige genügen, um auf den Zufall zurückzukommen. Niemand wird die Tragik dieser frühen Kindheit der Patientin leugnen. Dennoch ist bei genauerem Hinschauen daneben ein ganz anderes Muster erkennbar. Ich rekapituliere: die Mutter will ihr Ungeborenes abtreiben und unternimmt eine medizinisch gefährliche Aktion – aber die Patientin kommt als gesundes Baby zur Welt. Der Kinderwagen rollt davon und

---

* Viktor E. Frankl, „Der leidende Mensch", Verlag Piper, Neuausgabe 1990, München, Seite 196.

** Ausführlich beschrieben in meinem Buch „Psychologische Vorsorge", Verlag Herder, Freiburg 1989, Seite 209–211.

kippt um – aber das herausfallende Kind bricht sich nicht das Genick, nur das Schlüsselbein. Dann landet das kleine Mädchen auch noch im winterlichen Teich und wäre in wenigen Minuten ertrunken – just zu dem Zeitpunkt sind beherzte Spaziergänger zur Stelle und holen es heraus. Alles Zufall, doch der Zufall ist der Ort, an dem das Wunder nistet, in unserem Fall, an dem der Schutzengel wohnt, der über diesem Kinde gewacht hat, denn es sollte offensichtlich leben! Es sollte nicht umkommen, weder durch Häkelnadel, noch durch Eiswasser, es sollte aufgespart werden für eine Erwachsenenzeit, um vielleicht etwas Sinnvolles in seiner Zeit zu bewirken.

„Es stimmt", sagte ich zu meiner Patientin, „von Ihren Eltern waren Sie nicht gewollt. Doch es scheint, daß Sie *urgewollt* waren, gewollt und für etwas ‚vorgesehen', oder wie könnte man die Serie der gnädigen Zufälle in Ihrer Kindheit anders deuten?" Die Patientin war von dem Gedanken fasziniert. „Ich habe mich stets als überflüssiges Balg erlebt", stammelte sie bewegt, „jetzt glaube ich, daß ich am Ende doch nicht überflüssig bin. Wofür könnte ich aufgespart worden sein?" Ja, darüber dachten wir weiter nach bei unserem Gespräch, das sich überhaupt nicht mehr um die traurige Kindheit, sondern um die zu erfüllende Gegenwart drehte, und um eine Zukunft, die des diskreten Werkes des einstigen Schutzengels würdig sein sollte.

Wenn wir die Zufälle in unserem Leben, die angenehmen wie die unangenehmen, aus einigem Abstand betrachten und auf die Richtung hin überprüfen, in die sie uns gelenkt haben, dann bildet sich mit hoher Wahrscheinlichkeit da und dort ein „roter Faden" ab, eine Wegweisung, der es lohnt, nachzusinnen. Denn unter diesem Gesichtspunkt sind wir in der Tat bedingungslos Beschenkte, und das Geschenk ist der Weg. Er kommt aus der Geborgenheit, und er führt in die Geborgenheit zurück, wir müssen ihn nur gehen. Und sollten wir steckenbleiben oder abweichen, wird der Zufall uns führen.

Interessant ist, daß die nüchterne Experimentalpsychologie nach jahrzehntelangen Untersuchungen von Einflüssen auf Lebensschicksale bei einem analogen Gedanken angelangt ist. Ich berufe mich auf Dieter E. Zimmer, einen der bekanntesten Verhaltensforscher, der sich besonders mit den unterschiedlichen Entwicklungen von Zwillingen, milieugeschädigten Kindern, Kibbuzinsassen usw. beschäftigt hat. Er wollte wissen, was die Unterschiede zwischen Menschen hervorbringt, vor allem, was Geschwister einander unähnlich macht, da bei denen sowohl das genetische Material, als auch die Erziehung doch sehr ähnlich ist. Hier sein Resümee:

„Vielleicht ist die Suche nach den Einflüssen, die Familienmitglieder unähnlich machen, darum bisher so ergebnislos geblieben, weil es keine oder nur geringe systematische Einflüsse dieser Art gibt. Vielleicht ist es der pure Zufall, der unser Lebensschicksal weitgehend bestimmt und es von anderen Schicksalen abhebt. Mir scheint es plausibel. Der eine sitzt in der Schule zufällig neben einem bewunderten Torschützen, versucht es ihm nachzutun und wird dank mehrerer weiterer Zufälligkeiten zu einem Tennis-As; sein Bruder stolpert zufällig über einen Stein, zerrt sich den Meniskus, hat fortan keine Freude mehr am Sport, verlegt sich lieber auf die Mathematik und wird aufgrund einiger weiterer Zufälle schließlich Informatiker. Sonst wäre vielleicht auch er Sportler geworden. Sein Beruf, sein ganzer mit diesem zusammenhängender Habitus sind letztlich nur auf jenen Stein zurückzuführen, über den er als Kind fiel. Und dann kommen die Wissenschaftler und wollen wissen, welche systematischen Einflüsse es waren, die zwei Brüder so verschieden gemacht haben! Stolpersteine werden sie unter ihnen nicht suchen und nicht finden." *

Soweit das Resümee von Dieter E. Zimmer. Wir hören, hier kommt die Wissenschaft an ihre Grenzen. Uns aber steht es frei, noch einen Schritt über diese Grenze hinauszuwagen in der Annahme, daß die Glücksfälle wie die Stolpersteine unseres Lebens mitunter mehr als pure Zufälle sind, ja, daß sie Orte sein können, an denen das Wunder nistet. Wer diesen Schritt mitvollzieht, hat sich das Urvertrauen – falls es je verloren war – zurückerobert.

* Dieter E. Zimmer, „Experimente des Lebens", Haffmans Verlag, Zürich 1989, Seite 96/97.

Bausteine einer logotherapeutischen Neurosenlehre

Noogene Neurose

Eine spezifische Neurotizismusform blieb in der Psychotherapie lange Zeit undefiniert und unbeschrieben, und zwar aus dem einfachen Grunde, weil ihre Symptomatik sehr vielfältig ist. Es handelt sich dabei um die von Viktor E. Frankl 1951 erstmals so benannte „noogene Neurose“ *, die ätiologisch auf ein Sinnlosigkeitsgefühl bzw. auf eine Frustration des „Willens zum Sinn“ zurückzuführen ist.

„Der Wille zum Sinn ist ein subjektiv Geistiges und der Sinn selbst ein objektiv Geistiges; zumindest ist er insofern objektiv, als es ja darum geht, ihn zu „finden“, und keineswegs etwa, ihn zu „geben“. Ebenso kann es nur an der Objektivität des Sinnes gelegen sein, daß er jeweils entdeckt werden muß und nicht erfunden werden kann.“ **

Bei der Frustration des „Willens zum Sinn“ hat somit ein Subjekt sein situationsadäquates Sinnobjekt nicht gefunden, was nicht bedeutet, daß ein solches nicht vorhanden wäre. Allein, dem noogenen Neurotiker wird es zur Zeit seiner Erkrankung nicht offenbar, weswegen das therapeutische Korrektiv darin besteht,

„daß wir ihn instand setzen, den Daseinssinn zu finden, daß wir sozusagen sein Gesichtsfeld erweitern, so daß er des vollen Spektrums personaler und konkreter Sinn- und Wertmöglichkeiten gewahr wird.“ ***

---

* Viktor E. Frankl, „Über Psychotherapie“, Wiener Zeitschrift für Nervenheilkunde 3, 461, 1951.
** Viktor E. Frankl, „Die Psychotherapie in der Praxis“, Verlag Piper, München, 2. Auflage 1991, Seite 71.
*** Ibidem, Seite 72.

Fragen wir zunächst, wie es geschehen kann, daß ein Subjekt sein situationsadäquates Sinnobjekt nicht findet, und benützen wir dazu ein Gleichnis. Nehmen wir an, in einem Wald wachsen eßbare Pilze. Was kann dazu führen, daß ein Anwohner des Waldes wegen eines Mangels an Pilzen auf seinem Speisezettel frustriert ist?

Möglichkeit 1: Er glaubt nicht daran, daß Pilze im Wald wachsen, und begibt sich daher auch gar nicht auf die Suche nach ihnen.

Möglichkeit 2: Er glaubt, daß Pilze im Wald wachsen, scheut aber die Mühe, die er auf sich nehmen müßte, sie zu suchen und zu pflücken.

Möglichkeit 3: Er glaubt, daß Pilze im Wald wachsen, traut sich aber nicht zu, sie unter den vielen Gewächsen am Boden zu erkennen, und irrt mutlos umher.

Möglichkeit 4: Er glaubt, daß Pilze im Wald wachsen, und hat vor, sie zu sammeln, läßt sich aber von anderen Vorhaben ablenken und verschiebt den Waldbesuch.

Die vier Möglichkeiten entsprechen vier neurotischen Grundhaltungen, die mit der Bildung von noogenen Neurosen eng verknüpft sind: der Hoffnungslosigkeit, Verantwortungslosigkeit, Orientierungslosigkeit und Initiativelosigkeit.

Hoffnungslosigkeit als pathogene Komponente

Wolfgang Brezinka schrieb in einer Abhandlung über Nietzsche folgende Zeilen:

„Nietzsche hat die europäische Kultur- und Seelengeschichte der Neuzeit als Entwicklung vom christlichen Gottesglauben über die Aufklärung mit ihrem Glauben an Vernunft, Wissenschaft und Fortschritt und über deren romantische Gegenbewegung zum Pessimismus und Nihilismus beschrieben. „Ohne Gott ... allein zu leben“, sei schwer zu ertragen: „Die Verdüsterung, die pessimistische Färbung kommt notwendig im Gefolge der Aufklärung.“ Seine Prognose aus den achtziger Jahren des 19. Jahrhunderts lautet: „Jede rein *moralische* Wertsetzung ... endet mit Nihilismus: dies für Europa zu erwarten! Man glaubt mit einem Moralismus ohne religiösen Hintergrund auszukommen: aber damit ist der Weg zum Nihilismus notwendig." Nietzsche fügt auch gleich den Grund dafür an, warum „Skepsis an der Moral" eintritt, sobald sie nicht mehr mit dem Glauben an Gott und seine Sanktionen verbunden ist: „In der Religion fehlt der Zwang, *uns* als wertsetzend zu betrachten." *

Dieser von Nietzsche visionär vorausgesehene Pessimismus als Folge durchschnittener metaphysischer Rückbindung schlägt sich deutlich im psychotherapeutischen Patientengut der 2. Hälfte des 20. Jahrhunderts nieder und wird sich – wenn nicht wirklich ein „New Age" anbricht, im 21. Jahrhundert fortsetzen. Patienten, die keinen Halt mehr im Glauben an eine übergeordnete Kraft und Ordnung haben, der sie vertrauen können, stehen tatsächlich plötzlich in dem Zwang, sich selbst als wertsetzend zu betrachten. Damit aber sind sie seelisch total überfordert. Zwar können sie „was sie wollen" als wertvoll setzen, solange es nicht mit staatlichen Gesetzen kollidiert, andererseits ist es gleich-gültig, was sie als wertvoll setzen, weil nichts Gültigkeit an sich und für sich hat. Das Element der Beliebigkeit raubt allem seinen Sinn. Es ist, als würde ihnen angeboten, so viele Pilze, wie sie wollen, in den Wald hineinzutragen, damit sie nachher welche darin suchen und finden können.

Fallbeispiel

Eine ca. 50jährige Patientin ist mit einem gutverdienenden Unternehmer seit 26 Jahren verheiratet. Ihr Sohn, 24 Jahre alt, studiert in einem anderen Bundesland. Die Frau lebt in einer geräumigen Villa, fühlt sich aber unerfüllt und ungebraucht. Aus lauter Langeweile geht sie eine Liäson mit einem jüngeren Mann aus asozialen Verhältnissen ein, der sie eine Zeit

* Wolfgang Brezinka, „Nietzsches Lehre von der notwendigen Illusion" in „MUT", MUT-Verlag Asendorf, Nr. 294, Febr. 92.

lang ausnützt. Ihr Ehemann entdeckt den Sachverhalt und stellt sie zur Rede, doch die Frau projiziert alle Schuld auf ihn und macht ihm derart heftige Szenen, daß er die Scheidung einreicht. Nun beginnt die Frau wie eine „Löwin“ um eine möglichst vorteilhafte Scheidung zu kämpfen und beschäftigt eine Reihe von gewiegten Anwälten. Es ist, als ob ihre ganze brachliegende Energie in dieses Gerangel um materielle Güter, Hausbesitzanteile usw. fließen würde, ja, als ob sie endlich wieder eine Aufgabe hätte, wenn auch nur eine vorübergehende. Schließlich gewinnt sie den Prozeß und darf in der geräumigen Villa wohnen bleiben; ihr Mann, der auszieht, wird zur Zahlung einer hohen Unterhaltssumme an sie verpflichtet. Sie hat also, rein äußerlich betrachtet, jetzt ihre Freiheit, sich einzulassen, mit wem sie will, sie hat die Annehmlichkeiten, um die sie gekämpft hat, und sie ist den Mann losgeworden, der ihrer Darstellung zufolge an der Misere schuld ist. Ist sie zufrieden? Nein, sie mischt giftiges Pflanzenschutzmittel in ein Glas mit Kognac, trinkt es, und wird nur wie durch ein Wunder vor dem Selbstmord gerettet. Dabei trägt sie eine schwere körperliche Schädigung davon, die ihr langwierig-chronische Magen-Darm-Beschwerden beschert. Zusätzlich zur ärztlichen Versorgung wird eine logotherapeutische Behandlung eingeleitet.

Soweit die Geschichte der Patientin. Man könnte im Anschluß an das Vorherige sagen: die Geschichte eines Menschen, der sich – nirgendwo eingebunden – seine Werte selbst setzt und dadurch in eine hoffnungslose Lage manövriert. Die in den Wald hineingetragenen Pilze schmecken eben nicht ...

Im Zuge der logotherapeutischen Behandlung geht es in erster Linie darum, daß die Patientin wieder Hoffnung schöpft. Hoffnung worauf? Hoffnung darauf, daß sie, so wie sie ist: in ihrem Alter, mitsamt ihren Beschwerden und trotz des familiären „Scherbenhaufens“ im Rücken Möglichkeiten hat, sinnvoll in die Welt hinein zu wirken. Hoffnung darauf, daß es nicht gleichgültig ist, was sie tut, sondern daß etwas davon abhängt für ihre Mit- und Umwelt. Und Hoffnung vor allem darauf, daß eine Aufgabe in personaler Exklusivität für sie bereit liegt, erkennbar und vorfindlich, wenn sie bloß danach Ausschau hält.

Beim gemeinsamen Ausschau-Halten sondieren wir erst den „Scherbenhaufen“, und es zeigt sich, daß manch kostbares Stück darunter ist. Die Liäson mit dem jüngeren Mann war in seinem Kern weniger ein ehelicher Fehltritt gewesen, als vielmehr der mißglückte Versuch, einen „Asozialen“ aus dem Sumpf zu ziehen. Da ist etwas sehr Schönes: Hilfsbereitschaft gegenüber den Schwachen. Auch eine weitere „Scherbe“ sieht vielversprechend aus: die Frau hat bewiesen, daß sie um ein Recht kämpfen kann, und hat sich mit einer Fülle juristischer Feinheiten erstaunlich gut vertraut gemacht. Wir halten die beiden „Scherben“ aneinander und siehe da: sie passen zueinander, fügen sich in Gedanken bereits zu einem sinnvollen Ganzen. Die Gemeinde am Wohnort der Patientin sucht Freiwillige zur Betreuung von Asylanten, jenem fast rechtlosen Strandgut unserer Zeit, das mit seiner sozialen Not allen über den Kopf wächst. Wer reicht diesen Schwachen und Ärmsten die Hand? Wer hat Zeit und Geld, sich für sie einzusetzen und notfalls ungewöhnliche Wege dabei zu beschreiten? Wer kennt zudem seelisch-körperlichen Schmerz aus eigener Erfahrung und vermag sich daher problemlos in fremde Schmerzen einzufühlen? Die Patientin verabschiedet sich aus dem logotherapeutischen Gespräch mit einem neuerwachten Ausdruck in ihren Augen, als stünde darin geschrieben: Ich! Es ruft gleichsam aus ihr heraus: Ich bin gemeint! Von wem gemeint? Vielleicht ist es ihr noch nicht voll bewußt, daß sie vom objektiven Logos gemeint ist, doch jedenfalls ist der Zwang, sich selbst wertsetzend zu betrachten, inzwischen gelockert. Die Asylanten, die ihrer Unterstützung bedürfen, sind „vorfindlicher Wert“ genug.

Verantwortungslosigkeit als pathogene Komponente

Verantwortung hat mit Antwortgeben zu tun, und Antworten sind stets zu geben angesichts der Relativität der Dinge. Dies hat Viktor E. Frankl in der folgenden Passage sehr prägnant hervorgehoben.

„Mit einem Wort – so paradox es auch klingen mag: die Dinge sind wert – geopfert zu werden. Der Opfer-sinn macht den eigentlichen Eigen-wert der Dinge aus. Und das, was letztlich den Preis eines Dinges bestimmt, das ist die mögliche Preisgabe an das jeweilige Höhere, letztlich an das Höchste – ‚zum Preise', ‚zum höheren Ruhme' Gottes. Und wenn Mephistopheles im ‚Faust' meint: ‚Alles was besteht, ist wert, daß es zugrunde geht' – so brauchen wir dieses Wort nur zu variieren, um es gelten zu lassen: Der Wert dessen, was besteht, besteht darin, geopfert werden zu können um eines Höheren willen, dem Höchsten zuliebe – ihm geopfert zu werden auf die Gefahr hin, dabei zugrunde zu gehen.

Dieses ist der Endsinn des Opferns: erst der Opfernde gibt dem Geopferten Sinn, gibt ihm einen Wert, gibt ihm den Preis: Sinngebung ist Preis-gabe.

Nicht was ich behalte, behält Wert; sondern was ich opfere, erhält Wert.

...

Und was tut derjenige, der den Dingen die Opfersinngebung verwehrt, derjenige, der nicht Verzicht leisten und kein Opfer bringen will? Er bricht aus der Rangordnung der Werte etwas heraus – er verselbständigt einen Wert. Der Mensch etwa, der nicht verwinden kann, daß er etwas verlieren mußte – oder aber es gar nicht gewinnen konnte: warum verzweifelt er? Weil er nicht zulassen will, daß das, was er verloren hat, eben nur ‚Platzhalter' war für das jeweils Höherwertige oder gar für den Höchstwert, für die absolute Wertperson, ‚für den Herrn'." *

Verantwortungslos handeln heißt somit oft, den Dingen die Opfersinngebung zu verwehren bzw. etwas aus der Rangordnung der Werte herauszubrechen und zu verselbständigen. Wer z. B. tatenlos zuschaut, wie ein Mädchen von Straßenrow-

---

* Viktor E. Frankl, „Der leidende Mensch", Verlag Piper, München, Neuausgabe 1990, Seite 358–359.

dies in eine finstere Gasse gezerrt wird, der bricht seine eigene Sicherheit aus der Rangordnung der Werte heraus, anstatt sie zu opfern für ein Höheres: das Leben des Mädchens. Aber auch bei viel harmloseren Gelegenheiten können wir jene „Verwehrung der Opfersinngebung“ bei Menschen beobachten, z. B. wenn sie ein ganzes Wochenende vor dem Bildschirm vertrödeln. Unterhaltung und passives Vergnügen wird dann aus der Rangordnung der Werte herausgebrochen und verselbständigt, statt hingegeben zu werden für eine kreative Freizeitgestaltung.

Wir sehen, das in der Logotherapie beschriebene „existentielle Vakuum“ ist nichts anderes als eine totale Verblassung der Rangordnung der Werte und parallel dazu das Verschwinden der Bereitschaft, etwas zu opfern oder auch nur, sich Mühe zu geben. Nach Pilzen im Walde suchen? Keine Spur – sie haben fertig zubereitet ins Haus gebracht zu werden! Es kommt zu der für noogene Neurosen typischen Selbstsucht und Jagd nach Lust. Da aber „nicht was ich behalte, Wert behält“, erzeugt das Haschen nach einem bequemen Leben ein immer armseligeres Leben.

Zum Fallbeispiel

Das Gerangel um ein möglichst vorteilhaftes Abschneiden beim Scheidungsverfahren hat der Patientin seelisch mehr geschadet als genützt. Nun sitzt sie in der geräumigen und wohlausgestatteten Villa, von teuren Dingen umgeben, und nichts hat Sinn. Die Villa ist keine Wohnstätte einer glücklichen Familie oder Treffpunkt von einander herzlich zugetanen Menschen, sie ist leer geworden, und in ihrer Atmosphäre schwingt noch die Bitterkeit der monatelangen Auseinandersetzungen nach. Sollen die Dinge wieder ihren Wert erhalten, müssen sie geopfert werden. Und so sprechen wir in einem weiteren logotherapeutischen Gespräch über das Opfer.

Es zeigt sich, daß die Frau zu manchem materiellen Verzicht in der Lage wäre, aber eines zu opfern fällt ihr schwer:

ihren Stolz. Dennoch ist es notwendig, daß sie den Kontakt mit ihrem Mann noch einmal aufnimmt. Da gilt es, manches auszuräumen, manches zu ent-schulden (auf beiden Seiten), manches zuzugeben und zurückzugeben, da gilt es, sich selbst preiszugeben um eines Höheren willen: um des Friedens für alle Beteiligten willen einschließlich des Sohnes.

Beim Thema „Sohn" fließen Tränen, aber es sind gute Tränen, die den falschen Stolz hinwegschwemmen. Ja, dem Sohn zuliebe soll die Villa wieder ein Ort werden, an dem Menschen würdig miteinander umgehen. Allein schon dieses Vorhaben verändert ihre Atmosphäre im Positiven.

Orientierungslosigkeit als pathogene Komponente

Die noogene Neurose geht – wie der Begriff noo-gen andeutet – stets auf ein ungelöstes *geistiges Problem* zurück. Dieses kann nach Frankl in einer existentiellen Krise oder in einem sittlichen Konflikt bestehen. Wo letzterer im Vordergrund steht, haben wir es mit Patienten im Zwiespalt zu tun, die, geplagt von Gewissenszweifeln, hin- und hergerissen sind und nicht wissen, wie sie sich entscheiden sollen. Jene Verblassung der Rangordnung der Werte, von der bereits die Rede war, leistet nicht nur verantwortungslosem Handeln Vorschub, sie bringt auch sittlich sensible Personen ins Dilemma, „prioritätsunsicher" zu werden. Wer jedoch seine Prioritäten falsch postiert, gerät erst recht in Gefahr, mit seinem Gewissen zu kollidieren, wodurch sich leicht ein „Teufelskreis" zwischen Entscheidungsdruck und vermeintlicher Unfähigkeit, sich angemessen zu entscheiden, einschleift. Woran kann sich der Patient dann noch orientieren?

Nun, es gibt eine Ursehnsucht des Herzens, derjenige zu werden, der man werden soll, die untrüglich ist. Die therapeutische Kunst besteht darin, den Patienten mit seiner eigenen Ursehnsucht wieder in Verbindung zu bringen.

Zum Fallbeispiel

Der Selbstmordversuch der Patientin ist offensichtlich das Ergebnis einer tiefen Verzweiflung gewesen. Verzweiflung worüber? Zunächst werden die oberflächlichen Schichten bearbeitet. Was ihr der Ehemann an Kummer zugefügt hat. Allmählich geht es in tiefere Schichten hinein. Was ihr das Leben an Freude versagt hat. Welche Träume nie wahr geworden sind. Schließlich tritt die tiefste Ehrlichkeit zutage. Verzweiflung über sich. Was sie aus sich hätte machen können und nicht gemacht hat. Die Frau, die sie nicht geworden ist. „Ich wollte mich aus Enttäuschung über mich töten", bekennt die Patientin spontan. Sie bildet keine Ausnahme. „Enttäuschung über sich" ist eines der häufigsten Selbstmordmotive und zugleich eines der absurdesten. Denn ein Ich, das sich selbst aller zukünftigen Entfaltungschancen beraubt, steigert nur sein Enttäuschend-Sein.

„Sie wollten ein enttäuschendes Ich verewigen für alle Zeit?" frage ich behutsam nach. „Nein, ich wollte es vernichten für alle Zeit!" begehrt die Patientin auf. „Die Wahrheit ist nicht zu vernichten", argumentiere ich. „Das Ich, als das Sie aus dieser Welt scheiden, bleibt Ihr wahres und end-gültiges Ich; niemand und nichts kann es nach Ihrem Tode mehr korrigieren." Die Ursehnsucht der Patientin rührt sich, und wir sprechen über das Ich, als das sie lieber in die ewige Wahrheit eingehen würde. Es ist ein aufgeschlossenes Ich voller Phantasie und Sinn für Ästhetik. „Um zu diesem Ich heranzuwachsen, werde ich noch einige Zeit brauchen", erklärt sie am Ende unseres Dialogs mit einem leisen Lächeln. „O ja", antworte ich, „und genau dies hat Ihnen der Himmel trotz Ihrer Verzweiflungstat gnädig gewährt: einige Zeit ..."

Auf einmal ist die Orientierung wieder hergestellt, und die Prioritäten scheinen klar.

Initiativelosigkeit als pathogene Komponente

Zweierlei genügt nicht in der Psychotherapie: das Verständnis des Therapeuten als Methode, und die Einsicht beim Patienten. Was das Verständnis des Therapeuten anbelangt, so kann uns ein Wort des Pädagogen Walter Braun weiterhelfen.

„Denn Erziehung muß den Menschen lehren, wie er mit der Welt korrespondiert und nicht mit sich selbst. Deshalb brauchen wir kein Verstehen als Methode, das doch nur immer den Menschen thematisiert und ihn dabei verliert, wohl aber brauchen wir ein Verständnis für das In-der-Welt-Sein, weil das sinneröffnend ist." *

Dieses Wort ist wohl übertragbar auf die therapeutische Situation, in der in ähnlicher Weise ein Verständnis für das In-der-Welt-Sein (das Im-Wald-Sein der Pilze) beim Therapeuten erforderlich ist, um auf seinen Patienten „überspringen" zu können.

Was aber die Einsicht beim Patienten anbelangt, so wird sie meistens deshalb als ungenügend deklariert, weil sie zu kopflastig sei und den emotionalen Bereich nicht notwendig tangiere. Dagegen läßt sich einwenden, daß es traurig wäre, wenn wir jedes Mal auf die passende emotionale Stimmung warten müßten, um vernünftig handeln zu können. Der Grund, warum eine Einsicht allein nicht genügt, ist ein anderer: sie muß sich mit einer Initiative vereinen, um wirksam zu werden! Einsichten sind in unserer Metapher wie naturkundliche Karten, in denen die besten Standorte der Waldpilze eingezeichnet sind. Die Karten haben nichts mit dem Aufbruch eines Menschen zu tun, doch *wenn* ein Mensch zum Pilzesammeln aufbricht, lassen sie ihn nicht im Stich. Genauso werden für jeden Patienten, der zur Ergreifung von Initiativen bereit ist, die im therapeutischen Prozeß gewonnenen Einsichten zur zielweisenden Wegmarkierung. Umgekehrt muß ganz nüchtern festgehalten werden, daß ein Patient, der keine Initiativen

* Walter Braun, Professor an der Universität Mainz, unveröffentlichtes Manuskript.

ergreift, therapieresistent ist, und das trotz denkbar weisester Einsichten, die ihm vermittelt worden sein mögen.

Zum Fallbeispiel

Vieles hat sich im Zuge der logotherapeutischen Behandlung für die Patientin, die an einer noogenen Neurose/Depression gelitten hat, geklärt. Jetzt ist ihre Zukunft in ihre Hand zurückgelegt. Wird sie sich als Freiwillige zur Betreuung von Asylanten melden und die nicht einfache Arbeit durchhalten? Wird sie mit ihrem geschiedenen Ehemann Kontakt aufnehmen, um ihm einen Schlußstrich in Frieden anzubieten, im Interesse der eigenen Würde und des gemeinsamen Sohnes? Wird sie schließlich die Enttäuschung über sich selbst zum Anlaß nehmen, um eine andere Frau zu werden, eine, die mit ihrer Ursehnsucht und ihrem Gewissen in Einklang steht? In der „Landkarte“ Einsicht ist eingezeichnet, wo ihr situationsadäquates Sinnobjekt zu finden ist: in der Liebe zu Fremden, in der Liebe zu Nahestehenden und in der Liebe zu sich selbst. Jetzt liegt alles beim Subjekt und seiner Initiative – eine noogene Neurose, ein Problem des Geistes kann nur der Geist lösen.

Angstneurose

Im Unterschied zu den noogenen Neurosen sind Angst-, Zwangs- und Sexualneurosen psychogene Neurosen, also Störungen im seelischen Bereich. Sie gehen ätiologisch nicht auf ein Sinnlosigkeitsgefühl, sondern auf ein überzogenes Angstgefühl zurück. Ein Subjekt hat seine situationsadäquate Sicherheit und Gelassenheit nicht gefunden. Aus der Angst heraus reagiert es „falsch“, und die falsche Reaktion ist es, die

die Neurose letztlich anbahnt und einschleift. Das therapeutische Korrektiv besteht daher darin, den Patienten zu einer neuen und „richtigeren“ Reaktion auf seine überzogenen Ängste zu motivieren, eine Reaktion, die seinen Ängsten den „Wind aus den Segeln nimmt“ und sie – entmachtet – schrumpfen läßt.

So sehr allerdings die falsche Reaktion des Patienten auf seine Angst neurosefördernd ist, muß doch mitberücksichtigt werden, daß die Neurose keine Entwicklungschance hätte, wüßte sich der Patient grundlegend geborgen. Denn *daß* ein überzogenes Angstgefühl in einem Menschen aufsteigt, und *daß* dieser Mensch dann falsch darauf reagiert, hat ein und dieselbe Wurzel: er hält sich für beschädigbar und zerstörbar. Und zwar nicht nur in seinem organismischen Dasein, sondern als ganze Person.

Bedenken wir die logischen Folgen dieser Implikation:

1. Wer sich für ganz zerstörbar hält, wird die Zukunft immer in Hinblick auf ihre Zerstörungsgefahr analysieren. Denn auf ihn wartet ja unweigerlich irgendwann die Katastrophe der Vernichtung. Die Frage ist lediglich: kommt sie früher oder später? Und in welcher Form wird sie über ihn hereinbrechen? Er lebt auch ohne äußere Bedrohung in einer „Ichuntergangsstimmung“.
2. Diese Ichuntergangsstimmung entspricht der von Viktor E. Frankl so benannten Erwartungsangst – Angst vor etwas Negativem, das einem geschehen könnte. Noch ist es eine blande Erwartungsangst ohne inhaltliche Füllung. Nun aber genügt eine kleine Verkettung von unglückseligen Umständen, um die Erwartungsangst an einen bestimmten Inhalt zu binden.
   Beispiel: Jemand hat sich einmal bei einem festlichen Essen in größerer Gesellschaft verschluckt und mußte heftig husten und nach Luft schnappen, was ihm verständlicherweise peinlich war. Seine Angst bindet sich daraufhin an die Vorstellung, er könnte beim Essen, insbesondere in Gegenwart anderer Menschen, erneut Schluckprobleme be-

kommen, er müßte erbrechen oder er würde ersticken. Auf dem Hintergrund der Ichuntergangsstimmung gewinnt der Ichuntergang sozusagen konkrete Gestalt.

3. Wenn sich ein Mensch für ganz zerstörbar hält, konzentriert er all sein Bemühen auf die Hinausschiebung dieser Katastrophe. Er erfindet Rückversicherungsmechanismen, symbolische Schutzwälle, er klammert an Bezugspersonen, die sich bei Gefahr vor ihn stellen sollen, er lebt in beengtem Rahmen und wagt Dinge wie Sport, Spiel und Abenteuer nicht. Mitunter wird eine sehr beschränkte Privatsphäre aufgebaut, in der er sich einigermaßen wohlfühlt, weil sie in ihrer Gleichförmigkeit und Regelmäßigkeit die Illusion scheinbarer Geborgenheit vermittelt.
4. Gewinnt für solch einen Menschen der Ichuntergang konkrete Gestalt wie im obigen Beispiel, reagiert er mit einer Verstärkung seines Abschirmungsstrebens und Rückversicherungsbemühens, und das ist genau jene „falsche" Reaktion, die die Neurose erzeugt. Die eigene Vernichtung soll hinausgeschoben werden, also flieht man jedwede Situation, die einen vernichten könnte.
   Im Beispiel meidet der Betreffende das Ausgehen in Gesellschaft, er ißt nicht mehr mit anderen Menschen zusammen, er trägt vielmehr sogar krampflösende Medikamente mit sich herum, und am Ende nimmt er auch in seinen eigenen vier Wänden nur noch Brei zu sich.
5. Das Neurotisierende an der falschen Reaktion ist die Tatsache, daß mit ihr eben nur scheinbare Geborgenheit erkauft werden kann. Denn der Ichuntergang lauert wenn, dann überall. Man kann auch daheim ersticken; wenn es sein muß, am Brei. Kein Schutz ist vollkommen. In der Fachsprache heißt das: die Angst generalisiert; sie kriecht bis in die Schutzwinkel der Privatsphäre hinein, in der sich ein angstneurotischer Patient wimmernd und zitternd versteckt.
6. Noch ein weiteres Attribut haftet der Angst an: sie zieht das Gefürchtete direkt an, wie Viktor E. Frankl meisterhaft beschrieben hat:

„... ein an sich harmloses, flüchtiges Symptom erzeugt im Patienten die phobische Befürchtung seiner Wiederkehr. Diese Erwartungsangst verstärkt sodann das Symptom, und schließlich bestärkt das solcherart verstärkte Symptom den Patienten nur noch mehr in seiner Phobie. Dann ist der Teufelskreis geschlossen, hat sich der Patient in ihn eingeschlossen, eingesponnen wie in einen Kokon. Von solchen Fällen gilt: Ist der Wunsch der sprichwörtliche Vater des Gedankens, so ist die Angst die Mutter des Geschehens, nämlich des Krankheitsgeschehens." *

Im Beispiel wird die Angst vor einem möglichen Ersticken während des Essens die gesamte Hals- und Kehlkopfmuskulatur anspannen und dadurch erst recht Erstickungs- und Würgesensationen aufkommen lassen.

7. Die Ichuntergangsstimmung hat zwei Gefährten in ihrem Gefolge, die bei der Einschleifung von Angstneurosen fleißig mitwirken: die soziale Abhängigkeit und das vegetative „Stigma" (v. Bergmann). Wer an Bezugspersonen klammert, die sich bei Gefahr vor ihn stellen sollen, macht sich von solchen Bezugspersonen und ihren Meinungen abhängig. Er darf ihre Zuwendung und Fürsorge ja nicht verlieren, daher will er vor ihnen gut dastehen, redet ihnen nach dem Munde und versucht verzweifelt, ihre Gunst zu erhalten. Ein Versagen vor ihnen kommt in seiner Vorstellung fast ähnlich einem Vernichtetwerden gleich wie das Eintreten dessen, vor dem sie ihn schützen sollen.
8. Das vegetative „Stigma" wiederum bedeutet, daß parallel zur fehlenden Geborgenheit und möglicherweise durch sie mitbedingt beim Betreffenden eine „urtümliche biologische Alarmbereitschaft" konstitutionell vorliegt **, die dafür sorgt, daß seine Angst realiter zur Mutter des Geschehens avancieren kann. Denn ohne neuropathisch-konstitutionelle Grundlage würde die Erwartungsangst das Symptom nicht so ohne weiteres erzeugen. Daß Angst vor

* Viktor E. Frankl, „Das Leiden am sinnlosen Leben", Verlag Herder, Freiburg, Neuausgabe, 2. Aufl. 1991, Seite 53.
** Viktor E. Frankl, „Die Psychotherapie in der Praxis", Verlag Piper, München, 2. Auflage 1991, Seite 153.

Schwitzen genügt, um zu schwitzen, Angst vor Erröten genügt, um zu erröten, oder Angst vor dem Sich-Verschlukken genügt, um nicht mehr normal schlucken zu können, ist eine wirklich satanische Rückkoppelung zwischen Psyche und Bios.

Zusammenfassend läßt sich sagen, daß die Idee, als Ganzes zerstörbar zu sein, in einer Art ungeheuren „selffulfilling prophecy" zur Zerstörung führt: nicht zur Zerstörung der Person, die in Wahrheit unzerstörbar ist, sondern zur Zerstörung der gesunden Lebensvollzüge dieser Person. Die Therapie muß daher dem Patienten helfen, seine gesunden Lebensvollzüge zu „restaurieren", darüber hinaus aber hat sie ihn zur Gewißheit seines im Wesen unzerstörbaren Ichs zurückzugeleiten.

In der Logotherapie wird zu diesem Zweck die Methode der „Paradoxen Intention" angewandt, über die Viktor E. Frankl kurz und bündig schreibt: „Der Patient wird angewiesen, genau das, wovor er sich immer sosehr gefürchtet hatte, nunmehr sich zu wünschen (Angstneurose) bzw. sich vorzunehmen (Zwangsneurose)."* Diese Methode, die mittlerweile von der Verhaltenstherapie und anderen psychotherapeutischen Ansätzen, die ebenfalls mit Paradoxien arbeiten (Erickson, Watzlawick etc.) übernommen und an Hand von zahlreichen Studien in ihrer Effektivität überzeugend bestätigt worden ist, dünkt auf den ersten Blick merkwürdig. Der Patient soll sich wünschen, zu schwitzen, zu erröten, sich zu verschlucken und am besten gleich zu ersticken? Wird der Wunsch, der der Vater des Gedankens ist, nicht die Gedanken an eine drohende Katastrophe noch mehr hochpeitschen und den Patienten in Panik versetzen? Er würde es tun, wenn der Wunsch nicht in ein besonderes Material verpackt wäre: in den Humor.

Der Humor ist nicht nur gesund, er ist ein humanes Spezifikum. Kein Tier ist fähig zu lachen. Lachen setzt Distanzierung

---

* Viktor E. Frankl, „Die Psychotherapie in der Praxis", Verlag Piper, München, 2. Auflage 1991, Seite 37.

von dem Belachten voraus, und ein Lachen über sich selbst erfordert Selbst-Distanzierung, über die kein Tier verfügt. Lachen ist ferner Erhebung über das Belachte; der Lachende ist klüger, weiß es besser, durchschaut es – was es auch sei, er ist *nicht identisch* mit dem Gegenstand seines Lachens. Schließlich ist Lachen Ausdruck einer Differenzierungsleistung beim Lachenden: er kann erkennen, was *nicht ernst* ist, nicht ernstgenommen zu werden braucht, nicht wert ist einer ernsthaften Auseinandersetzung damit.

Diese Funktionen des Humors werden zur Heilung des Angstneurotikers benützt. Gemäß der paradoxen Intentionsanweisung hat sich der Kranke das Gefürchtete in übertriebenem Maße herbeizuwünschen. „Geschluckt wird nur mehr über die Luftröhre“, nimmt sich der Patient in unserem Beispiel vor, „über die Speiseröhre essen kann ein jeder! Außerdem will ich die langweilige Gesellschaft, mit der ich mich heute treffe, auf Trab bringen, und ein Erstickungsanfall „mit Pfiff“ ist genau das Richtige für sie. Hui, werden die Leutchen da um mich herumspringen! Eine so fesche Leiche wie mich hat man aber auch nicht alle Tage im Hause ...“

Wir sehen, ein Patient, der so oder ähnlich zu sich spricht, ist von seinen Ängsten bereits ein gutes Stück abgerückt, er identifiziert sich nicht mehr mit ihnen, sondern, im Gegenteil, distanziert sich von ihnen. Die „Gegenübertreibung“ (übertriebener Wunsch gegenüber überzogenen Ängsten) hilft ihm zu erkennen, wie wenig ernst seine Situation de facto ist. Denn einzig eine aufsteigende Panik vermöchte seine Schluckreflexe zu irritieren, doch das innere Lachen bannt die Panik, und am ruhigen, angstfreien Essen wird er kaum ersticken. Je mehr er sich danach sehnt, eine „fesche Leiche“ abzugeben, desto lebendiger bleibt er.

Oft wird die Frage gestellt, ob es denn einem Patienten zuzumuten ist, sich etwas zu wünschen, das er fürchtet. Es verlangt ihm zweifellos viel ab, doch zumutbar ist es auf jeden Fall. Das geistige Potential des Menschen mit seiner Selbst-Distanzierungsfähigkeit ist imstande, noch weit erstaunlichere Leistungen zu vollbringen als die, kleinlichen und irrationalen Ängsten ins Gesicht zu lachen. Die zentrale Frage, um die es hier geht, ist eher die umgekehrte: Kann sich jemand vor etwas fürchten, mit dem er sich derart einverstanden erklärt, daß er es sogar – und wenn nur in einem kurzfristigen Anflug von „Trotzmacht des Geistes" – heiß ersehnt? Die Erfahrung lehrt: nein. Das kann er nicht. Wie der Humor die Panik bannt, bannt der paradoxe Wunsch die angstneurotische Furcht.

Beim Stichwort „Trotzmacht" wollen wir uns noch einmal der Urwurzel der Angstneurose zuwenden, der fehlenden Geborgenheit. Der Idee, ganz und gar zerstörbar zu sein, und der daraus resultierenden krampfhaften Tendenz, jedwede Beschädigung des Ichs abwehren und hinauszögern zu müssen. Es gibt keinen stichhaltigen Beweis, daß sich der Patient mit seiner Idee irrt, ausgenommen den pragmatischen Aspekt, daß eine mit der Schöpfung übereinstimmende Idee sicher nicht lebenshemmend wäre. Aber es gibt eine Möglichkeit, den Patienten *erleben* zu lassen, daß er sich irrt. Ihn spüren zu lassen, daß „die geistige Person störbar, aber nicht zerstörbar ist"*, wie unser psychiatrisches Credo lautet. Er soll sich an die Beschädigung ausliefern, zumindest in Gedanken. Er soll sein Ich seelenruhig dem Untergang weihen. Die anderen Menschen werden ihn verlassen? Wohlan, auf in die Einsamkeit! Sein Körper wird verrückt spielen? Auch recht, Abwechslung muß sein, und immer nur gesundbleiben ist fad! Die Katastrophe nähert sich mit großen Schritten? Besser ein Ende mit Schrecken als ein Schrecken ohne Ende!

Mit einer solchen paradoxen Haltung macht sich der Patient unangreifbar von allen negativen Erwartungen, die ihm durch den Sinn gehen mögen, vor allem aber erlebt er mit hoher Wahrscheinlichkeit etwas völlig Unerwartetes: *Daß dort, wo die Not am größten ist, die Gnade am nächsten ist.* Das kann ihm der Therapeut nicht wie eine mathematische Gleichung vorrechnen, das muß jedem irgendwann selbst aufgehen. Das

* Viktor E. Frankl, „Der leidende Mensch", Verlag Piper, München, Neuausgabe 1990, Seite 173.

heißt, sobald der Patient seinen panischen Ängsten zum Trotz aufhört zu fliehen, wovor immer, kann die Erkenntnis in sein Bewußtsein vordringen, daß er gar nicht zu fliehen braucht, weil es überall, auch in der echten Bedrohung noch, ein Rettendes von transzendenter Qualität gibt. Der Verzicht auf Flucht, eingeleitet durch die Methode der „Paradoxen Intention", ermöglicht die Heimkehr ins Urvertrauen. Nichts anderes schwebte Viktor E. Frankl bei der Kreation seines logotherapeutischen Ansatzes vor, und die Praxis hat ihn voll bestätigt.

„Edith Weisskopf-Joelson äußerte sich einmal dahingehend, daß die paradoxe Intention mit der Logotherapie nur insofern etwas zu tun hat, als sie Kreationen ein und desselben Mannes sind. Ich kann dem nicht beipflichten. Vielmehr will mir scheinen, daß die paradoxe Intention letzten Endes auf Grund eines wiederhergestellten Urvertrauens zum Dasein wirksam ist, und dieses Vertrauen, dieser Glaube an die Devise der Anzengruber-Figur ‚Es kann dir nichts geschehen' ist der ideale Antagonist gegenüber der Angst – sei es der Angst vor der Angst oder der Angst vor sich selbst. Oder, wie es in einem alten amerikanischen Sprichwort heißt: „Fear knocked at the door. Faith answered, and no one was there." (Die Angst klopfte an. Der Glaube öffnete die Tür. Und niemand stand draußen.)" *

Zwangsneurose

In geradezu hellsichtiger Weisheit hat Viktor E. Frankl erkannt, daß es bei allen neurotischen Patienten darauf ankommt, neben ihrer Arbeits- und ihrer Liebesfähigkeit (Sigmund Freud: „Genußfähigkeit") als Drittes die *Leidensfähigkeit* (modern: „Frustrationstoleranz") zu stärken. Der Grund dafür ist nicht nur in der banalen Tatsache zu sehen,

* Viktor E. Frankl, „Die Psychotherapie in der Praxis", Verlag Piper, München, 2. Auflage 1991, Seite 283.

daß jedes normale Menschenleben hin und wieder von Leid überschattet wird, und es daher der Fähigkeit bedarf, dieses Leid zu ertragen. Die Leidensfähigkeit ist beim neurotischen Patienten insbesondere deshalb vonnöten, damit er sich inneren Druck- und Zwangsimpulsen nicht einfach unterwirft und hilflos an sie verfällt.

Nun ließe sich argumentieren, daß es Vorrang habe, jene Druck- und Zwangsimpulse, die ihn quälen (tiefenpsychologisch: „durch Aufdeckung ihrer Genese") abzubauen, und Nachrang habe, seinen Widerstand gegen sie (höhenpsychologisch: „durch Mobilmachung geistiger Trotzkräfte") zu fördern. Doch erweisen sich Druck- und Zwangsimpulse in der Praxis als außerordentlich beharrlich und zäh, was den Verdacht einer letztlich physiologischen Mitverursachung näherrückt. Unter anderem spricht dafür auch eine gewisse Erblichkeit – nicht von Neurosen an sich, aber von Dispositionen in Richtung erhöhten inneren Drucks.

Ein Beispiel soll das Gesagte verdeutlichen, und zwar sei das Beispiel „Eßsucht" gewählt. Es gibt Menschen, die beim Anblick von leckeren Brötchen und Torten in Auslagen oder beim Gedanken an ihren wohlgefüllten Kühlschrank in der Küche unter erhöhten inneren Druck geraten. Sie verspüren den fast unwiderstehlichen Drang, sich Essen einzuverleiben. Andere Menschen bleiben im Unterschied dazu, wenn sie nicht gerade hungrig sind, angesichts derlei Verlockungen völlig unberührt. Unter denjenigen, die von innerem Druck geplagt werden, gibt es einen kleinen Prozentsatz an Personen, die *den Druck aushalten*. Das heißt, sie widerstehen außerhalb der Mahlzeiten ihrem Eßdrang und halten mithin ihr Körpergewicht unter Kontrolle. Das ändert nichts an der Tatsache, daß sie *dennoch* für Eßsucht und Übergewicht disponiert sind, allein, ihre Leidensfähigkeit ist stark genug, kurzfristige Verzichte (auf Naschereien) um langfristiger Gewinne (an Gesundheit) willen zu leisten. Der weitaus größere Prozentsatz derjenigen jedoch, die angesichts kulinarischer Verlockungen unter inneren Druck geraten, geben diesem Druck nach. Das Nachgeben erbringt ihnen einen kurzfristigen Gewinn (an

Wohlbefinden beim Naschen) bei langfristigem Schaden (an leiblicher und seelischer Gesundheit).

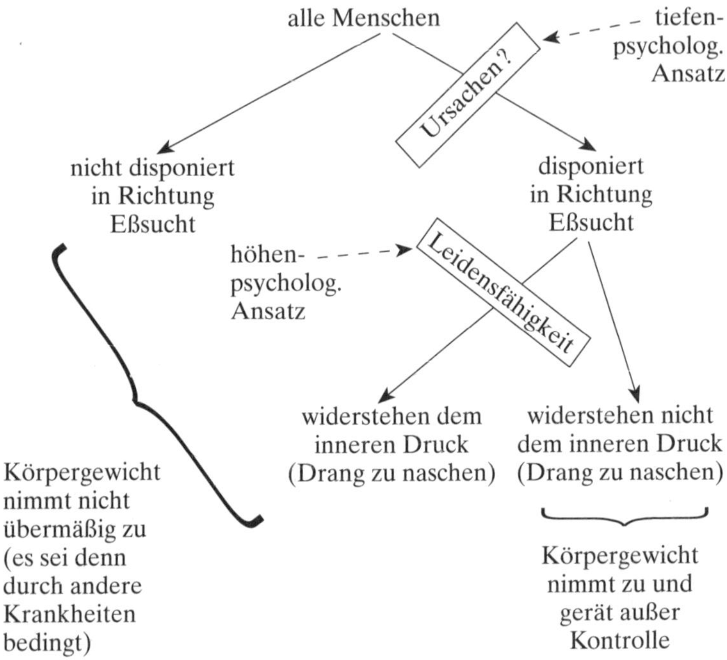

Ein analoger Mechanismus wird bei den Zwangsneurosen wirksam. Wie beim Eßsüchtigen der Gedanke an Lebensmittel den Drang zu essen hervorruft, ruft beim Zwangsneurotiker der Zwangsgedanke den Drang zur Zwangshandlung hervor. Gibt er nach, geht es ihm im Augenblick besser, doch gerät – nicht sein Körpergewicht, sondern – sein Leben allmählich außer Kontrolle, oft so sehr, daß er zu alltäglichen Lebensvollzügen außerstande ist. Gibt er nicht nach und steht er den Druck des Zwangsgedankens konsequenzenlos durch, kann er seine Krankheit (trotz zwanghafter Disposition) besiegen.

Wir sehen, die Stärkung der Leidensfähigkeit beim neurotischen Patienten hat über einen allgemeinen Reifezuwachs hinaus die Funktion eines „Rettungsseiles“, nämlich dort, wo ein Mensch ansonsten von inneren Impulsen getrieben in seelische Krankheit abstürzen würde.

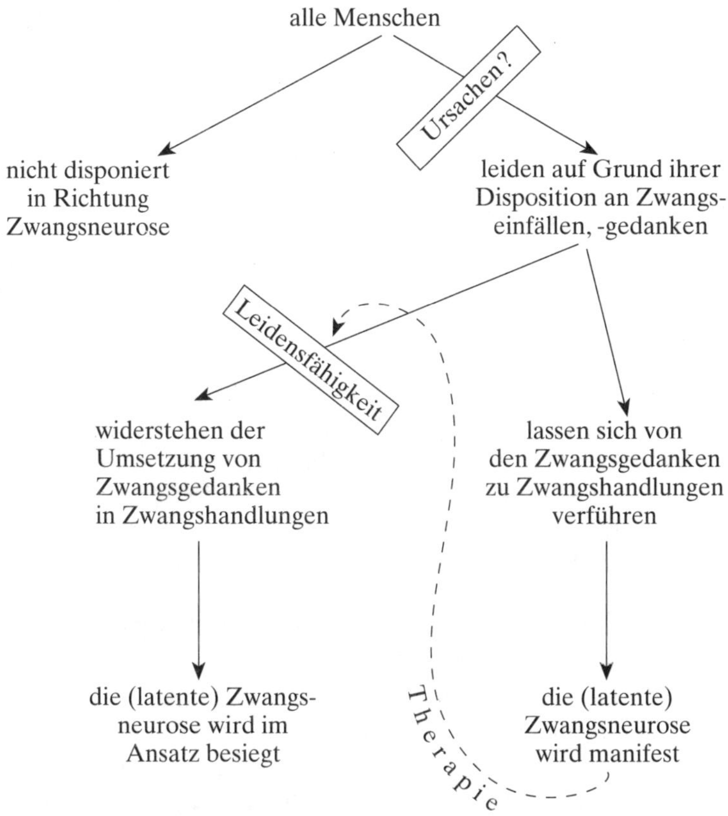

Im folgenden sollen die beiden weichenstellenden Elemente (vgl. obige Skizze!) diskutiert werden. Es sind die möglichen Ursachen der Zwangsgedanken, weichenstellend für das Zustandekommen der neurotischen Disposition, und die Stärkung der Leidensfähigkeit, weichenstellend für die Überwindung der neurotischen Disposition bzw. einer bereits manifest gewordenen Zwangskrankheit.

a) Mögliche Ursachen von Zwangsgedanken

Obwohl die Logotherapie nicht darauf angelegt ist, die Herkunft zwanghafter Dispositionen retrospektiv aufzurollen und etwa einem Patienten aus seiner Lebensgeschichte heraus zu deuten, hat sie sich dennoch mit Erwägungen zur Ursachenforschung befaßt. Denn neben der vermuteten physischen Komponente, an der kaum ein Zweifel besteht, und neben der psychischen „Ichschwäche“ (Ängstlichkeit, Unsicherheit, Unselbständigkeit etc.), die bei allen neurotischen Störungen mitbeteiligt ist, sind auch noetische Strukturen, also Haltungen im Geistigen, von entscheidender Bedeutung beim Zwangsgeschehen. Im Mittelpunkt steht die *Angst vor Schuld* und oft in ihrem Gefolge die *Angst vor* (irdischer oder überirdischer) *Strafe*. Das wiederum setzt einen extremen Perfektionismus voraus, den krampfhaften Wunsch, bloß keinen Fehler oder einen bestimmten Fehler nicht zu machen, weil anderenfalls in geradezu abergläubischer Logik schreckliche Mächte in sich und um sich entfesselt werden könnten. Ein Beispiel dafür ist die Idee, an jedem Tag, an dem man „sündige“, geschähe irgendwo auf Erden ein großes Unheil, das nunmehr auf das eigene „Schuldkonto“ zu buchen sei.

Auf der Basis dieser überzogenen Angst vor Schuld und Strafe kann sich jedwede Form von Zwangsidee festsetzen, nämlich die Vorstellung, man habe unwissentlich und ungewollt eine fürchterliche Tat begangen bzw. würde eine solche begehen. Die Angst vor sich selbst und dem, was durch einen selbst an Bösem in die Welt gelangen könnte, ist Inhalt der zwangsneurotischen Qual. Solch – vielleicht in einem Anfall von Wahnsinn oder Verlust an Selbstbeherrschung – produziertes Böses soll nun aus Sicht des Patienten „um Gottes willen“ verhindert werden, was mittels Zwangshandlung versucht wird. Ein meist ganz und gar absurder Versuch, dessen Groteske aber nicht zum Abbruch des Versuchs, sondern sogar zu dessen Fixierung führt.

Einer meiner Patienten saß beim Erstgespräch mir gegenüber und hielt seine Hände fest zwischen seine beiden Knie eingeklemmt. Zunächst sagte ich nichts dazu, doch als er mich bat, ich möge einige Minuten lang das Zimmer verlassen, weil er sich etwas aufschreiben wolle, fragte ich ihn, warum er Schwierigkeiten habe, dies in meiner Gegenwart zu tun. Der Patient war um die Antwort verlegen. Da ich mittlerweile seine zwanghafte Charakterdisposition erkannt hatte, fiel es mir nicht schwer, zu raten: „Nicht wahr, Sie haben Angst, Sie könnten mich mit Ihren Händen verletzen?“ Er wurde ganz blaß. „Sieht man mir die Mordgedanken bereits an?“ rief er entsetzt aus, doch ich konnte ihn beruhigen. „Sie sind kein Mörder und werden auch keiner“, versicherte ich ihm und zog behutsam seine Hände zwischen den Knien hervor, „Sie leiden nur an einer unnötigen Angst davor.“ Das öffnete die Schleusen seines Kummers. „Ständig habe ich die Phantasie, ich könnte eine Frau erwürgen“, stieß er in Panik hervor und preßte erneut seine Hände zwischen seine Knie, „deswegen verstecke ich meine Hände, wann immer ich mit einer Frau zusammen bin. Aber es hilft nichts. Die Phantasie überfällt mich wieder und wieder. Wenn ich eine Frau auf einer Parkbank sitzen sehe, die sich mit geschlossenen Augen sonnt, dann denke ich: Jetzt ist es passiert! Ich hab's getan! Dann muß ich warten und hinter einem Baum beobachten, ob sie aufwacht, ob sie aufsteht, und die ganze Zeit über halte ich meine Hände fest und denke: Sind es Mörderhände? Auch wenn ich es eilig habe, muß ich warten, muß mir Gewißheit verschaffen, daß sie noch lebt, und dabei rast mein Herz, und der Schweiß rinnt mir über die Stirn. Wenn sie endlich die Bank verläßt, bin ich total erledigt, klitschnaß geschwitzt, in meinen Händen ist kein Tropfen Blut mehr, meine Seele ist wie betäubt vor Erschöpfung, und mein Stundenplan ist geplatzt ... dann taumle ich nur noch nach Hause und hoffe, daß keine Frau nahe an mir vorübergeht, nahe genug, auf daß der Alptraum wieder beginnt ...“ Mit diesen Worten gelang dem Patienten eine sehr anschauliche Beschreibung seiner „Folterkammer“ Zwangsneurose.

Die Beschreibung lehrt uns, daß bei dieser Krankheit parallel zur irrationalen Angst vor Schuld, wie sie im Bericht deutlich geworden ist, ein rationales Streben nach „Unschuldsgewißheit“ eine nicht minder verheerende Rolle spielt. Die eingeklemmten Hände des Patienten waren Ausdruck seiner Angst vor dem Schuldigwerdenkönnen; das hinter einem Baum Wartenmüssen jedoch drückte sein Bedürfnis aus, sich davon zu überzeugen, daß er *noch nicht schuldig geworden war.* Wußte er es nicht? Er wußte es (der Neurotiker ist bewußtseinsklar, orientiert und lebt in der Realität), und trotzdem war er sich seiner selbst und seines eigenen Wissens nicht hundertprozentig sicher! Könnte ihn nicht ein Wunschbild narren, könnte ihm nicht eine Illusion bloß vorgaukeln, nichts Böses getan zu haben? Könnte er nicht einer Amnesie zum Opfer gefallen sein? Nein, er mußte warten und Gewißheit bekommen, um erleichtert nach Hause gehen zu können. Aber was ist Gewißheit? Selbst wenn sich die Frau bewegt, könnte alles, was ihm die Sinne melden, Trug und Täuschung sein. Genauso, wie er selbst mit zwischen die Knie gepreßten Händen in einem rauschhaften Moment der Enthemmung morden könnte. Nichts unter unserem beschränkten Begreifenshorizont ist wirklich sicher, nichts im Leben vollkommen absicherbar – hierin wurzelt eine weitere wesentliche Ursache der zwangsneurotischen Verzweiflung, wie Viktor E. Frankl ausführlich dargelegt hat:

„Denn auch wer an einem Übersinn, am Sinn überhaupt zweifelt und *darum* verzweifelt – auch er vergötzt etwas: er vergötzt nämlich die ratio als die alleinige Möglichkeit einer Sinnfindung und Sinndeutung. An dieser Vergötzung des Rationalen scheitert er, scheitert der faustische Mensch ganz genau so wie dessen Karikatur, als welche wir den Zwangsneurotiker hingestellt haben: der zwangsneurotische Grübler und Zweifler etwa, der auf rationalem Wege nach hundertprozentiger Sekurität strebt, im Erkennen und Entscheiden, somit in kognitiver wie in dezisiver Hinsicht. Statt im Selbstvertrauen zur tiefen Weisheit des Herzens, dem „unbewußten", d. h. dem unreflektierten und nicht intellektualisierten Geist, statt im Vertrauen zu solcher Emotionalität in einem weiteren und tieferen Sinne sich der Vorläufigkeit und Beiläufigkeit des Lebens anheimzugeben, will er sich auf Rationalität verlassen." *

---

* Viktor E. Frankl, „Der leidende Mensch", Verlag Piper, München, Neuausgabe 1990, Seite 362.

b) Die Stärkung der Leidensfähigkeit

Worin besteht also das Leid, das es zu tragen gilt, will man der „Folterkammer“ Zwangsneurose entrinnen? Offenbar ist es ein doppeltes und ein urmenschliches Leid: zum einen die Last, ein prinzipiell schuldfähiges Wesen zu sein, und zum anderen die Pflicht, das Leben in prinzipieller Ungewißheit führen zu müssen. Zwar kann das moderne Schlagwort von der „Schadensbegrenzung“ auf dieses Doppelleid angewandt werden, indem man sich um „Schuldbegrenzung“ (= Anständigkeit) und „Ungewißheitsbegrenzung“ (= Informiertheit) bemüht, doch wird dies nie in einem Ausmaß gelingen, daß man sich von Last und Pflicht entbunden fühlen könnte. Jeder wird da oder dort schuldig, und vieles bleibt einfach ungewiß.

Eine Reduzierung der Angst vor Schuld beim Zwangsneurotiker, was gleichbedeutend wäre mit seiner inneren Annahme der Tragelast der eigenen Schuldfähigkeit, wird nun logotherapeutisch – ähnlich wie bei den Angstneurosen – mit Hilfe der Paradoxen Intentions-Methode angepeilt:

„So pflegen wir unseren Patienten jeweils klarzumachen: für die sich ihnen aufdrängenden zwangsneurotischen Einfälle sind sie nicht verantwortlich; um so mehr aber dafür, wie sie sich ihnen gegenüber verhalten, d. h. ob sie diese Einfälle ausspinnen und grüblerisch weiterverfolgen, oder – etwa im Sinne unserer therapeutischen Vorschläge – sie objektivieren und mit Humor sich von ihnen distanzieren.“ *

Einen konkreten therapeutischen Vorschlag beschreibt Viktor E. Frankl in einem Fallbeispiel, das dem hier wiedergegebenen nahekommt:

(Patientin:) „Ich muß mit den krankhaften Einfällen gleichsam Katz und Maus spielen: ich muß sie noch übertreiben – so sehr, daß ich endlich herzlich über sie lachen kann. In diesem Sinne muß ich mir geradezu vorsagen, daß ich – die Absicht habe, diesen oder jenen

* Viktor E. Frankl, „Die Psychotherapie in der Praxis“, Verlag Piper, München, 2. Auflage 1991, Seite 166/167.

Menschen auf diesem oder jenem Wege zu schädigen! Dann werde ich nämlich wenigstens die Angst verlieren, ihn zu schädigen." *

Ebenso konkret übte ich mit meinem Patienten die Paradoxe Intention ein. „Was haben Sie gegen das Frauen-Erwürgen?" eröffnete ich die humorvolle Ironisierung des Phantasiegebildes, nachdem ich ihm erklärt hatte, worum es ging. „Wenn Sie genügend Opfer erwischen, werden Sie noch eine Berühmtheit, eine ‚Edgar-Wallace-Figur' wie der ‚Würger von London'." Ein erstes zögerndes Lächeln huschte über das Gesicht meines Gegenübers. Langsam beugte ich mich vor und holte seine Hände aus ihrem Versteck. Sein Lächeln erlosch schlagartig und die Angst kroch wieder in ihm hoch. „Jetzt halten Sie die Zwangsidee aus", bat ich ihn, „und spielen Sie mit ihr, denn sie ist nicht wert, ernstgenommen zu werden. Spielen Sie mit ihr, wie ich es Ihnen vorspiele." Ich änderte den Tonfall als Signal für den Wechsel ins Paradoxe: „Los, los, an die Arbeit! Auch Erwürgen will gelernt werden. Am besten fangen Sie sofort bei mir an, dann haben Sie schon ein wenig Praxis, wenn die Nächste an die Reihe kommt!" Dabei hob ich seine Hände hoch und legte sie sanft an meinen Hals. Ein Zittern durchlief seinen Körper und verebbte, er zog seine Hände zurück und legte sie ganz ungezwungen auf den Tisch. „Na", kommentierte ich seine Geste, „die Aussicht, daß aus Ihnen noch eine „Edgar-Wallace-Berühmtheit" wird, scheint leider nicht sehr rosig zu sein ..." Da brach sein Lächeln wieder durch, diesmal nachhaltig und froh. „Ich tue es nicht", murmelte er vor sich hin. „Nein", antwortete ich, „Sie tun es nicht. Nicht einmal, wenn Sie spielerisch dazu aufgefordert werden, geschweige denn, wenn Sie es zutiefst verabscheuen, was in Wahrheit der Fall ist. Denn Sie sind ein ethisch feinfühliger Mensch, der niemandem weh tun will, und Ihre Hände gehorchen nicht der Zwangsidee, sondern Ihrem Willen. Aber", fügte ich hinzu, „eines müssen Sie akzeptieren: ganz ohne Fehl und Tadel sind Sie auch nicht und brauchen Sie auch

---

* Ibidem, Seite 175.

nicht zu sein. Ein paar Schattenseiten dürfen Sie sich schon leisten, selbst wenn sie es – bedauerlicherweise nicht zum gefürchteten Frauentöter bringen!" Unser weiteres Gespräch verlief in völlig entkrampfter Atmosphäre und ohne jegliche Beachtung seiner Hände, die nicht mehr in ihr „Knie-Gefängnis" zurückkehrten.

Neben der Reduzierung der Angst vor Schuld muß vom Zwangsneurotiker noch eine zusätzliche Sprosse auf der Leiter seines Genesungsprozesses erklommen werden. Sein rationales Streben nach „Unschuldsgewißheit" und hundertprozentiger Sekurität muß ein Ende finden. Viktor E. Frankl betont:

„Was hier not tut, ist eine daher letztlich existentielle Umstellung des Menschen als geistigen, und sie hätte zu gipfeln in einem Bekenntnis zum ‚Fragmentcharakter des Lebens' (Simmel) bzw. in jenem ‚Mut zur Unvollkommenheit', den einmal Sofie Lazarsfeld als therapeutische Forderung dem ‚Gottähnlichkeitsstreben' (Alfred Adler) des Neurotikers entgegengestellt hat." *

Also machte ich mich mit meinem Patienten auf den Weg in den Park, um eine sich sonnende Frau zu entdecken. Da es ein recht kühler Tag war, gab es nur einen Obdachlosen, der eingemummt auf einer Parkbank schlief. Wir schlenderten an ihm vorbei. „Sind Sie hundertprozentig sicher, daß Sie nicht vielleicht zur Abwechslung einen Mann erwürgt haben?" fragte ich meinen Begleiter paradox intendierend. „Die Hälse von Mann und Frau sind ja nicht besonders verschieden, sie zuzudrücken macht denselben Spaß ..." Der Patient verhielt den Schritt und schaute irritiert zu dem Obdachlosen zurück. „Jetzt", sagte ich zu ihm, „halten Sie die Ungewißheit aus! Weder Sie noch ich können hundertprozentig sicher sein, daß wir nicht soeben in einem Anfall von Wahnsinn den ganzen Park leergemordet und dies in geistiger Umnachtung vergessen haben. Mit dieser Ungewißheit werden wir jetzt vergnüg-

---

* Viktor E. Frankl, „Die Psychotherapie in der Praxis", Verlag Piper, München, 2. Auflage 1991, Seite 168.

lich spazieren gehen, sie wird unsere Laune nicht verderben. Wenn es so ist, daß wir beide wahnsinnig sind, dann wollen wir in unserem Wahnsinn wenigstens den schönen Tag genießen!"

Bei einem Kontrollgespräch nach 4 Wochen berichtete der Patient, daß er seither nicht ein einziges Mal mehr Posten hinter einem Parkbaum bezogen hatte, „obwohl es Frühling geworden ist und viele junge Mädchen mit geschlossenen Augen auf der Wiese liegen", wie er hervorhob. „Ich glaube, der Frühling ist in Ihrem Leben angebrochen", freute ich mich mit ihm. „Die Schuldphantasien werden wieder kommen, absurde Einfälle werden Ihnen nach wie vor gelegentlich zu schaffen machen, aber im frühlinghaften Licht Ihrer neugewonnenen Distanz und Ihres neuentwickelten Humors werden sie hinwegschmelzen, zerrinnen zu nichts. Und das ist richtig so, denn *der Zwang ist ein Nichts*. Sie aber sind ein wertvolles Mitglied der menschlichen Gesellschaft, das sollten Sie über all Ihren echten kleinen Fehlern und Schwächen niemals vergessen!"

Die gestärkte Leidensfähigkeit des Patienten befähigte ihn mit der Zeit, auch mehr zu lieben – nämlich sich selbst, an dem er ein Leben lang gezweifelt hatte.

Reaktive Depressionen

Drei „V", die bereits mehrfach angeklungen sind, bereiten den Boden für Neurosen und Depressionen (ausgenommen endogene Depressionen) vor: Vakatwucherung, Vergötzung und Verlust an Urvertrauen.

Vakatwucherung ist ein logotherapeutischer Begriff, der exakt meint, was er besagt, nämlich das Hineinwuchern seelischer Krankheit in ein existentielles Vakuum. Neurosen etwa beanspruchen einen geräumigen Platz im Leben eines Menschen, was allemal voraussetzt, daß eben von vornherein Platz für sie da war, ein unausgefülltes Kontingent an Zeit, Konzentration und noodynamischer Spannung. Bei reaktiven Depressionen ist es ähnlich. Auch für sie muß ein geräumiger Platz im Leben eines Menschen bereitstehen. Nur daß bei ihnen jenes Vakuum dadurch entstanden ist, daß ein Wert, der diesen Platz zuvor inne gehabt hatte, verloren ging. Es wurde sozusagen auf dramatische Weise ein „Loch" ins Leben gerissen, eine Verwirklichungschance aus dem Machbaren herausgebrochen, der persönliche Freiraum um ein spürbares Stück beschnitten. Die Unersetzlichkeit des Verlorenen erzeugt jenes Vakuum, in das die reaktive Depression hineinwuchert.

Vergötzung wiederum ist der terminus technicus für das Wirrwarr an Einseitigkeit, Fixierung, Fanatisierung, Reduzierung, Isolierung und Symbiotik, das neurotische Strebungen häufig kennzeichnet. Man setzt auf das Eine, man braucht das Eine, man klammert an dem Einen, man erträgt das Leben nicht ohne das Eine, man ist abhängig von dem Einen. „Ohne dich kann ich nicht sein" – was für ein neurotischer Liebesschwur! „Wenn ich die Stelle nicht bekomme, ist alles aus" – welch größenwahnsinniger Anspruch an das Schicksal! Derlei Vergötzung ist die Wiege der reaktiven Depression; das Du oder die Arbeitsstelle brauchen nur noch abhanden zu kommen, und die Krankheit entsteigt der Wiege und erwächst zum Begleiter auf Lebensdauer.

Verlust an Urvertrauen schließlich ist der Name des „V" mit dem größten Tiefgang. Da im Irdischen alles verlierbar ist, gibt es nur eine metaphysische Geborgenheit oder keine. Der geborgene Mensch ist nie allein. Aber der Mensch, der sich nicht geborgen weiß, fühlt sich auf eine infernalische Weise allein. Er ist der Alleingelassene schlechthin, das „verlassene Kind", dessen Elend sein ganzes Erwachsenendasein durchzieht. Jede Zurückweisung, die er erfährt, ruft ihm glühenden Schmerzes seine Verlassenheit in Erinnerung. Jeder Mißerfolg, den er erntet, drückt ihn noch stärker in die Verlassenheit hinein.

Wir wissen, Einsamkeit kann etwas Wunderbares sein, ein

fruchtbarer Anstoß zur inneren Sammlung, ein Weg zur meditativen Lebensschau in Ruhe und Stille. Eine Zeit der Einsamkeit kann die Seele „streicheln“, doch sie tut nichts dergleichen mit der Psyche des Neurotikers, dessen unentwegtes Verlassenheitsgefühl den Stellenwert einer Katastrophe hat.

Widerfährt ihm nun ein unabänderliches Leid, so ist ihm die heilsame „Trauerarbeit“ in Stille verwehrt, ist ihm die Zuflucht in die Einsamkeit, in der er genesen würde, versperrt. Er würde dort nicht sein Leid „übergeben“, etwa in „Hände“, größer als die seinen, sondern er würde im Unvermögen, auf solche „Hände“ zu vertrauen, mit dem glühenden Schmerz nackt und allein dastehen wie je zuvor, die Chiffre seiner Lebenskatastrophe hätte sich bloß noch potenziert. *Das* geschieht in der reaktiven Depression.

Man könnte die reaktive Depression folglich definieren als den Gang in die zerstörerische Wüste. Es ist nicht jener Gang in die Wüste, der ins „Gelobte Land“ führt bzw. hilft, sich selbst zu finden, sondern es ist der Gang in den langen und langsamen Tod. Ein Mensch will nicht mehr. Er kapituliert vor dem Schicksal, gibt den Kampf auf, resigniert auf allen Linien. Er hat keine Kraft mehr. Er sieht keine Zukunft mehr. Er glaubt nicht mehr an den Sinn von irgend etwas. Er ist fertig mit sich und dem Leben. Was jetzt geschehen soll? Es interessiert ihn nicht.

Betrachten wir einen Text von Viktor E. Frankl:

„Das Schicksal, das also, was uns widerfährt, läßt sich demnach auf jeden Fall gestalten – so oder so. „Es gibt keine Lage, die sich nicht veredeln ließe, entweder durch Leisten oder durch Dulden“, sagt Goethe. Entweder wir ändern das Schicksal – sofern dies möglich ist –, oder aber wir nehmen es willig auf uns – sofern dies nötig ist. Innerlich können wir in beiden Fällen an ihm, am Unglück, nur wachsen. Und jetzt verstehen wir auch, was Hölderlin meint, wenn er schreibt: „Wenn ich auf mein Unglück trete, stehe ich höher.“ *

---

* Viktor E. Frankl, „Die Sinnfrage in der Psychotherapie“, Verlag Piper, München, 9. Auflage 1992, Seite 93.

Unter Bezugnahme auf diesen Text läßt sich feststellen: Der reaktiv Depressive ist nicht mehr bereit, sein Schicksal zu gestalten. Warum nicht? Er ist nicht „willig, es auf sich zu nehmen", sofern dies nötig ist. Er tritt nicht auf sein Unglück, und deshalb tritt sein Unglück auf ihn, wird er davon niedergetreten, niedergewälzt und überrollt.

Wie können wir in einem solchen Falle Beistand leisten, „Ärztliche Seelsorge", in Diktion der Logotherapie? Die Anwendung der Methode der Paradoxen Intention ist – wie bei jeder Form von Depression – kontraindiziert. Aber auch die Methode der Dereflexion, die oft von Freunden und gütigen Mitmenschen aus einem natürlichen Instinkt heraus angewandt wird, indem jene den Kranken von seinem Kummer abzulenken und auf restliche positive Bereiche hinzulenken versuchen, pflegt kaum zu „greifen". Das, was den beiden erstgenannten „V" gegenläufig wäre, ist nur *vor* einem Unglück einleitbar, aber nicht *nach* einem Unglück!

Vor dem Einbruch des Schicksals kann und soll ein existentielles Vakuum (mit oder ohne therapeutische Unterstützung) aufgefüllt werden. *Vor* dem Abbruch der Spitze einer sogenannten Wertpyramide *, also einer einseitigen Wertekonstellation, kann und soll das persönliche Wertsystem eines Menschen (mit oder ohne therapeutische Unterstützung) erweitert und bereichert werden. Solange noch etwas Bedeutung hat im Leben, solange das Leben selbst noch Bedeutung hat für den Betreffenden, besitzt dieser die Bereitschaft, sich neuen und zusätzlichen Bedeutungen zu öffnen. Derjenige, der nach dem Einen sucht, kann auf fruchtbare Fährten gesetzt werden. Derjenige, der an dem Einen hängt, kann auch noch an ein Zweites und Drittes angekoppelt werden. Aber derjenige, der das Eine verloren hat, das die gesamte Bedeutung seines Lebens für ihn ausmachte, ist nicht in der Stimmung für „Ersatz" und Aufbau eines Neuen und Anderen, er verweigert Suche und Ankoppelung vehement. *Nach* erfolg-

---

* Vgl. dazu: Elisabeth Lukas, „Auch dein Leben hat Sinn", Verlag Herder, Freiburg, Neuausgabe 1991, Seite 21ff.

tem Unglück ist es für jedwede Wertauffüllung zu spät. *Nach* einem erfolgten Unglück zehrt der Mensch von noch bestehenden tragenden Werten aus der Vorunglückszeit, oder er versinkt in reaktiver Depression.

Werfen wir nunmehr einen Blick auf das dritte „V", den Verlust an Urvertrauen, der einen persönlichen Wertverlust erst recht ins Unerträgliche steigert. Ihm gegenläufig wäre die Rückgewinnung des Urvertrauens, und das Wort „Rückgewinnung" legt bereits nahe, daß *Urvertrauen schon einmal vorhanden gewesen sein muß*. In der Tat gibt es nach logotherapeutischer Auffassung keinen Menschen, der nicht ein basales und grundsätzliches Urvertrauen in die Welt mitbrächte. Es schlummert von allem Anfang an tief drinnen im Zentrum seiner unbewußten Geistigkeit, um im Zuge seiner Reifeentwicklung allmählich aufzuwachen und ihn in einer Art intuitiven Ahnung auf den Rhythmus der Vorsehung einzuschwingen. Das Urvertrauen leitet den Menschen, indem es seine Einwilligung hervorlockt ins Geleitetwerden. Es synchronisiert seinen freien Willen mit dem Durchwaltetwerden von einem höheren Willen. In dem Augenblick jedoch, da es erwacht und ins Bewußtsein vordringt, interferiert es mit anderen Bewußtseinsinhalten und kann von solchen, insbesondere von nihilistisch gefärbten, überlagert und verschüttet werden. Dann fällt das verschüttete und scheinbar verloren gegangene Urvertrauen in den Schlaf des geistig Unbewußten zurück, und die Einwilligung des Menschen ins Geleitetwerden, die Synchronisation seines Willens mit einem übergeordneten Willen lockert sich oder löst sich auf. Aus dem Gesagten wird zweierlei deutlich:

1. Urvertrauen ist ein Wertempfinden (besser: *das* tragende Wertempfinden) aus der Vorunglückszeit! Deshalb kann das Urvertrauen auch *nach* einem erfolgten Schicksalsschlag noch reaktiviert werden.
2. Urvertrauen schafft „Einwilligung", und nichts wird zur Abheilung einer reaktiven Depression dringender benötigt als dies. Hieß es doch im umseitig zitierten Frankl-Text,

auf ein unabänderlich tragisches Schicksal verweisend: „... oder aber wir nehmen es willig auf uns ...“.

Ein Fallbeispiel soll zeigen, wie diese Erkenntnisse in die Praxis umgesetzt werden können. Eine ca. 60jährige Frau wurde vom Arzt mit der Diagnose „reaktive Depression nach Tod des Ehemannes“ an unsere psychotherapeutische Ambulanz überwiesen. Sie kam mit den unübersehbaren Anzeichen der seelischen Erstarrung eines Menschen, der „nicht mehr will“. Da man mit vor Schmerz erstarrten Personen einzig über den Inhalt ihres Schmerzes sprechen kann, bewegte sich unser Gespräch um den erlittenen Verlust der Frau. Und siehe da, diesem Verlust haftete ein besonderer „Stachel“ an, der in ihrer Brust steckte. Ihr Mann war kräftig und vital gewesen und hatte sich lediglich einem kleinen medizinischen Eingriff unterziehen müssen, der in der Regel komplikationslos verläuft. Dabei hatte sein Körper auf ein relativ harmloses Medikament mit Herzstillstand reagiert, was angeblich unter Hunderttausenden einmal vorkommt. Der Haken am Ende des Stachels hieß also: „Warum mußte ausgerechnet mein Mann der eine unter Hunderttausenden sein? Warum hat der Zufall gerade ihn ausgewählt und mitten aus dem Leben gerissen, ihn, der immer gesund war und noch viel Schönes vom Leben gehabt hätte?“

Warum der Zufall etwas tut – eine interessante Frage. Verstandesmäßig unbeantwortbar wartet sie auf eine Antwort aus dem Urvertrauen heraus, die der Mensch selber geben muß. Viktor E. Frankl war es vorbehalten, das „Primat der Antwort gegenüber der Frage“ zu formulieren und erstmals in ein therapeutisches Konzept einzupassen:

„Das Leben selbst ist es, das dem Menschen Fragen stellt. Er hat nicht zu fragen, er ist vielmehr der vom Leben her Befragte, der dem Leben zu antworten – das Leben zu verantworten hat. Die Antworten aber, die der Mensch gibt, können nur konkrete Antworten auf konkrete Lebensfragen sein. In der Verantwortung des Daseins erfolgt ihre Beantwortung, in der Existenz selbst vollzieht der Mensch das Beantworten ihrer eigenen Fragen.

Das scheinbar paradoxe Primat der Antwort gegenüber der Frage gründet sich auf dem Sich-Erfahren des Menschen als eines je schon Befragten. Aber der religiöse Mensch erlebt das Dasein nicht nur als konkrete Aufgabe, sondern als *persönlichen Auftrag* – der an ihn ergeht von einem persönlichen, ja überpersönlichen Wesen. So sieht er denn die Aufgabe transparent, nämlich auf die Transzendenz hin; er allein kann trotzdem ja zum Leben sagen unter allen Bedingungen und Umständen – trotz alledem: trotz Not und Tod." *

Wenn es mithin gelingen sollte, der Patientin den „Stachel" aus der Brust zu ziehen und sie instand zu setzen, „trotzdem ja zum Leben zu sagen", müßte sie eine sinnvolle Antwort auf ihr Schicksal finden. Mehr noch: könnte sie darüber hinaus den grausamen Zufall, der ihr völlig unerwartet den Mann genommen hat, als *persönlichen Auftrag* deuten, könnte sie dahinter eine *auf die Transzendenz hin transparente Aufgabe* vermuten, wäre sie unter allen Bedingungen und Umständen – wieder geborgen. Und so machten wir uns gemeinsam an die Entdeckung von Antwort und Auftrag. Hier ist das Ergebnis dieser „Entdeckungsreise", die nicht mehr als fünf Sitzungen erfordert hat:

Ergebnis Nr. 1
Eine langjährig gute Ehe und Partnerschaft erleben zu dürfen, ist ein enormes Glück. Zu erhoffen, auch noch das Glück zu haben, etwa zur selben Zeit wie der Ehepartner aus dem Leben scheiden zu dürfen, wäre zuviel verlangt – dieser verständliche Wunsch zweier Liebender erfüllt sich selten.

Ergebnis Nr. 2
Sofern sich dieser Wunsch nicht erfüllt, was die Norm ist, muß der Überlebende einen Zeitabschnitt des Alleinlebens „ableisten" (unabhängig davon, ob er sich vielleicht später wieder mit jemandem verbindet oder nicht). Selbst wenn er dem Toten geistig sehr nahe bleibt, „fällt" ihm die Aufgabe

* Viktor E. Frankl, „Logotherapie und Existenzanalyse", Verlag Piper, München 1987, Seite 141.

„zu“, zunächst aus eigenen Quellen schöpfend den konkreten Alltag zu meistern.

Ergebnis Nr. 3
Im Falle der Patientin ist diese Aufgabe *ihr* „zugefallen“ und nicht ihrem Mann. Obwohl sie stets die Schwächere, Zartere, Unsichere gewesen war, und er der Starke, Selbstsichere, Fürsorgliche. Sie hatte sich in der Ehe an ihn angelehnt, sie hatte ihn gerne bestimmen lassen, was unternommen wurde, ihr war es recht gewesen, daß er alle Angelegenheiten für sie beide geregelt hatte. Konnte es sein, daß sie eine etwas unreife und unselbständige Persönlichkeit war, die sich nicht hatte weiterzuentwickeln brauchen, weil ja der Partner die fehlende Kraft kompensiert und eingebracht hatte? Die Patientin stimmte zu.

Ergebnis Nr. 4
Was kann ein Mensch im Leben maximal erreichen? Doch wohl nur dies: daß er seine ausgewogenste Form entwickelt, daß er eine Seinsstufe erklimmt, auf der das Beste, das er zu geben hat, aus ihm herauskommt. Wer in der Ehe der Patientin hatte nun ein solches Maximum annähernd erreicht, sie oder ihr Mann? Es war gar keine Frage. Er hatte das Leben in vollen Zügen genossen, er hatte seine Frau treu umhegt, er hatte klug gewirtschaftet ... er war zu einer stimmigen Identität vorgedrungen. Und sie? War sie nicht irgendwo auf ihrem Weg stehengeblieben, irgendwo in ihrem Reifeprozeß steckengeblieben, knapp unterhalb jener Seinsstufe, die ihre höchstmögliche und beste sein konnte? Die Patientin bekannte sich dazu.

Ergebnis Nr. 5
Wenn aber ihr Ehemann bereits erreicht hatte, was im Leben überhaupt erreichbar ist, während man von ihr dasselbe nicht behaupten konnte, war es dann so falsch, was der „Zufall“ gefügt hatte? War es dann so sinnlos, daß ihr (und nicht ihm) der Abschnitt des Alleinlebens und Selbst-für-sich-sorgen-Müssens aufgezwungen worden war? Oder enthüllte sich darin

ihre einzige und letzte Chance, doch noch in einer großen inneren Anstrengung auf jene Seinsstufe hinaufzuklettern, die ihr eigentlich entsprach? Auf den Punkt gebracht: Konnte aus dem Faktum, daß sie die Überlebende in der Partnerschaft war, am Ende sogar ein *persönlicher Auftrag* herausgelesen werden, Versäumtes nachzuholen und in ihrer Persönlichkeitsentwicklung nachzureifen? Die Patientin verschloß sich diesem Aspekt gegenüber nicht. „Es wäre ganz im Sinne meines verstorbenen Mannes", äußerte sie, „er hat mich immer ein wenig lebenstüchtiger sehen wollen. Aber wie packe ich es an?"

Darüber sprachen wir in den darauffolgenden fünf Sitzungen, doch das war nicht das Entscheidende. Entscheidend war, daß ein reaktiv Depressiver, der fragt: „Wie packe ich es an?" seine Depression längst abgelegt hat.

Fassen wir zusammen. Das Urvertrauen ruht auf zwei Säulen auf. Die eine Säule ist der Glaube an die absolute Integrität des Selbst, an den unversehrten, heilen Personenkern in sich. Dieser Glaube ist das Agens der Überwindung der Urangst, worauf bei der Erörterung der Angstneurosen eingegangen worden ist. Die zweite Säule ist der Glaube an das Eingebettetsein des Selbst in den Gesamtschöpfungsplan, was auch noch die Zufälle, die auf das Selbst einwirken und seine Entfaltung in bestimmte Richtungen drängen, miteinbegreift. Dieser Glaube ist das Agens der Überwindung von Depression und „Schicksalsunwilligkeit". Unabhängig von jedweder konfessionellen Religionszugehörigkeit ist zu beobachten, daß Patienten, die diese beiden Säulen in ihrem weltanschaulichen Gebäude stehen lassen oder notfalls neu errichten können, gefeit sind gegen die elementaren Bedrohungen ihres seelischen Gleichgewichtes, als da sind: Todesangst und Todessehnsucht. Gleichzeitig sind sie ein Stück befreit für den Himmel. Denn „Himmel" ist, wenn das durch uns Geschehene positiver ist als das uns Geschehene, und „Hölle" ist, wenn das durch uns Geschehene negativer ist als das uns Geschehene. Viktor E. Frankl schreibt dazu:

„im Tode ist der Mensch ... sein gelebtes Leben; er ist seine eigene Geschichte, sowohl die ihm geschehene als die von ihm geschaffene. Und so ist er auch sein eigener Himmel und seine eigene Hölle, je nachdem." *

Ohne Todesangst und ohne Todessehnsucht ist es leichter, Negatives auszuhalten und Positives in die Welt zu schaffen.

Süchte

Es wird manchmal behauptet, der Süchtige sei auf der Suche nach etwas, das er nicht gefunden hat, er werde von einer inneren Sehnsucht verzehrt. Diese Behauptung beschönigt den wahren Sachverhalt. Denn das Streben des Süchtigen, seine sogenannte Suche und Sehnsucht gilt nicht einem Sinn in der Welt, sondern einer Qualität in seiner Gefühlswelt, oder im Jargon der Insider: seinem guten „feeling". Wo Abhängigkeit vorliegt, ist sie stets eine Abhängigkeit von bestimmten Gefühlszuständen.

Gefühlszustände schwanken. Sie schwanken zwischen hoch und tief, zwischen angenehm und unangenehm. Wer sie konstant auf dem Niveau „hoch" bzw. „angenehm" erhalten will, muß zu dem Zeitpunkt, da sie ins Gegenteil umzuschlagen beginnen, etwas unternehmen, um sie künstlich wieder aufzuputschen. Das gelingt ihm unter Einsatz eines Suchtmittels. Aber wie alles im Leben seinen Preis hat, so auch das Suchtmittel: es wirkt nur kurzfristig. Langfristig erzeugt jedes Suchtmittel erst recht eine Verschlechterung des Gefühlszustandes: das gute „feeling" stürzt ab in die Qual des Entzugs. Selbst wenn das Suchtmittel kein stoffliches ist, sondern in einem Tätigkeitsexzeß besteht (Fernsehsucht, Spielsucht, Ar-

---

* Viktor E. Frankl, „Der Wille zum Sinn", Verlag Piper, München, Neuausgabe 1991, Seite 54.

beitswut ...), ist die gewünschte betäubende oder anregende Wirkung nur kurzlebig und die Rückkehr in die Realität jedesmal bitterer als zuvor. Das heißt, das Suchtmittel muß dann erneut eingesetzt werden, oft sogar in wachsender Dosis, um das der Realität enthobene gute „feeling" wieder herbeizuzaubern. Was somit auf dem Wege der Sucht heiß gesucht wird, ist bloß ein vorüberhuschendes Gefühl, also eigentlich nichts – nichts Eigentliches. Daß dahinter eine Sehnsucht nach mehr stecken würde, ist eine Annahme, die um so irriger ist, je stärker die Sucht fortschreitet.

Nichtsdestotrotz ist selbstverständlich auch der Süchtige wie jeder andere Mensch im Prinzip ein Wesen auf der Suche nach Sinn. Nur daß diese Sinnsuche eben nicht *hinter seiner Krankheit,* sondern *vor seiner Genesung* steht, und nicht Ausdruck findet im Suchtmittelkonsum, sondern die Voraussetzung darstellt zum Suchtmittelverzicht.

Machen wir an dieser Stelle eine Zäsur und werfen wir einen Blick auf eine überraschende Beobachtung aus den USA. Dort wurden in den 80er Jahren über 400 Drogenpräventionsprogramme entwickelt und an den Schulen zum Einsatz gebracht. Der Erfolg war gleich Null. Im Unterschied dazu reduzierten zwei Programme, die an amerikanischen Schulen durchgeführt wurden, jedoch nichts mit Drogenprävention zu tun hatten, die Drogengefährdung von Schülern erheblich. Es waren dies ein Programm zur Intensivierung von Selbstachtung und ein Programm zur Intensivierung von gegenseitiger Rücksichtnahme unter Kindern. Da diese beiden Programme einen unerwarteten Effekt in Richtung Suchtvorbeugung hatten, wollen wir sie uns näher ansehen. *

Das Programm zur *Intensivierung von Selbstachtung* brachte den Kindern den grundsätzlichen Wert der Person nahe und erläuterte an Hand von praktischen Übungen und Beispielen, wie wichtig es sei, daß „eine Person zu sich steht". Die vermittelten Botschaften lagen etwa auf folgender Linie:

---

* Mündlicher Bericht von Dr. Willis Finck, ehem. Schulleiter in Saratoga/Kalifornien.

Eine Person spürt in sich, welche Kleidung, Frisur usw. zu ihr paßt, und muß sich nicht blindlings irgendwelchen Modetrends unterwerfen. Sie ist aber auch zu kostbar, um in schmutzigen oder zerrissenen Sachen herumzulaufen, bloß um gegen irgend jemanden zu protestieren. Sie soll sich mit Geschmack und Freude ihr Habit aussuchen und dann dazu stehen.

Eine Person kann selbständig entscheiden, welchen Gruppenaktivitäten sie sich anschließt, und welchen nicht, welche Freunde sie sich wählt, und zu wem sie Distanz hält. Der Verlust von Gruppenzugehörigkeit oder von Freunden ist keine Tragödie, solange die Person mit sich selbst einig ist und zu ihren Entscheidungen stehen kann.

Mit Blick auf den unerwarteten Effekt der Suchtvorbeugung ist zu vermuten, daß sich der starke Appell dieses Programms an die Selbstbestimmung und Selbstverantwortlichkeit des Menschen als Schutzfaktor gegen Abhängigkeiten aller Art ausgewirkt hat. Oder umgekehrt formuliert: Daß ein Schwinden der Selbstverantwortlichkeit aus dem Bewußtsein eines Menschen der Sucht Tür und Tor öffnet.

Das Programm zur *Intensivierung von gegenseitiger Rücksichtnahme unter Kindern* war von seinem Aufbau her noch interessanter. Es führte nämlich Schulklassen ein, wie es sie vor 100 Jahren in kleinen Ortschaften gegeben hat: Mini-Schulklassen mit Kindern gemischten Alters und verschiedener Schulstufe. In dieser Konstellation kann sich der Lehrer nicht gleichzeitig um alle Kinder seiner Klasse kümmern, sondern unterrichtsmäßig immer nur einer Gruppe (derselben Schulstufe) widmen, während die übrigen Kinder (anderer Schulstufen) inzwischen kleine Aufgaben selbständig zu bearbeiten haben. Das verlangt den Kindern ein hohes Maß an gegenseitiger Rücksichtnahme ab: die Älteren müssen den Jüngeren, die Gescheiteren den Dümmeren helfen, wenn der Lehrer gerade nicht verfügbar ist, die Schulstufen dürfen einander nicht stören, kurzum, jedes Kind muß dazu beitragen, daß seine Mitschüler in Ruhe etwas lernen können. Und siehe da, im Laufe des Programms entstand etwas, das in den Industrieländern seit dem Aussterben der Großfamilie Seltenheitswert hat, nämlich ein Bewußtsein von Mitverantwortung bei den Kindern, Mitverantwortung für den Nachbarn, Mitverantwortung für das Ganze.

Wollte man dieses Ergebnis wiederum mit Blick auf den unerwarteten Effekt der Suchtvorbeugung interpretieren, ließe sich daraus folgern, daß die Weckung von Mitdenken und Mitfühlen in der Gemeinschaft vor Abhängigkeiten schützt und umgekehrt: Daß ein Schwinden an Mitverantwortlichkeitsempfinden den Verfall des Menschen an Süchte erleichtert.

Daß gerade diese zwei Programme so eindrucksvolle Ergebnisse gezeitigt haben, ist gewiß kein Zufall. Zeigt sich doch in der Zusammenschau ein komplementärer Faktor, den man vielleicht folgendermaßen umschreiben könnte:

„Zu sich stehen, aber sich einbringen"

oder:

„Sich nicht nach anderen richten, aber für andere da sein"

oder:

„Ich bleiben, aber mit dem Du kooperieren"

oder:

„Uns beide wertschätzen: mich und dich".

Klar, daß dieser Faktor vor Sucht bewahrt, denn was macht die Sucht? Sie schädigt beide: das Ich, das ihr verfällt, und alle Dus, die dem Ich angehören und ins Leid mitgerissen werden, weil das Ich mit ihnen nicht mehr kooperiert. Sucht ist daher mehr als Selbstzerstörung, und bedarf mehr als der Regeneration von Selbstliebe und Selbstachtung, um aus ihr herauszukommen.

Halten wir fest: jener komplementäre Faktor, der sich als hochpotent in Richtung Suchtprävention erwiesen hat, kennzeichnet gleichzeitig die Quintessenz aller Suchtkrankenhilfe. Es geht um die Erneuerung des „Mich-Wertschätzens" und des „Dich-Wertschätzens" im Verbund. Blenden wir jetzt unsere Eingangsüberlegungen dazu ein. Es war von der Erfahrungstatsache die Rede, daß der Süchtige nur eines sucht und ersehnt: die Aufrechterhaltung seines „guten feelings", also eines einigermaßen angenehmen (bzw. erträglichen) Gefühlszustandes. Genau diesen aber müßte er zumindest vorübergehend opfern, um der Abhängigkeit vom Suchtmittel zu entrinnen. Fragen wir: woraus wird ihm die Kraft zufließen, ein solches Opfer zu erbringen? Aus der „Mich-Wertschätzung"? Theoretisch wäre das Ich Wert genug, um dafür ein Opfer in Kauf zu nehmen, aber praktisch funktioniert das nicht, weil das „gute feeling", das geopfert werden sollte, *scheinbar* auch dem Ich von Vorteil ist. Das heißt, das Ich müßte für das Ich auf etwas verzichten, was das Ich begehrt. Die Zwiespältigkeit dieser Situation sei am Beispiel des Rauchers exemplifiziert. Der Raucher, der seinem Ich Zigaretten zuführt, „gönnt" seinem Ich einen Genuß. Der Raucher, der seinem Ich Zigaretten vorenthält, „quält" hingegen sein Ich, weil er es unruhig, zittrig und nervös werden läßt, obwohl er sofort Abhilfe schaffen könnte.

Auf Grund dieser scheinbaren Unlogik des Opfers für sich selbst, setzt in der Praxis gewöhnlich nur ein „Ast" unseres herausgearbeiteten komplementären Faktors die Kraft zum Opferbringen frei, und das ist die „Dich-Wertschätzung".

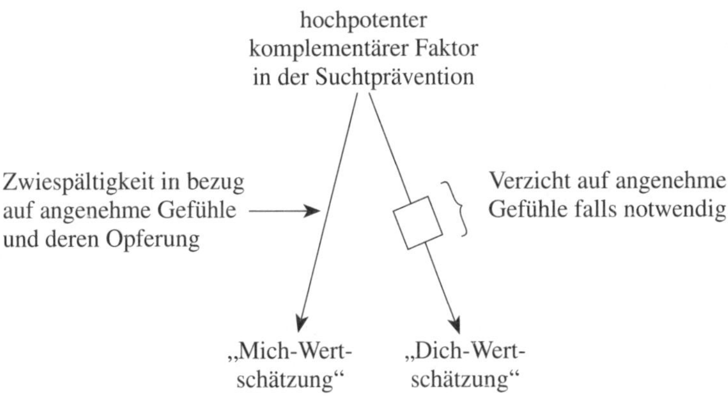

Im übrigen ist das hier angesprochene Phänomen allgemein nachvollziehbar. Denn wer wüßte nicht, daß es leichter ist, für einen geliebten Menschen stark zu sein, als für sich allein. So haben beispielsweise auch langjährige Raucherinnen wenig Probleme, sich im Fall einer Schwangerschaft das Rauchen schlagartig abzugewöhnen – für die Gesundheit ihres zu erwartenden Kindes.

Fassen wir zusammen. Der Süchtige muß lernen, auf die künstliche Erzeugung kurzfristig angenehmer Gefühle zu verzichten. Parallel dazu muß er auf eine Ebene des Menschseins gelangen, in der er der Selbstwertschätzung und der Wertschätzung anderer Personen simultan fähig wird. Der Verzicht auf die künstliche Erzeugung kurzfristiger Gefühle ist allerdings attraktiver und leichter erbringbar im Rahmen der Wertschätzung anderer Personen als im Rahmen der Selbstwertschätzung. *Das* sind die Basisstrukturen, von denen ein therapeutischer Ansatz auszugehen hat, will er wirksame Suchtkrankenhilfe leisten.

Nun bemüht sich die Logotherapie im Kontrast zu anderen Psychotherapieschulen, die vor allem die Selbstwertschätzung von Patienten zu stimulieren und zu maximieren trachten, seit jeher, den Menschen für die Welt und für die Wertschätzung von „Gegenständen" in der Welt aufzuschließen. Die Umpolung einer „zuständlichen Orientierung" in eine „gegenständliche Orientierung" ist buchstäblich ihr Grundanliegen, das zufällig dem Süchtigen wie auf den Leib (auf die Seele?) geschneidert paßt. Denn er hängt ja an seinen (Gefühls-)Zuständen, hängt von ihnen ab, statt sich gefühlsübergreifend an das ihm Gegenüberstehende, an das Gegen-ständliche in der Welt zu wenden und mitunter sogar zu verschwenden. Es ist deshalb kein Wunder, daß die Einbeziehung logotherapeutischer Konzepte z. B. in der Rehabilitation von Drogenabhängigen sowohl in den USA als auch in Italien von Erfolgen gekrönt ist, die weit über den ansonsten deprimierenden Heilungsquoten liegen.

In Italien hat das „Centro Italiano di Solidarieta" in Rom, dessen therapeutischer Mitarbeiterstab durchgehend logotherapeutisch geschult ist, ein Wohngemeinschaftsprojekt entwickelt, das direkt an das amerikanische Schulprogramm zur Intensivierung von gegenseitiger Rücksichtnahme unter Kindern erinnert, nur daß die jungen Menschen, die da dem Drogenelend entrissen werden sollen, meist keine Kinder mehr sind. Sie werden in kleinen Gruppen und auf unterschiedlichen Rehabilitationsstufen zusammengefaßt und vom Betreuer angeleitet, einander zu stützen und miteinander verantwortlich umzugehen. Die Stabileren greifen den Labileren unter die Arme, die Stärkeren den Schwächeren, die Mutigen den Mutlosen. Je weiter einer in seiner seelischen Rekonvaleszenz fortgeschritten ist, desto mehr übernimmt er Betreuerfunktion; fällt einer zurück, wird er von der Gruppe aufgefangen.

Die Sinnsuche, von der wir sagten, daß sie nicht *hinter* der Krankheit, sondern *vor* der Genesung stehe, wird in der therapeutischen Wohngemeinschaft täglich thematisiert: im gemeinsamen Gespräch und in der persönlichen Tat. Das Reden darüber regt Bewußtseinsprozesse an und läßt nie gedachte Perspektiven aufleuchten. Das Handeln gemäß dem jeweiligen Sinnanruf revidiert alte, ins Unbewußte versunkene Verhaltensrepertoire aus der früheren Beschaffungskriminalität. Die Gefühlsmanipulation, die geopfert wird für das Wohl der Gemeinschaft, verliert zunehmend an Gewicht, weil unmanipulierte positive Gefühle wie Freundschafts- und Zugehörigkeitsgefühle oder Gefühle des Beheimatetseins und Wichtigseins erwachen. Und wenn die Stimmung einmal schlecht ist, wird das mit Bravour überstanden.

Über ein Jahr dauert die Therapie, die mit einer Wiedereingliederungsphase ausklingt, in der neben der erworbenen Mitverantwortlichkeit für die anderen Gruppenmitglieder die Selbstverantwortung des Individuums neu erstarkt. Zum Ende der Rehabilitationszeit darf auch die Selbstwertschätzung zum Zuge kommen, weil die Zwiespältigkeit in bezug auf angenehme Gefühle und deren eventuell notwendige Opferung überwunden ist. Jetzt geht es um die baldige Abnabelung von der Gruppe, um das Hinauswachsen aus der Gemeinschaft, dem Leben zu. Dem eigenen Leben, das auf jeden einzelnen wartet mit einem Füllhorn an Aufgaben. Natürlich gibt es auch bei dieser Behandlung Mißerfolge und Rückschläge, denn jedwede Behandlung kann dem Menschen nur wiedergewinnen, was ursprünglich Seines ist. Und der Mensch ist nicht von Natur aus gut, sondern von Natur aus frei, gut oder böse zu sein. Aber was der einzelne auch wählen wird, das ein Jahr lang trainierte Bewußtsein seiner Verantwortlichkeit wird nie mehr ganz von ihm weichen und – so die Hoffnung – in entscheidenden Momenten seines Lebens für die richtige Wahl plädieren.

Die genannten Gründe sprechen alle dafür, daß Suchtkranken am besten im Eingebundensein in mitmenschliche Beziehungen geholfen werden kann. Wobei Eingebundensein, wie dargelegt, nicht ein passives Umsorgt- und Verstandensein meint, das dem Suchtkranken zwar gefallen aber nichts nützen würde, sondern ein aktives Sorgen und Begreifen meint – Sorgen für den Nächsten und Begreifen der eigenen Pflicht. Das klingt hart, aber das Suchtproblem *ist* von eiserner Härte, nicht weniger zerstörerisch als messerscharfer Stahl.

Das Eingebundensein in mitmenschliche Beziehungen kann auch ambulant stattfinden, wie es etwa die Anonymen Alkoholiker praktizieren. Für Einzeltherapien hingegen stehen die Chancen nicht besonders gut, selbst dann, wenn man die Familienmitglieder involviert. Denn die Familienmitglieder sind selber „Verwundete", was man in der Suchtkrankenhilfe nie vergessen sollte. Sie haben eine lange Zeit am Kranksein des Kranken partizipiert und vielleicht wiederholt falsch darauf reagiert, weil sie einfach nicht mehr weiter wußten. Sie sind dutzende Male durch die Tiefen des Entsetzens und der Verzweiflung durchgegangen, haben sich hochgerappelt und aufgerafft angesichts der Fernaussicht eines Heilungserfolges, und sind erneut in die Tiefe der Enttäuschung zurückgestoßen worden.

In der traditionellen Psychotherapie werden die Angehörigen von seelisch Kranken oftmals zu negativ beurteilt wenn nicht gar als Krankheitsverursacher verurteilt, doch in Wahrheit sind sie in erster Linie Leidende, fallen sie unter die Kategorie des „homo patiens". Der Schmerz, an dem sie leiden, ist ein mehrfacher, weil das Zusammenleben mit einem seelisch Kranken und speziell mit einem Süchtigen aufreibend genug ist, doch *ein* Schmerz steht an der Spitze von allem: das *machtlos Zuschauenmüssen, wie ein geliebter Mensch sich sukzessive ruiniert.* Dies kommt einem Horrortrip gleich und geht an niemandem spurlos vorüber. Man bedenke daher in der Suchtkrankenhilfe, daß Angehörigen von Suchtkranken keineswegs zusätzliche Lasten aufgebürdet werden können, sondern daß sie psychisch *entlastet* werden müssen, wo nur möglich.

Die Logotherapie jedenfalls, die nicht daran glaubt, daß der Mensch ein Produkt von Umwelteinflüssen ist, auch nicht von familiären, hat ein „Herz für Angehörige". Sie enthält sich jedweder Schuldzuweisung und unterstützt die gesunde Auffassung, daß der Mensch, wenn überhaupt ein „Produkt", dann ein Produkt seiner eigenen Entscheidungen ist, seiner Gedanken und seiner Taten. Mehr noch: daß gerade der Süchtige solange in seiner Abhängigkeit verharren wird, als er sich abhängig definiert von seiner Umwelt und ihren Einflüssen. Daß er sich aber über seine Abhängigkeit erheben wird, sobald er zugibt, daß es die Saat seiner eigenen Gedanken ist, die ihm in der Ernte seines Lebens entgegentritt, und – daß zum Glück noch Zeit ist, mit dem Aussäen von vorne zu beginnen.

> Wer heute einen Gedanken sät,
> der erntet morgen die Tat,
> übermorgen die Gewohnheit,
> danach den Charakter
> und endlich sein Schicksal.
> Darum muß er bedenken,
> was er heute sät,
> und muß wissen,
> daß ihm sein Schicksal
> einmal in die Hand gegeben ist:
> heute!
>
> (Gottfried Keller)

Sexualstörungen

Menschliche Sexualität hat nicht primär Zweck-, sondern Ausdruckscharakter. Dasjenige, was sie auszudrücken vermag bzw. körperlich nachzuvollziehen versucht, ist Liebe, ist die geistige Berührung von Mann und Frau, die sich in einer innigen Verbundenheit begegnen. Menschliche Sexualität spricht gleichsam aus, was im Herzen gemeint ist: „Ich bin dir nah, ich bin dir gut, ich erkenne dich an". Damit wird sie hineingehoben in ein „Erkenntnisritual", und was da (an-)erkannt wird, ist Wirkliches und Unwirkliches zugleich: das einmalig-unaustauschbare Sosein eines Menschen inklusive der noch unverwirklichten Entwicklungen dieses Menschen, wie sie ihm zu wünschen sind und ihm vom Liebenden auch de facto gewünscht werden: seine schönsten und besten Erfüllungsmöglichkeiten. „Es gehört zur metaphysischen Rätselhaftigkeit des geistigen Aktes, den man Liebe nennt, daß in ihm aus dem Wesensbild des geliebten Menschen dessen Wertbild abgelesen werden kann." * Der menschliche Sexualakt ist die Inkarnation eines solchen geistigen Aktes.

Fragen wir: und wenn er es *nicht* ist? Wenn er wieder enthoben wird seiner ihn vermenschlichenden Ausdrucksqualität im Zuge eines „Erkenntnisrituals" und zurückgedrängt wird auf die vormenschliche Stufe reiner Zweckmäßigkeit, sei es zum Zwecke künftiger Nachkommenschaft, sei es zum Zwecke gegenwärtigen Lustgewinns? Ja, dann „funktioniert" er auch, aber ein Platz im Gefüge des Geschehens bleibt leer: der Partner ist nicht mehr der Gemeinte, ist nicht mehr der Geliebte, ist bloß noch Mittel zum Zweck. Er und seine Erfüllungsmöglichkeiten scheinen als das Intendierte nicht mehr auf; an seinerstatt haben sich ein Ich und seine Befriedigungsmöglichkeiten ausgebreitet.

---

* Viktor E. Frankl, „Ärztliche Seelsorge", Verlag Deuticke, Wien, 10. Auflage 1982, Seite 147.

Da dies aber nicht das dem Menschen Gemäße ist, zeitigt der „leere Platz" Folgen im Sinne der neurotischen Vakatwucherungen: die Seele leidet und – speziell in der Sexualneurose – der Körper streikt. Frigidität und Impotenz stellen sich sporadisch ein; den Rest besorgt der Erwartungsangstmechanismus, der das Symptom nach üblichem Schema zementiert. So sind die psychogenen Sexualstörungen ihrerseits erneut Ausdruck, nämlich Ausdruck für körperliche Annäherungen, die eben leider *nicht mehr Ausdruck* einer personalen Liebe sind.

Diese Ätiologie der Sexualstörungen ist mittlerweile unter den Einwirkungen eines gesellschaftlichen Umbruchs von der Ätiologie der Beziehungsstörungen schlechthin aufgesogen worden. Denn jener Umbruch, dessen „Startschuß" mit der Erfindung der Antibabypille in den 60er Jahren begann, hatte unter dem schon etwas angegrauten Codewort „Emanzipation" nichts anderes zum Ziel als just die Freisetzung und Erschließung der Sexualität als individuelle Lustquelle (und damit ihre Herabsetzung auf die Stufe der Zweckmäßigkeit). Bald nach der ersten Euphorie waren die zwei genannten Folgen in breiten Bevölkerungsschichten zu beobachten: die Seele leidet und der Körper streikt. Beides eröffnete in seiner Bekämpfung ungeheure Märkte. Das Geschäft mit der Pornographie entwuchs dem „plumpen" Stadium und blühte in subtileren Formen auf, nicht zuletzt auf dem Werbesektor, der unsere Wirtschaft kontrolliert. „Serviceunternehmen" aller Art einschließlich Massagesalons nach fernöstlichem Muster und Psychokulte „mit Sex" kletterten die Karriereleiter hinauf. Beherzte Autoren und Filmregisseure priesen die „offene (Traum-)Ehe", die auf schnellstem Wege so abschreckend wirkte, daß sich viele junge Paare inzwischen vorsichtig aufs „Probezusammenwohnen" verständigen.

Dem gäbe es noch Ellenlanges hinzuzufügen, doch kommen wir zu dem Schluß, der sich nach drei Jahrzehnten rückblickend ziehen läßt. Der Kampf, der dem Streik des Körpers angesagt worden ist, wurde gewonnen. Die Nach-Umbruchsgeneration ist sexuell früh trainiert und wohlinformiert, außerdem ist sie daran gewöhnt, am Rande des Menschengemäßen zu leben. Sie schafft es, notfalls ohne geistige Berührung und innige Verbundenheit mit einem Partner potent zu bleiben. Aber der Kampf, der dem Leid der Seele angesagt worden ist, ist bis auf den heutigen Tag verloren worden. Nicht, daß die Geschäftemacherei hier säumiger gewesen wäre. Eine „Do-it-yourself-Lebens- und Liebeskunst" steht längst in zahlreichen sprüchegewaltigen Variationen zum Erwerb bereit. Allein, was nützt sie dem Konsumenten, da doch jede echte Liebesbeziehung mit einem Geschenk zu tun hat, mit dem Sichverschenken und dem Beschenktwerden? In der

Anfrage

Immer wird nur von Ehe und Familie geschrieben. Was ist aber mit mir? Ich habe keinen Partner gefunden, weil das Schicksal mir keinen gegeben hat. Ich bin 43 Jahre alt und mutterseelenallein. Daran gehe ich zugrunde. Noch nie habe ich von einem Pfarrer etwas über alleinstehende Menschen gehört, die keinen Partner gefunden haben und dadurch in jeder Weise die Hölle auf Erden erleben.

Niemand kümmert sich um uns. Ich weiß, daß man Liebe nicht erzwingen kann. Es paßt auch nicht jeder zu mir. Aber ich leide an der seelischen Grausamkeit, Kaltherzigkeit und Verständnislosigkeit der Menschen. Körperlich Kranken hilft man von allen Seiten. Für mich gibt es nur ein albernes Grinsen, wenn es mir schlecht geht. Wenn ich ein Liebespaar sehe, muß ich auf- und davongehen. Es tut mir zu sehr weh.

Jahrelang war ich deshalb in keinem Wald, auf keiner Wiese, auf keinem Berg, in keinem Schwimmbad. Jahrelang hatte ich keinen Urlaub, war in keinem Konzert. Besonders das Fernsehen mit seiner Werbung beschert mir viel Aufregung, wenn Liebe, Zärtlichkeit und Babys gezeigt werden. Solche Filmszenen sind für mich quälend. Deshalb habe ich mich entschlossen, das Fernsehen aus meinem Leben zu streichen, damit ich vielleicht meinen Seelenfrieden finden kann.

Ich bin aber auf diese Weise wirklich total von der Welt ausgeschlossen. Für mich ist das Leben nur lebenswert mit Liebe und Glück. Können Sie mir sagen, wie ich dazu komme?

hochindustrialisierten Gesellschaft, in der für gutes Geld fast alles zu haben ist, sind Geschenke rar ...

Analysieren wir die Anfrage auf S. 106, die 1992 in einer deutschen Kirchenzeitung zu lesen war, und die von der ihr unterliegenden Denkstruktur her repräsentativ sein könnte für manche Beziehungsnot unserer Nachumbruchszeit.

Die Essenz des Notrufs wird in dem vorletzten Satz der Schreiberin prägnant eingefangen, und zwar in der Behauptung, daß das Leben *nur* mit Liebe und Glück lebenswert sei. In logotherapeutischem Vokabular bedeuten „Liebe und Glück" Erlebniswerte besonderen Ranges, und ihr Beitrag zur Werthaftigkeit des Lebens ist unbestritten. Das Wörtchen „nur" davor schränkt allerdings diese Werthaftigkeit des Lebens auf unzulässige Weise ein.

„Faktisch ist die Liebe eine der möglichen Chancen, das Leben mit Sinn zu erfüllen, und nicht einmal die größte. Es wäre traurig um unser Dasein bestellt, und unser Leben wäre arm zu nennen, wenn sein Sinn davon abhinge, ob wir Liebesglück erleben oder nicht. Das Leben ist unendlich reich an Wertchancen ...

... der neurotische Mensch, der in einem bestimmten Wertbereich unerfüllt bleibt, geht entweder den Weg der Flucht in die Überbewertung oder in die Entwertung des betreffenden Lebensbereiches. Auf beiden Wegen setzt er sich aber ins Unrecht – und stürzt sich ins Unglück. Führt doch das neurotisch verkrampfte Streben nach Glück in der Liebe schon wegen seiner neurotischen Verkrampftheit zum Unglück." *

Wir wollen der Schreiberin keine Ferndiagnose verpassen, doch trägt der von ihr verfaßte Text eindeutig eine „neurotische Handschrift". Was erzählt er uns? Er erzählt von einer körperlich gesunden Frau. Wir wissen dies wegen ihrer (abfälligen?) Bemerkung, daß man körperlich Kranken von allen Seiten hilft. Da man im Unterschied dazu für sie bloß ein Grinsen parat hat, ist sie demnach körperlich nicht krank. Vielleicht ahnt sie, daß sie seelisch krank ist, doch geht ihre

---

* Viktor E. Frankl, „Ärztliche Seelsorge", Verlag Deuticke, Wien, 10. Auflage 1982, Seite 140/141.

Ahnung nicht so weit, hinter jenem „Grinsen“ die Hilflosigkeit und Überforderung der Mitwelt angesichts seelischer Krankheit zu vermuten. Was könnten ihre Mitmenschen auch tun, um ihr zu helfen? Niemand kann ihr einen passenden Partner offerieren, weil sich Liebe nicht erzwingen läßt, was man ihr offensichtlich häufig genug (achselzuckend?) erklärt hat, da sie es selbst erwähnt. Ein Eingeständnis ohne praktische Konsequenz. –

Was wissen wir noch über diese Frau? Sie ist 43 Jahre alt, hat also ab ihrer Jugendzeit im Wohlstand gelebt und ist mit dem gesellschaftlichen Umbruch aufgewachsen, dessen Zielvorstellungen sie assimiliert zu haben scheint. Ihr Ziel ist das Glück, und das Fehlen von Glück ist ihre Hölle. Kein Wunder, daß die Wohlstandskinder keine bessere Definition von Hölle auf Erden kennen!

Das eigentlich Kritische jedoch ist ihre vage Vorstellung, man habe ein Anrecht auf Glück, und wenn das Glück ausbleibt, habe „irgendjemand“ versagt: das Schicksal („es hat mir keinen Partner gegeben“), die Kirche („ich habe nie von einem Pfarrer etwas über alleinstehende Menschen gehört“) oder die Mitwelt („niemand kümmert sich um uns“), die sowieso bereits in Mißkredit gefallen ist, und dies nicht etwa nur wegen des hilflosen „Grinsens“. Nein, bezüglich der Mitwelt trifft das Wort Frankls von der Flucht in die Entwertung zu: sie wird als seelisch grausam, kaltherzig und verständnislos abgestempelt. Warum? Weil es in ihr *Liebespaare* gibt, Liebende und Glückliche, die zu sehen die Briefschreiberin schmerzt.

Fassen wir unsere Informationen über die Frau zusammen. Sie steht in der Mitte ihres Lebens, ist körperlich gesund, hat weder Kriegs- noch Hungerjahre jemals kennengelernt, und genießt einen ausreichend guten Lebensstandard (siehe die Möglichkeit von Urlaub, Konzert, Fernsehen etc.). Millionen kranke Menschen würden wahrscheinlich gerne mit ihr tauschen, Millionen Flüchtlinge in den Elendswinkeln der Welt würden sich um ihr Zuhause „reißen“, aber das ist alles ohne Relevanz. Sie ist „mutterseelenallein“ und diese ihr versagt gebliebene Erfüllung in einem Wertbereich wird ihr zum Verhängnis, weil sie sie überbewertet. Auf Grund dessen reagiert sie mit einer beispiellosen Flucht. Sämtliche aktiven und passiven Aus-flüge werden eliminiert in der Hoffnung, im Schonraum des eigenen Schneckenhauses „Seelenfrieden“ zu finden, aber die Rechnung geht nicht auf. Denn der Seelenfriede steht niemals am Ende einer Flucht, sondern immer am Anfang einer Akzeptanz.

Überlegen wir, wie dieser Frau zu raten und zu helfen wäre. Am ehesten könnte ihr ein „sokratischer Dialog“ helfen, wie ihn Viktor E. Frankl in seinen Büchern anschaulich beschreibt. Dabei würde sie durch sinnorientierte Gegenfragen zu „neuen Ufern“ geleitet werden. Beginnen würde ich bei ihrem letzten Satz: „Können Sie mir sagen, wie ich dazu komme?“ „Nun“, würde ich antworten, „Sie haben bisher erfahren, wie Sie *nicht* dazu kommen. Verwenden Sie diese Erfahrung, um Ihr Verhalten zu revidieren.“ Fortfahren würde ich mit folgendem Gedankengang: Angenommen, es gäbe einen Mann, der ihr ein lieber Freund sein könnte, welche Chance hat sie, ihn zu treffen, wenn sie sich von der Welt total abkapselt? Angenommen, sie träfe ihn dennoch, wie groß ist die Chance, daß er mit einer Person Kontakt aufnimmt, die ihre Mitmenschen anklagend von sich abstößt? Angenommen, er würde sich davon nicht irritieren lassen und ihr Avancen machen, wie groß ist dann die Chance, daß sie sich nicht im plötzlich aufwallenden Jubel, ihrem überbewerteten Ziel nahe zu sein, an dem Mann festkrallt und ihn für sich vereinnahmt, bis er keine Luft zum Atmen mehr hat und davonrennt? Angenommen aber, er bliebe trotz allem bei ihr, wie groß ist dann wiederum die Chance, daß er ihre Schwäche nicht bloß ausnützen will oder selber eine Schwäche hat, die ihm keine rechtzeitige Loslösung erlaubt?

An diesem „Ufer“ angelangt würde die Patientin die geringe Chance erfaßt haben, die sich aus alledem für das Zustandekommen einer guten Freundschaft, geschweige denn Partnerschaft ergibt. Jetzt ginge es darum, die gedankliche Kette „umzuspulen“. Angenommen, sie würde ihr Schneckenhaus verlassen und sich mutig an Unternehmungen heranwagen, die ihren Reiz in sich tragen: Ausflüge, Konzertbesuche, Urlaubsfahrten usw. Angenommen, sie würde es ohne Ressentiments gegen ihre Mitmenschen tun, ob sie jung oder alt, familiär gebunden oder alleinstehend sind. Und angenommen, sie würde es ganz ohne jedwede Absicht tun, sich „einen Mann zu angeln", das heißt, einfach Zufriedenheit mit sich und ihrem Leben ausstrahlend. Wie groß wäre nunmehr ihre Chance, da und dort Bekannte zu gewinnen, die sich gern in ihrer Nähe aufhalten? Darunter vielleicht einmal einen wirklich guten Freund? Es wäre gewiß eine beträchtliche Chance ...

Für Fälle wie dem hier wiedergegebenen wurde in der Logotherapie das Konzept der *„finalen Vorleistung"* erarbeitet*, das sowohl in der sinnzentrierten Familientherapie als auch bei Sexualstörungen erfolgreich angewandt wird. Es läuft darauf hinaus, dem Betreffenden die Notwendigkeit einer von ihm zu erbringenden Vorleistung bewußt zu machen, die den Stellenwert eines „Vorschusses an Liebe" hat. Der Träumer, der vergeblich vom Beschenktwerden träumt, vergeblich, weil er sich nicht im metaphysischen Sinne als ein bedingungslos Beschenkter erlebt (vgl. dazu Seite 57)!, muß aufwachen und sich als einen bedingungslos Schenkenden verstehen. Dann und nur dann kann wie durch ein Wunder sein Traum wahr werden.

Was aber ist bedingungslos zu verschenken? Das hängt jeweils von der Gesamtkonstellation des Falles ab. In der Franklschen Kasuistik finden sich exzellente Beschreibungen von Sexualneurosen, die dadurch ausgeheilt sind, daß die impotenten oder frigiden Kranken unter striktem Koitusverbot angewiesen wurden, sich mit Zärtlichkeit und Interesse ihrem Partner zuzuwenden. Die Erotik, die frei jeden Besitzen-Wollens und jeder Luststrebigkeit an den anderen verschenkt wurde, ließ als unbeabsichtigten Nebeneffekt ein gesundes

---

* Elisabeth Lukas, „Psychologische Vorsorge", Verlag Herder, Freiburg 1989, Seite 142.

Sexualleben wiedererstehen. Analoges gilt für die Fälle von sexuellen Perversionen, in denen die Kranken unter therapeutischer Anleitung lernen, jenseits ihrer Triebexzesse normale Kontakte mit beiden Geschlechtern aufzubauen und dabei ein Stück echte Kameradschaft zu verschenken. Je bessere Kameraden sie sind, desto mehr regenerieren ihre natürlichen Empfindungen.

In der Familientherapie lautet die Anweisung an die Familienmitglieder meist dahingehend, ihren Angehörigen mit Höflichkeit und Wertschätzung, zumindest aber aggressionsfrei zu begegnen, unabhängig davon, wie diese sich ihnen gegenüber verhalten mögen. Auch dieser bedingungslose „Vorschuß an Liebe" kann wahre Wunder an Konfliktentschärfung bewirken, die erst wieder eine produktive Kommunikation ermöglicht. Und bei der Schreiberin jener Anfrage, die wir bedacht haben, bestünde die „finale Vorleistung" darin, ihren Mitmenschen deren etwaiges Liebesglück zu gönnen, auch wenn sie selbst daran keinen Anteil hat. Zu gönnen, ohne die Glücklichen zu entwerten und deren Glück überzubewerten. Final wäre eine solche Vorleistung sogar in zwei Richtungen: in Richtung auf ihren subjektiven Seelenfrieden und in Richtung auf einen transsubjektiven Logos.

Freilich stehen alle aufgezählten Vorleistungen, die Liebe und Partnerschaft – den eigentlichen Inhalt und Gegenstand des „Ausdrucksmittels Sexualität" – fördern, unter dem Zeichen eines Verzichts. Die Ähnlichkeit des therapeutischen Ansatzes mit dem in der Suchtkrankenhilfe ist unverkennbar – handelt es sich doch beim genannten Patientengut auch um ichsüchtige, libidosüchtige, nicht selten um streitsüchtige Menschen, die etwas erzwingen wollen, ohne das sie vermeinen, nicht auszukommen. Wie es bei den Sexualneurotikern der Sexualakt ist, auf den kraft des Koitusverbots zunächst verzichtet werden soll, ist es bei den sexuell Perversen der perverse Akt, bei den in Disharmonie lebenden Familienangehörigen der aggressive Akt, und bei unserer Schreiberin aus der Kirchenzeitung der Akt des Sich-Schonens. Sie schreibt: „... muß ich auf- und davongehen. Es tut mir zu sehr weh" und „... sind für mich quälend. Deshalb habe ich mich entschlossen, das Fernsehen aus meinem Leben zu streichen" – *darauf,* auf das Davongehen, auf das Aus-dem-Leben-Streichen müßte sie in Zukunft verzichten, was ihr um so leichter fallen würde, je eher es ihr gelänge, ihre Mitmenschen „schonungslos" zu lieben, was bedeutet, ihnen Glück und Freude bedingungslos zu gönnen.

Wann immer wir es in der Psychotherapie mit Beziehungskrisen irgendwelcher Art zu tun haben, dürfen wir nicht müde werden, zu vermitteln, daß „alles geschlechtlich-leibliche Vermögen letzten Endes in der geistig-seelischen Liebesfähigkeit gründet", wie Viktor E. Frankl nachhaltig betont. Und zwar in der Liebesfähigkeit *des Patienten,* die er selber unter Beweis stellt, und nicht in der Liebesfähigkeit seiner mitmenschlichen Umgebung, deren Früchte ihm einklagbar zustehen würden und in den Schoß fallen müßten.

„Die Liebesfähigkeit richtet den Trieb aus und ordnet ihn hin, nicht nur auf ein „Triebziel", sondern auch auf ein „Triebobjekt", nämlich auf die Person des jeweils geliebten Partners. Nur in dem Maße, in dem der Trieb solcherart ausgerichtet ist und hingeordnet auf die Person des anderen, des Geliebten, nur in diesem Maße läßt sich der Trieb auch einordnen und unterordnen der eigenen Person. *Nur ein Ich, das ein Du intendiert, kann das Es integrieren!*"*

---

* Viktor E. Frankl, „Die Psychotherapie in der Praxis", Verlag Piper, München, 2. Auflage 1991, Seite 137.

Einsichten psychohygienischer und krisenprophylaktischer Art

Im Jahr 1992 erregten zwei wissenschaftliche Studien allgemeines Aufsehen. Die eine stammt von Stephan R. Covey, der die erfolgreichsten Persönlichkeiten von Amerika auf ihre Verhaltenstaktiken hin untersuchte und sieben „Leitlinien" extrahierte, denen diese Persönlichkeiten gewohnheitsmäßig folgen. *Die andere stammt von Leonard A. Sagan, der besonders langlebige Personen in allen Völkern auf gemeinsame seelische Merkmale hin untersuchte und ebenfalls sieben „Leitlinien" herausfand, die für Menschen mit hoher Lebenserwartung charakteristisch sind. **

Obwohl beide Siebener-Gruppen in verschiedenen Ebenen messen – in der sozialen und in der somatischen – und obwohl beide Studien völlig getrennt voneinander durchgeführt worden sind, zeigen sich dennoch erstaunliche Überschneidungen in den Ergebnissen. Noch erstaunlicher aber ist, daß gerade die Überschneidungen, die sich auf fünf „Grundmuster an Handlungs- und Haltungsweisen" komprimieren lassen, exakt dem entsprechen, was man als „logotherapeutische Einsichten psychohygienischer und krisenprophylaktischer Art" bezeichnen könnte; als warnende und wegweisende Quintessenz aus der Franklschen Neurosenlehre. Denn neurotische Lebensverfehlungen und psychosomatische Lebensverkürzungen sind nach dem alten Evolutionsprinzip von „trial and error" Kennmarken all jener Lebensversuche auf der „error"-Seite, von denen rigoros gilt: was sich nicht bewährt, merzt sich früher oder später selber aus.

---

* Stephan R. Covey, „The 7 Habits of Highly Effective People", Verlag Simon & Schuster, New York 1992.

** Leonard A. Sagan, „Die Gesundheit der Nationen", Verlag Rowohlt, Hamburg 1992.

Die folgende Tabelle gibt in Stichworten Auskunft über die fünf „Grundmuster an Handlungs- und Haltungsweisen", wie sie sich aus den Überschneidungen der beiden Siebener-Gruppen in Korrespondenz mit logotherapeutischen Einsichten herauskristallisiert haben:

Handlungs- und Haltungsweise:	im Blick:
Selbstverantwortlich entscheiden, wissen, es kommt auf einen selber an, man kann sich und die jeweilige Situation verbessern, gestalten und akzeptieren.	das Eigene
Selbsttranszendent denken, sich im Interesse der Welt manches abfordern, aber auch im Interesse dieses Dienstes an der Welt auf sich selber achten.	das Fremde
Proaktiv (statt reaktiv), zukunftsorientiert und gewissengeleitet handeln, stets beginnen „mit dem Ende im Visier" und konsequent kleine Schritte gehen.	das Kommende
Grundvertrauen pflegen und erhalten, in enge, herzliche und dauerhafte Bindungen einbringen, aber auch beim Alleinsein in sich wirksam werden lassen.	das Übergeordnete
Bewußtseinshorizont beständig erweitern in der rationalen wie mystischen Suche nach Sinn, Erkenntnis und Information, geistig/körperlich beweglich bleiben.	das Zusammenhängende

Einige Kommentare sollen die Stichworte aus der Tabelle näher beleuchten.

1. Selbstverantwortlich entscheiden – im Blick: das Eigene

Niemand hat ununterbrochen Kontrolle über sich, jeder gerät zeitweise „außer sich“. Ferner gibt es hirnorganische Schäden oder psychotische Schübe, auf Grund derer der Kranke nicht „bei sich“ ist. Dann verliert er in der Tat die Kontrolle über sich. Dies alles betrifft Ausnahmezustände, die nicht die Regel sind. Dennoch hält sich eine Reihe von Menschen *in der Regel* für „kontrolliert“ und nicht für „kontrollierend“, fühlt sich getrieben, gesteuert, verkorkst, hilflos und ausgeliefert. Gemeiniglich wird ihnen ein Minderwertigkeitsgefühl bzw. niedriges Selbstbewußtsein zugesprochen, doch fragt sich, ob sie nicht einfach einem falschen Personenbegriff huldigen. Würden sie nämlich die Person – einschließlich ihrer eigenen – als „überpsychologische Instanz“ begreifen, die „im Chaos der ihr vom Unbewußten angebotenen Motive und inneren Erfahrungen Ordnung stiftet, indem sie sie annimmt oder verwirft“ *, würden sie nicht so leicht die Kontrolle über ihr Leben aus der Hand geben. Natürlich ist nicht zu leugnen, daß das (geglaubte und verteidigte) Kontrolliertwerden seine banalen Vorteile hat. Man ist an nichts schuld, man hat nichts zu verantworten, man muß sich zu nichts aufraffen und braucht zu nichts zu stehen. Vorteile, die in Nachteile umschlagen ...

Nehmen wir an, ein Mann erbt einen kleinen Lebensmittelladen, der nicht floriert. Er bezieht eine der angedeuteten Positionen:

„Wann hat das Schicksal mir schon jemals etwas Gutes beschert? Ich bin der notorische Pechvogel!“

„Mein Vater hat seine Geschäfte mit eiserner Hand getätigt und mir nie beigebracht, wie man ein Geschäft führt. Deswegen bin ich dazu nicht in der Lage.“

„Wenn ich Zeit und Geld in den Laden investieren würde, würde

---

* Viktor E. Frankl, „Das Leiden am sinnlosen Leben“, Verlag Herder, Freiburg, Neuausgabe, 2. Aufl. 1991, Seite 42.

ich bloß die Konkurrenz um die Ecke anstacheln, die mir so schon das Leben sauer genug macht!"

„Mein Freund und Steuerberater hat mir geraten, das Geschäft zu übernehmen, und jetzt sieht man, was sein Rat taugt. Da bin ich ordentlich reingefallen!"

„Ich weiß nicht mehr weiter und würde am liebsten alles hinschmeißen. In unserer verdammten Gesellschaft hat man keine Chance!"

Egal, welche Position er daraus wählen mag, es ist – ganz im Sinne der beiden wissenschaftlichen Studien von Covey und Sagan – zu befürchten, daß der ererbte Laden entweder alsbald pleite machen oder seinen Besitzer allmählich ins Grab bringen wird. Aber es liegt nicht am Laden, und auch nicht am Schicksal, am Vater, an der Konkurrenz, am Steuerberater oder an der Gesellschaft. Es liegt an dem Mann, der nicht *das Seine* im Blick hat, sein eigenes Zutun im Rahmen seiner Möglichkeiten, seine eigenen Entscheidungen in Richtung verantwortbarer Geschäftsführung oder Geschäftsschließung, einem Mann, der sich wegen des Dahinwelkens seines Erbes massiv und intensiv rechtfertigt, während sein Erbe weiterhin ungehindert dahinwelkt.

Ähnlich gehen viele Menschen mit einer anderen Art von „Erbe" um: mit ihren Talenten, Fähigkeiten, Kenntnissen und Existenzgrundlagen. Warum? Reinhard Tausch hat kürzlich unter Berufung auf das Beispiel Viktor E. Frankls eine Arbeit aus der empirischen psychologischen Forschung vorgelegt, die bahnbrechend sein könnte: eine Analyse des *Vergebens* als eines bedeutsamen seelischen Vorgangs.* Darin hat er nachgewiesen, daß das Vergeben als komplexer kognitiv-emotionaler Vorgang (in der Logotherapie würden wir „geistiger" Vorgang sagen) den Wunsch und die Motivation zur eigenen Verhaltensänderung fördert. Demnach könnte es neben dem falschen Personenbegriff der Groll sein, Groll gegen wen auch

* Reinhard Tausch, „Vergeben als bedeutsamer seelischer Vorgang", Manuskript aus dem Psychologischen Institut III der Universität Hamburg, veröffentlicht in der Zeitschrift „Logotherapie & Existenzanalyse", Heft 1/1992.

immer und begründet oder nicht, der selbstverantwortliches Handeln blockiert, weil ein anderer oder andere(s) eben im Groll verantwortlich gemacht werden für die eigene Misere. Und umgekehrt könnte es das Vergeben sein, das selbstverantwortliches Handeln wieder entblockiert, weil es das fremde Verschulden *aus* dem Blick und die Ressourcen des eigenen „Erbes" endlich *in* den Blick gleiten läßt.

2. Selbsttranszendent denken – im Blick: das Fremde

Wir sagten, ein Abziehen der Aufmerksamkeit vom fremden Verschulden habe psychohygienischen und krisenprophylaktischen Wert. Damit ist aber nicht gemeint, daß das Fremde insgesamt aus dem menschlichen Blickfeld hinausfallen dürfte – im Gegenteil. Das Fremde, definiert als „dasjenige, was nicht wieder ich selber bin" *, ist die Fülle der Welt, auf die Menschsein a priori verweist, genau wie das Auge auf die Fülle des Lichts verweist. Es handelt sich jedoch um keine absorbierende, bedürfnisstillende Verweisung, sondern um eine „An-eignung" des Fremden im liebenden Hinauslangen über sich selbst und Hineinspüren in dessen Wesenheit und Bedürftigkeit.

Sehen wir uns dazu einen Dialog zwischen einer Frau und ihrer Nachbarin an.

Frau: „Mein Mann und ich erwägen, eine Mutter mit Kind aus dem Kriegsgebiet in Bosnien bei uns im Hause aufzunehmen."
Nachbarin: „Ja und was hätten Sie davon?"
Frau: „Wir denken, die Mutter und das Kind hätten etwas davon ..."

Im Dialog argumentiert die Frau im Unterschied zu ihrer Nachbarin selbsttranszendent; sie hat zwei Fremde, die Hilfe brauchen, im Blick und ist bereit, ihnen diese Hilfe um ihrer

---

* Viktor E. Frankl, „Ärztliche Seelsorge", Verlag Deuticke, Wien, 10. Auflage 1982, Seite 160.

selbst willen (um des Wertes von Mutter und Kind willen!) zu gewähren. Ihre Aufmerksamkeit gilt sonach fremden Werten, nicht fremdem Verschulden.

Dazu schreibt Sagan, der die Merkmale langlebiger Menschen untersucht hat:

„Gesunde Menschen sind trotz ihrer hohen Selbstachtung nicht übermäßig nachsichtig gegen sich selbst, und nicht nur mit der eigenen Person oder dem eigenen Wohlergehen beschäftigt. Vielmehr setzen sie sich Ziele, die über ihr persönliches Wohl hinausgehen. Die Ziele können weit gesteckt oder ganz bescheiden sein, entscheidend ist jedoch, daß sie ihrer Natur nach nicht egoistisch sind, sondern anderen nützen. Gesunde Menschen sind mitfühlend und haben einen ausgeprägten Gemeinsinn."

Und Covey, der die Gewohnheiten erfolgreicher Persönlichkeiten unter die Lupe genommen hat, fügt der Beschreibung hinzu:

„Sie versuchen erst zu verstehen und dann, verstanden zu werden."

Vielleicht kommt sogar das Verstehen noch vor dem Zielesetzen, nämlich das Verstehen der Dinge und Wesen, wie sie in sich selbst beruhen. Das Verstehen ihrer Werthaftigkeit, das Sehen ihres Wertbildes, wie Frankl die Liebe zu ihnen umschreibt. Dieses innere Gewahrwerden fremder Werte bewirkt dreierlei in uns:

1. Es weckt unseren Willen, ihnen zu dienen. An ihrer Erhaltung und Erfüllung zu arbeiten. Uns an sie hinzugeben. Hingabe aber macht schöpferisch wie kein anderer Motivator, weder Angst noch Zwang, sie ist fast „stärker als der Tod".

Zum Dialog: Die Frau, die sich vom tragischen Schicksal der bosnischen Kriegsflüchtlinge betroffen fühlt, ist nicht nur bereit, sondern aus ganzem Herzen willig, die Not zu lindern, wenigstens in bezug auf ein oder zwei Einzelschicksale, auch wenn es sie persönliche Opfer kostet.

2. Es verdeutlicht uns die Wichtigkeit, keinen Raubbau mit uns selber zu treiben. Uns vor Erschöpfung und Auslaugung

zu bewahren, denn erschlaffte Kräfte nützen fremden Werten nichts. Dies dirigiert uns in einen vernünftigen Lebensstil.

Zum Dialog: Die Frau, die ihr Haus für Flüchtlinge öffnet, übernimmt sich nicht dabei, sie bringt ihre eigene Familie nicht an den Rand des Abgrunds. Sie teilt, was sie besitzt, aber sie wird nicht zum Sozialfall, der am Ende selber anderen zur Last fällt.

3. Es erzeugt ein Freisein vom Haben-Müssen. Wir können uns schlicht und einfach daran erfreuen, daß die fremden Werte existieren. Nicht-haben-Müssen aber entkrampft enorm, es ist *das* psychische „Krampflösungsmittel" schlechthin.

Zum Dialog: Die Frau, die einer fremden Mutter mit Kind Obdach gewährt, weil sie deren Not lindern will, ist nicht auf Ersatzbefriedigung aus, etwa weil sie keine eigenen Kinder hat. Sie kann ihre „Gäste" frohen Gemütes wieder verabschieden, sollten diese eines Tages in die Heimat zurückkehren können.

Wir sehen, schöpferische Hingabe, vernünftiger Lebensstil und ein Freisein vom Haben-Müssen sind die Kostbarkeiten, die dem Gewahrwerden fremder Werte im selbsttranszendenten Denken entspringen. Viel mehr bedarf es zum geglückten Leben nicht.

3. Proaktiv handeln – im Blick das Kommende

Es gibt ein logotherapeutisches Prinzip, das ich exemplarisch in folgendem Satz zusammenfassen möchte: Man kann nicht einen anderen Menschen betrügen, ohne gleichzeitig ein Betrüger zu sein – aber man kann von einem anderen Menschen betrogen werden und gleichzeitig anständig bleiben.

Es lohnt sich, dem in diesem Satz ausgedrückten Prinzip auf die Spur zu kommen. Da steht auf der einen Seite etwas Unentrinnbares (die amerikanischen Logotherapeuten sprechen von der „inescapable identity"): ich bin, was ich tue. Wenn ich morde, bin ich ein Mörder, wenn ich lehre, bin ich ein Lehrer, wenn ich faulenze, bin ich ein Faulpelz, wenn ich

Schwieriges heldenhaft ertrage, bin ich ein Held. Da ich entscheide, was ich tue, entscheide ich stets über meine Identität, entscheide über den Mann oder die Frau, zu der ich werde. Demgegenüber steht auf der anderen Seite etwas Entrinnbares („the escapable"): das, was mir angetan wird. Es kann unter Umständen schmerzlich, unangenehm, ja, vernichtend sein, und doch kann es meine Identität nicht gegen mein Einverständnis verändern. Wenn man mich ermordet, bin ich deswegen noch lange kein Mörder, wenn man mich etwas lehrt, noch lange kein Gelehrter, wenn meine Angehörigen, Freunde und Vorbilder faul sind, muß ich zu keinem Faulpelz werden, und wenn sie Schwieriges heldenhaft ertragen, wird nicht unbedingt ein Held aus mir. Das mir Angetane läßt mich Positives oder Negatives erfahren und erleben, aber wie ich auf Erfahrung und Erlebnis reagiere, ist *meine Wahl,* und meine Wahl (nicht meine Erfahrung und mein Erlebtes) *ist meine Identität.*

Es ist traurig, wieviele Menschen sich dessen nicht bewußt sind. Wieviele reagieren, als müßten sie „wahllos" reagieren, das heißt, entsprechend dem ihnen Angetanen ohne eigene Wahl. Werden sie gedemütigt, demütigen sie andere, werden sie geschätzt, schätzen sie andere. Sie sind das Echo des in den Wald Hineingerufenen. Und unentrinnbar formt sich ihre Identität – nach jenen, die in den Wald hineingerufen haben, nach jenen, die ihnen etwas angetan haben, kurzum, fremdbestimmt. Die Alternative dazu stellt das „proaktive" Handeln dar, das gleichsam selbst bestimmt, wie es aus dem Walde herausschallt. Unter den 7 „Leitlinien" der erfolgreichsten Persönlichkeiten rangiert es an erster Stelle. Proaktivität orientiert sich an einer Vision, an dem, was zur Optimierung von Sachverhalten konkretisiert werden könnte. Sie ist „Aktion", die nicht im „Re-" (petieren von Gewesenem) stecken bleibt, sondern im „Pro-"(gnostizieren von Zukünftigem) ihren Ausgang nimmt, im Vorhersehen dessen, was erreicht und geschaffen werden *soll,* und wenn der diesbezügliche „Orakelspruch" der Spruch des Gewissens ist, dann ist dieses Soll ein von „oben" gesegnetes.

Betrachten wir zur Abklärung der Frage der Entrinnbarkeit die Aussage eines 21 Jahre alten Mannes, der soeben aus dem Gefängnis entlassen worden ist:

Er sei ein unerwünschtes Kind gewesen; seine Mutter hätte ihn am liebsten abtreiben lassen. Vom Vater, der alkoholabhängig und im Rausch gewalttätig sei, habe er als Kind oft Prügel bezogen. Wegen der vielen Streitigkeiten zu Hause habe sich seine Mutter vom Vater getrennt und sei mit einem anderen Mann durchgebrannt, als er, der Sohn, 11 Jahre alt gewesen sei. Danach habe er nichts mehr für die Schule gelernt, weil sich niemand um seine Hausaufgaben gekümmert hätte. Mit 14 Jahren sei er mit Haschisch in Berührung gekommen, mit 16 Jahren habe man ihn zur Homosexualität verführt, mit 19 Jahren habe er unter Drogeneinfluß einen Radfahrer angefahren, der an den Folgen des Unfalls gestorben sei. Er glaube, daß sein Leben keinen Sinn mehr habe, und würde sich am liebsten eine letzte tödliche Dosis spritzen.

Was für ein entsetzlicher Lebensweg wird uns hier zur Kenntnis gebracht! Entsetzlich vor allem, weil rundum reaktiv, und die „letzte Spritze“ wäre geradezu die Krönung des reaktiven Momentes. Jedes „Getane“ dieses kurzen Lebens ergibt sich folgerichtig aus dem vorher „Angetanen“, eines schlimmer als das andere. Dennoch wäre Rettung möglich, ja, mehr als das: Erneuerung, Wiedergeburt! Der „Rettungsring“ hieße Proaktivität. Wenn es gelänge, dem jungen Mann die Vision eines „Pro-s“ vor Augen zu führen, für das es wichtig wäre, daß er aktiv würde, könnte er der re-aktiv folgerichtigen „letzten Spritze“ entrinnen. Lassen wir nur eine von vielen möglichen Visionen Gestalt annehmen:

Der Mann ist 28 Jahre alt und engagierter Mitarbeiter des Kinderschutzbundes. Er besucht tagein, tagaus gefährdete Familien in seiner Mission, Kinder vor den Einflüssen von Alkohol, Gewalt und sexuellem Mißbrauch zu schützen. Mit großer Überzeugungskraft und manchmal auch unter Androhung von Sanktionen bemüht er sich, uneinsichtige und charakterschwache Eltern zur Verhaltensumkehr zu bewegen. Er hat zu diesem Zweck Schulen nachgeholt und Weiterbildungen absolviert, obwohl ihm das „Theorie-Büffeln“ verflixt schwer gefallen ist. Aber er glaubt, daß, falls er nur einem einzigen Kind gravierendes Leid ersparen kann, sein Leben einen Sinn hat. „Glauben“ ist eigentlich das falsche Wort. Nach allem Leid, das er selbst durchgemacht hat, *weiß* er es. Seine bitteren Erfahrungen und Erlebnisse autorisieren ihn als einen „Wissenden".

Wie gesagt, wäre es *seine* Vision, bräuchte er nur noch mit ihr im Visier konsequent kleine Schritte zu gehen, und sein gesamter entsetzlicher Lebensweg von 21jähriger Länge könnte die neue Identitätswerdung bei ihm nicht mehr verhindern.

4. Grundvertrauen pflegen – im Blick: das Übergeordnete

„Gesunde Menschen sind vertrauensvoll", schreibt Sagan, und bringt damit einen essentiellen Psychohygienefaktor auf den Punkt. Derselbe Faktor schimmert durch ein Gedicht von Christoph Riedel durch*:

> einmal richtig verzweifeln,
> da betet man wieder.
>
> du betest sonst nicht?
>
> armer gott –
> irrtum:
> armer mensch.

Er hat recht: ein armer Mensch, den nur die Ohnmacht dazu bewegt, sich in einer verzweifelten Aufwallung an eine höhere Macht zu wenden. Das ist kein Geborgensein, sondern eher ein Greifen nach Strohhalmen, von deren Festigkeit man nicht überzeugt ist. Das echte Grundvertrauen geht durch alles hindurch, durch Glück und Not, auch wenn sein „Grund" manchmal namenlos bleibt.

Ein anschauliches Beispiel dafür habe ich in Göteborg anläßlich von Gastvorlesungen, die ich dort gehalten habe, erlebt. Ein älterer deutschstämmiger Herr, der als mein

* Christoph Riedel, „Gedanken – sie können Gebete sein", Verlag Auer, Donauwörth 1975.

Übersetzer fungierte, lud mich ein, einen Abend mit seiner Frau und ihm auf einer Insel vor Göteborg zu verbringen. Er holte mich mit dem Wagen ab, und während der Fahrt hörte ich große Teile seiner Lebensgeschichte. Als blutjunger Fliegeroffizier im 2. Weltkrieg war er über russischem Gebiet abgestürzt, lange verwundet im Lazarett gelegen, in ein sibirisches Gefangenenlager verschleppt worden, dort unter unsäglichen Entbehrungen und Gefahren ausgebrochen und nach Hongkong geflohen, von wo er eine Schiffsüberfahrt nach Schweden bewerkstelligt hatte. Hier war er ansässig geworden und hatte sich „von der Pieke an hochgearbeitet". „Ich bin ein Atheist", bemerkte er wie in einem Nebensatz, „in Sibirien ist mir das Bild eines gütigen Gottes abhanden gekommen." Von dem anstrengenden Vorlesungstag ermüdet antwortete ich nichts darauf; welches Recht hätte ich, die nie in einem sibirischen Gefangenenlager gewesen ist, auch gehabt, korrigierend zu intervenieren?

Schließlich erreichten wir die kleine Insel vor Göteborg, auf der mein Gastgeber ein Waldgrundstück mit einem hübschen schwedischen Blockhaus besitzt. Wir betraten ein märchenhaftes Reich. Von der Eiszeit abgeschliffene runde Felsbrokken, mit Moos bewachsen, luden zum Sitzen unter dunklen Nadelgehölzen ein. Leise sang das Meer im Hintergrund. Anmutig schmiegte sich das Holz des niedrigen Hauses in die Landschaft, von einem Gürtel honiggelber Blumen umrankt.

Als wir das Haus betraten, zündete mein Gastgeber ein Öllämpchen über dem Eßtisch an, eine Geste, die etwas auffallend Feierliches an sich hatte. Die Erklärung dafür erhielt ich, als wir nach einem guten Mahl und einer anregenden Konversation mit seiner Frau aufbrachen. Da stellten sich die beiden Eheleute um den Tisch, nahmen einander und mich an der Hand, sagten „Danke" und löschten die Öllampe wieder aus. „Es ist ein Ritual", kommentierte mein Gastgeber diesen Vorgang, „das ich eingeführt habe. Wer die Quälereien der Kriegs- und Nachkriegszeit ausgekostet hat, und am Ende einen so herrlichen Platz der Erde sein eigen nennen darf, wie ich, dessen Herz zerspringt schier vor Dankbarkeit ..." Dieser feine alte Herr ist tief religiös, er weiß es bloß nicht. Was ihm abhanden gekommen ist, ist lediglich der Name des gütigen Gottes, zu dessen Ehre an jeder von ihm im Blockhaus verbrachten Stunde das Öllämpchen glüht. Sein Grundvertrauen hat Sibirien überlebt.

Die Geschichte zeigt noch ein Weiteres. Er nimmt bei der Danksagung seine Frau und eine Besucherin *an der Hand* – welch schönes Zeichen freundschaftlicher Verbundenheit! Fährt er aber allein auf die Insel hinaus, genießt er sein „Märchenreich“ genauso; auch dann brennt das Öllämpchen, und seine Lippen formen ein „Danke“, wenn es verlöscht. Lernen wir daraus: vertrauensvolle Menschen leben nicht nur gesünder, sie leben harmonischer mit ihren Mitmenschen zusammen, und sie halten Alleinsein besser aus. Es ist deshalb kein schlechter Rat aus der logotherapeutischen Krisenprophylaxe, Grundvertrauen zu pflegen und zu erhalten. Logischerweise wird nicht für jedermann ein Öllämpchen das geeignete „Pflegemittel“ sein, doch da der Mensch Symbole braucht, um Bindung und Rückbindung zu besiegeln, sollte sich jeder *seine* Symbole suchen, über die er *seine* Gebete aussenden kann, mit oder ohne Namensadressat. Und nicht erst, wenn er am Verzweifeln ist ...

5. *Bewußtseinshorizont erweitern – im Blick: das Zusammenhängende*

Der mystische Weg soll den rationalen ergänzen, nicht ersetzen. Zur „ratio“ besteht heutzutage ein gespaltenes Verhältnis. Einerseits basiert aller Fortschritt auf der Vergrößerung von Informationen. Eltern drängen ihre Kinder zu qualifizierten Schulabschlüssen, Firmen drängen zur Umstellung auf Hochleistungscomputer, Politiker drängen zur Sammlung und zum Austausch internationaler Datenbanken. Die Welt wird immer durchsichtiger und unübersichtlicher zur selben Zeit. Andererseits geht ein Erschrecken vor der nüchternen Rationalität um. Das Volk sehnt sich nach Romantik, ganzheitlich-intuitiven Erkenntnisakten und Aussteigeidyllen. Die Progredienz des Fortschrittes wird eher als bedrohlich beurteilt. Daß sich beim Menschen seit den Tagen der Steinzeit die „ratio“ am meisten weiterentwickelt hat, und sich trotzdem die Menschheit gegenwärtig in einem „Hexenkessel ohne Notausgang“ befindet, stimmt selbst naive Gemüter nachdenklich.

Was da hilft, ist allerdings keine Verteufelung der „ratio“, sondern einzig eine „Paarung“ von „ratio“ und „sapientia cordis“, also von Intelligenz und Herzensweisheit, eine Paarung, die, wenn sie zunehmend geschähe, uns unsere Überlegenheit gegenüber den schnelldenkenden und vielwissenden Computern neu erschließen würde, statt uns einer immer stärkeren Abhängigkeit von den Maschinen auszusetzen.

Aus dieser Perspektive erhält die in der Logotherapie so zentrale Suche nach Sinnerkenntnis eine zusätzliche Wertigkeit. Sinnerkenntnis geht nämlich auf nicht mehr und nicht weniger als die dargelegte „Paarung“ von Intelligenz und Herzensweisheit zurück. Im Unterschied zur (unbewußten) Sinnerfüllung, die auch bei niedrigem Intelligenzquotienten noch möglich ist – man denke nur an die Realisierung von Erlebniswerten bei mongoloiden Kindern! – benötigt (bewußte) Sinnerkenntnis einen hohen Reflexionsgrad und eine Wachheit des Geistes, die vielfältige Informationsaufnahme und -verarbeitung miteinbezieht. Parallel dazu aber benötigt sie ein sicheres ethisches Empfinden in der Wahrnehmung dessen, was über den Informationen blinkt: „grünes“ oder „rotes“ Licht zu ihrer Benützung. Denn nicht alles, was machbar ist, ist erlaubt ...

Für die Psychohygiene des einzelnen bedeutet die nicht aufhörende Suche nach Sinnerkenntnis, in der eben „ratio“ und „sapientia cordis“ gleichermaßen trainiert und beweglich gehalten werden – ähnlich wie ein nicht aufhörendes Sporttreiben seine Glieder trainiert und beweglich hält –, daß er mit überdurchschnittlicher Häufigkeit Lebenssituationen schaffen wird, in denen Leben gelingen kann. Denn nicht nur die

„innere“ (psychische) Situation eines Menschen ist für dessen Wohlergehen zuständig, sondern auch die äußere Situation spielt eine große Rolle. Wer den verkehrten Beruf ausübt, sich an einem ungünstigen Wohnort niederläßt, mit unpassenden Personen Kontakt hat, sein Geld schlecht investiert und in seiner Freizeit die Kräfte am falschen Platz vergeudet, der kann sich psychisch gar nicht stabilisieren, und bekäme er noch so gute psychotherapeutische Unterstützung, weil die Lebensfakten sein Wohlergehen ständig untergraben.

Man unterschätze daher die Wichtigkeit der äußeren Umstände nicht, auch wenn sie kein gesundes „Innenleben“ garantieren; immerhin stellen sie die Szenerie dar, in der wir unseren Part zu übernehmen haben. Die nicht aufhörende Suche nach Sinnerkenntnis aber erleichtert es uns, diese Szenerie so aufzubauen, daß wir *in würdigem Rahmen Sinnvolles bewirken können* – für uns und eine Menschheit, deren Gesamtszenerie vielleicht doch noch „Notausgänge“ beinhaltet, die mit einem ausreichenden Zuschuß an Herzensweisheit zu öffnen wären.

Einstellungswerte angesichts positivem Schicksal

Wir sprachen von den äußeren Lebensumständen, die, auf unser Land bezogen, trotz der dräuenden globalen Gefahren immer noch ausgezeichnet sind. Dazu paßt ein Ausspruch von Albert Schweitzer: „Viele Menschen wissen, daß sie unglücklich sind. Aber noch mehr Menschen wissen nicht, daß sie glücklich sind."

Nun ist die Logotherapie, wie jede andere Psychotherapieform, dazu da, mitzuhelfen, daß Menschen weniger unglücklich sind. Aber wenn es wirklich eine Mehrheit von Menschen gibt, die nicht wissen, daß sie glücklich sind oder zumindest in einem bestimmten Bereich ihres Lebens Grund zum Glücklichsein haben, dann fragt sich, ob es nicht ein erweitertes Ziel der Logotherapie sein sollte, jener Mehrheit die Augen zu öffnen. Wer ein solches allerdings je versucht hat, wird verblüfft festgestellt haben, wie ungeheuer schwierig das ist. Die Praxis lehrt, daß es viel eher gelingt, zehn Unglücklichen ihr Unglücklichsein zu erleichtern, und sei es nur durch ein barmherziges Anteilnehmen an ihrem Geschick, als einem einzigen Glücklichen zu verdeutlichen, wie gut es ihm tatsächlich geht.

Das kommt daher, weil Tatsachen zwar beim Leiderleben des Menschen eine wichtige Rolle spielen, insbesondere unverrückbare Tatsachen, aber auf das subjektive Glücksgefühl des Menschen überraschend wenig Einfluß haben. Zwischen erfreulichen Tatsachen einerseits und Glücksgefühl andererseits besteht nicht die Gleichsetzung, die bestehen müßte; positive Tatsachen und Glück sind nicht das Zwillingspärchen, als das unsere Logik sie empfindet. Ja, nicht einmal das Fehlen von unerfreulichen Tatsachen einerseits und Glücksgefühl andererseits sind Brüder, obwohl Viktor E. Frankl im Rückblick auf die Jahre seiner Gefangenschaft sehr weise definiert hat: „Glück ist, was einem erspart bleibt." Demjenigen, der sich nicht bewußt ist, was ihm alles bisher erspart geblieben ist, hilft dies leider gar nichts.

Sehen wir uns dazu einige Fallbeispiele an und fragen wir uns, wie eine Gesellschaft strukturiert sein muß, die ein relativ ausgeprägtes Wohlergehen bei gleichzeitiger fast völliger Absenz von Glück entstehen lassen kann?

Fall Nr. 1 ist Patientin *Angelika*. Welche Tatsachen fügen sich zu ihrer gegenwärtigen Lebenssituation zusammen? Sie ist 27 Jahre alt und gesund. Sie ist seit ihrem 20. Lebensjahr verheiratet und hat zwei ebenfalls gesunde Kinder im Alter von 6 und 4 Jahren. Sowohl die Eheschließung als auch die Geburt der Kinder waren ihr Wunsch gewesen. Ihr Ehemann hat einen krisenfesten Beruf, ein gutes Einkommen, er ist fleißig und treu. Die Familie bewohnt ein renoviertes Fachwerkhaus mit einem großen Garten in einer ländlichen Gegend, wobei auch dies ursprünglich der Wunsch der Frau gewesen ist, die aus bäuerlichen Kreisen stammt. Es sind zwei Autos in der Garage, wodurch Angelika tagsüber „mobil" ist, wenn ihr Mann mit seinem Wagen zur Arbeit gefahren ist. Das ältere der Kinder, ein Bub, geht halbtags in einen nahe gelegenen Kindergarten, das jüngere, ein Mädchen, wird in wenigen Monaten ihren Bruder dorthin begleiten. Dann kann Angelika, die eine Ausbildung als Zahnarzthelferin hat, an drei Vormittagen pro Woche in der Praxis eines örtlichen Zahnarztes aushelfen, wodurch sie mehr „unter die Leute kommen wird". Auch ist es ihr gelegentlich möglich, die Kinder zu den Großeltern zu bringen, um ein paar Stunden auszureiten, was ihre Leidenschaft ist.

Soviel zu den äußeren Tatsachen. Betrachten wir jetzt die innere Verfassung der jungen Frau. Sie ist aggressiv, mürrisch, gereizt, unzufrieden. Den Großeltern, die ihre Schwiegereltern sind, wirft sie vor, sie würden sie nicht genügend akzeptieren. Dem Ehemann wirft sie vor, er würde sie im Haushalt nicht ausreichend unterstützen. Wenn er abends zufällig einen Blick in die Waschmaschine wirft und darin noch Wäsche vorfindet, die auf das Aufhängen wartet, tobt sie und schleudert ihm Wäschestücke daraus vor die Füße. Sie sei nicht seine Bedienerin, schreit sie ihn an. Den Kindern wirft sie vor, sie würden sie keine Minute in Ruhe lassen; ständig würden sie an ihr zerren und ihre letzten Kräfte auslaugen. Angelika klagt über Schlappheit, Lustlosigkeit, Überforderung, Haß gegenüber den Haushaltspflichten und das massive Gefühl, ihr Leben zu versäumen. Am liebsten würde sie weit weg fahren und nie mehr zurückkommen, und bei jedem Ausritt packt sie eine solche Sehnsucht nach dem Davonlaufen, daß sie stets in sich hineinweint. Nachts träumt sie Phantasien von fremden Abenteurern, die sie wild begehren und entführen auf Nimmerwiederkehr.

Soweit Angelika. Ähnlich ergeht es dem Patienten im zweiten Fallbeispiel, das ich schildern möchte, einem Mann namens *Hermann.* Sammeln wir wiederum vorerst die Tatsachen, die seine gegenwärtigen Umstände charakterisieren. Er ist 25 Jahre alt und gesund. Zu seinen Eltern bestand zeitlebens eine gute Beziehung, und er weiß, daß er nahezu alles von ihnen haben kann, was er will. Vor zwei Jahren haben sie ihm eine Fernostreise finanziert, vor einem Jahr einen Tramperurlaub in den USA. Auch eine eigene Wohnung haben sie ihm ermöglicht. Hermann studiert noch, doch ist sein Studium, was die Prüfungen anbelangt, abgeschlossen. Es fehlt nur noch die Ausformulierung seiner Diplomarbeit, die sich mit einem politischen Thema, welches er sich selbst ausgesucht hat, beschäftigt. Sein Professor hat ihm angeboten, zur Materialerhebung für diese Arbeit in einem bekannten Wissenschaftsinstitut zu praktizieren und hat ihm den Weg dazu geebnet. Freunde haben ihn vor Antritt dieses Praktikums zu einem Segelturn in der Ostsee eingeladen. Einer dieser Freunde besitzt ein eigenes Segelboot und ist bereit, ihn in die Künste des Segelns einzuweihen. Der Vater von Hermann hat daraufhin die Bemerkung fallen lassen, daß, falls Hermann das Segeln gefällt, dieser zum Abschluß seines Diploms eventuell auch mit einem eigenen Segelboot rechnen könne.

Soviel zu den äußeren Tatsachen, denen die innere Verfassung von Hermann in keiner Weise entspricht. Hermann ist unruhig, nervös, unentschlossen, träge und faul. Weder das

Segeln-Erlernen, noch das Hineinschnuppern in den Betrieb eines Wissenschaftsinstituts können ihn im geringsten locken. Die Diplomarbeit zu schreiben erscheint ihm wie ein Alptraum. Die Politik, das Fach seiner Wahl, ödet ihn an, eine berufliche Zukunft kann er sich damit nicht vorstellen. Auch das Herumreisen in der Welt gibt ihm nichts mehr, wie er sich ausdrückt, und die Eltern mit ihrer fürsorglichen Besorgtheit können ihm „gestohlen" bleiben. Er vertrödelt viel Zeit im Bett, vernachlässigt seine Wohnung und stößt seine Freunde vor den Kopf. Nachts zieht er durch Diskotheken, hockt an Bartischen, spricht Mädchen an, bleibt aber stets in der Unverbindlichkeit. Jedwede Bindung an irgendetwas ist ihm ein Greuel, jede Verpflichtung ein Horror, so verrinnt seine Zeit im Provisorium.

Soweit Hermann. Damit nicht fälschlich der Eindruck entsteht, nur junge Menschen seien anfällig für derart massive „noogene Neurosen", sei noch ein dritter Fall beschrieben: Patient *Wolfgang*. Wolfgang ist 47 Jahre alt und niedergelassener Internist. Seine Arztpraxis liegt in einer gepflegten Wohngegend einer Großstadt und hat regen Zulauf. Die Familienverhältnisse von Wolfgang sind geordnet. Seine Frau ist eine stille, angenehme Kameradin, die, selbst berufstätig, gut versteht, wenn ihr Mann Überstunden macht oder müde heimkommt, und ihn dann nicht mit eigenen Erwartungen konfrontiert. Sein 18jähriger Sohn ist verhältnismäßig selbständig und arbeitet in einer Bank. Von den Eltern Wolfgangs lebt noch sein 70jähriger Vater, der ziemlich rüstig ist und der Familie wenig zur Last fällt. Da niemand in der Familie einem großen Luxus frönt, bleibt viel Geld übrig, was es Wolfgang ermöglicht, sich zeitweise in seiner Praxis für einige Monate vertreten zu lassen, um an Ausgrabungsexpeditionen teilzunehmen, einem alten Hobby von ihm. In seiner Jugendzeit hatte er nämlich lange zwischen Medizin und Archäologie geschwankt, bis schließlich der einträglichere Arztberuf den Sieg davongetragen hatte. Nun kann er beides miteinander verbinden.

Soviel zu den äußeren Tatsachen, denen die innere Verfassung von Wolfgang gegenüberzustellen ist. Wolfgang spielt mit Selbstmordgedanken. Seit 12 Jahren geht er regelmäßig zu psychotherapeutischen Gruppenstunden, ohne etwas davon in Richtung Lebensqualität zu profitieren, aber damit aufzuhören fürchtet er sich auch. Sein Hauptproblem ist die Nichtbewältigung eines vermeintlichen Zu-kurz-Kommens. Die Patienten, die er behandelt, sind nicht anhänglich genug, die Mitmenschen achten ihn nicht genug, die Familienmitglieder lieben ihn nicht genug, sein Vater spricht nicht häufig genug mit ihm, niemand interessiert sich ausreichend für seine Wünsche und Bedürfnisse. Seine sexuelle Libido ist nicht, wie sie sein soll, sein Männlichkeitsgefühl ist angeknackst, seine Genußfähigkeit ist eingeschränkt, sein Leben ist unwert, gelebt zu werden. Die Aussicht, älter zu werden und immer weniger körperliche und seelische Potenz zur Verfügung zu haben, erschreckt ihn maßlos. Lieber würde er gleich die Last eines freudlosen Lebens abwerfen.

Das sind Angelika, Hermann und Wolfgang, und wer glauben sollte, daß es sich dabei um seltene Ausnahmen handelt, der irrt sich. Diese drei Menschen waren drei von acht neuen Patienten, die in ein- und derselben Woche zu mir um Rat und Hilfe kamen. Ob ihnen zu raten und zu helfen ist, wollen wir später diskutieren; vorerst steht noch die Antwort auf die Frage aus, wie eine Gesellschaft strukturiert sein muß, um Patienten solcher Art hervorzubringen.

Ich will es folgendermaßen ausdrücken: Es muß eine Gesellschaft sein, deren oberste Maxime es ist, ihren Mitgliedern möglichst viel Unangenehmes zu ersparen. Daher muß es ein Sozialstaat sein mit einer starken Vorsorge für diverse Eventualitäten. Gleichzeitig aber muß es eine leistungsorientierte Gemeinschaft sein, die hochentwickelte Konsumgüter und technische Geräte zur Sicherung eines bequemen Lebensstandards bereitstellt. Ferner muß es eine Gesellschaft sein, in der Freiheit groß geschrieben wird, weil Unfreiheit ja zu den unangenehmsten Übeln zählt, in der es aber andererseits hohe gegenseitige Ansprüche gibt, weil keiner auf seine Bedürfnisbefriedigung verzichten will. Und es muß eine Kommunität sein, die Leid und Tod verdrängt, als gehörten diese tragischen Attribute nicht notwendig zum Leben, sondern seien lästige Betriebsstörungen, über die man sich berechtigterweise empören kann, wenn sie geschehen.

Die genannten Kriterien werden, wie man sieht, exakt von der sozialen Marktwirtschaft der westlichen Industriewelt erfüllt, die gewiß einen der am wenigsten fragwürdigen Entwürfe menschlichen Zusammenlebens darstellt. Ihre oberste Maxime jedoch hat eine bedenkenswerte Konsequenz: Je mehr an Unangenehmem ihren Mitgliedern erspart bleibt, desto weniger bewußt ist diesen ihren Mitgliedern, was ihnen überhaupt erspart geblieben ist, und desto weniger würdigen sie jenes „Ersparte", von dem Viktor E. Frankl meint, es sei geradezu eine Definition von Glück.

Prüfen wir unsere These, indem wir eine Reihe psychologischer Lehrbücher aufschlagen. Lesen wir uns quer durch die Menge an Beobachtungen und Kontrolluntersuchungen der empirischen und experimentellen Psychologie hindurch. Da sind alle menschlichen Regungen und Äußerungen bis ins Kleinste beschrieben, aber die Dankbarkeit ist nicht dabei. Die Dankbarkeit ist in der Psychologie, einer für die westliche Industriewelt repräsentativen Forschungsrichtung, vergessen worden. Ich habe mir die Mühe gemacht, tagelang in der einschlägigen Literatur danach zu suchen, aber es gibt faktisch keine psychologische Studie zum Phänomen der Dankbarkeit. Menschen, die unter guten Bedingungen leben, wissen, wie es scheint, wahrhaftig nicht, daß die Bedingungen, unter denen sie leben, gut sind, und sehen deshalb auch keinen Grund, sich zu freuen, dankbar und glücklich zu sein. Das Gute an ihren Lebensbedingungen ist für sie das Selbstverständliche, das gar keiner Erwähnung oder Gefühlsregung wert ist. Es hat einfach so zu sein, wie es ist. Aber wenn es so ist, wie es ist, hat das Leben keine Würze, keinen Geschmack, als wäre es – ohne Sinn.

Zwar bietet die psychologische Literatur zahlreiche hypothetische Erklärungen zur seelischen Verfassung von Patienten wie den genannten an. Demnach könnte bei Angelika, die sehr früh geheiratet und Kinder bekommen hat, ein ungestillter Nachholbedarf an ungebundenem Die-Jugend-in-vollen-Zügen-genießen-Dürfen wirksam sein. Hermann wiederum, der sich mit dem Thema seiner Diplomarbeit und dem näherrückenden Berufsziel einer politischen Laufbahn nicht identifizieren kann, könnte in eine Identitätskrise geraten sein. Und Wolfgang schließlich befindet sich, am Höhepunkt seiner streßvollen Karriere und vom eintönigen Familienleben ermüdet, offensichtlich in einer klassischen Midlife-crisis. Aber es fehlt trotzdem eine Erklärung für die Inkongruenz zwischen den äußeren reichhaltig positiven Tatsachen im Leben dieser Patienten und den inneren erschütternd negativen Zuständen in deren Seelenleben. Das vorhandene Intakte, Heile wirkt sich nicht heilend aus auf Nachholbedarf, Identitäts- und Midlife-Krise. Es ist, als wäre das Heile gar nicht vorhanden, weder in den Theorien der psychologischen Abhandlungen, noch im Bewußtsein der betroffenen Menschen.

Blättern wir jetzt im Franklschen Schrifttum nach, und zwar in demselben persönlichen Erfahrungsbericht, in dem das geflügelte Wort: „Glück ist, was einem erspart bleibt" gefallen ist. Gibt es eine Buchstelle, in der die Dankbarkeit zur Sprache kommt? Es gibt eine solche Stelle im Kapitel „Nach der Befreiung aus dem Lager", und wenn man sie als Psychologe liest, denkt man unwillkürlich an das heutzutage häufig zitierte PTS, das „Post Traumatic Stress Syndrome", das bei Vietnamveteranen und anderen Personen, die einen schweren Schock oder eine Phase immenser Belastung hinter sich haben und ins normale Leben nicht mehr zurückfinden, diagnostiziert wird. Läge hier, in dieser Buchstelle, vielleicht die Lösung zur Überwindung des PTS verborgen? Da steht geschrieben:

„Dann gehst du eines Tages, ein paar Tage nach der Befreiung, übers freie Feld, kilometerweit, durch blühende Fluren einem Marktflekken in der Umgebung des Lagers zu; Lerchen steigen auf, schweben zur Höhe, und du hörst ihren Hymnus und ihren Jubel, der da droben im Freien erschallt. Weit und breit ist kein Mensch zu sehen, nichts ist um dich als die weite Erde und der Himmel und das Jubilieren der Lerchen und der freie Raum. Da unterbrichst du dein Hinschreiten in diesen freien Raum, da bleibst du stehen, blickst um dich und blickst empor – und dann sinkst du in die Knie. Du weißt in diesem Augenblick nicht viel von dir und nicht viel von der Welt, du hörst in dir nur einen Satz, und immer wieder denselben Satz: ‚Aus der Enge rief ich den Herrn, und er antwortete mir im freien Raum.' – Wie lange du dort gekniet hast, wie oft du diesen Satz wiederholt hast –, die Erinnerung weiß es nicht mehr zu sagen ... Aber an diesem Tage, zu jener Stunde begann dein neues Leben – das weißt du. Und Schritt für Schritt, nicht anders, trittst du ein in dieses neue Leben, wirst du wieder Mensch." *

Kommen wir, diese Buchstelle im Ohr, noch einmal auf Angelika, Hermann und Wolfgang zurück. Stellen wir uns jene drei Patienten bei einem Spaziergang über ein freies Feld vor. Stellen wir sie uns vor, wie sie dem Gesang der Lerchen lauschen, wie sie ihr Herz der Weite ringsum öffnen, wie sie stehen bleiben, um sich blicken, als würden sie plötzlich erwachen, und auf die Knie sinken in Dankbarkeit – und wie sie nach einer unbestimmten Zeit, von der die Erinnerung nichts weiß, eintreten in ein neues Leben, Schritt für Schritt wieder Mensch werden. Ist das nicht eine schöne Imagination? Wäre das nicht ihre Heilung? Aber was hindert sie daran? Es hindert sie daran das nicht-erlebte Grauen – eine makabre Feststellung! –, das nicht-erlebte Lager, um auf den Franklschen Text Bezug zu nehmen, sie haben niemals aus der Enge gerufen und also keine Antwort vernommen im freien Raum ...

Was ist da zu tun?

Nun, eines gewiß nicht: Es ist diesen Menschen nicht zu wünschen, daß sie das Grauen kennen lernen. Auch wenn spitze Zungen immer wieder behaupten, manch einem müßte es nur schlecht genug gehen, dann würde er sich schon besinnen, so kann doch eine therapeutische Hoffnung nicht in einer Art „Verordnung zum Schmerz" gründen. Auch wirken aufrüttelnde Schmerzen einzig dann, wenn das Leben sie „ver-

* Viktor E. Frankl, „... trotzdem Ja zum Leben sagen", dtv Nr. 30050, München, 11. Auflage 1992, Seite 143.

ordnet“; uns, die wir in Heilberufen tätig sind, stehen solch drastische Mittel nicht zu. Wir wollen und dürfen also niemandem ein negatives Schicksal wünschen, aber wir können einen Kunstgriff anwenden, den ich im folgenden näher ausführen möchte. Wir können diesen Menschen das negative Schicksal, das ihnen aus der eigenen Erfahrung heraus fremd ist, *im Konjunktiv bewußt machen.*

Der Konjunktiv ist bekanntlich die Aussageweise der Vorstellung. Er spricht von dem, was *sein könnte* oder *hätte sein können,* falls andere Umstände *gewesen wären.* Und wenn es stimmt, daß zwar zwischen positiven Tatsachen und Glück eine dürftige Korrelation besteht, wie eingangs angedeutet, dafür aber zwischen negativen Tatsachen und Leid eine wesentlich stärkere Verbindung herrscht, dann – so der Kunstgriff – müßte ein therapeutisch eingeleitetes Revue-passieren-Lassen von möglichen negativen Tatsachen, die auch alle *gewesen hätten sein können,* in der Phantasie eines Menschen eine hinreichende Vorstellung von Leid erwecken, um ihn zur angestrebten Besinnung zu bringen. Die These hat sich bewahrheitet: Wo ein positives Schicksal für selbstverständlich genommen und nicht geschätzt wird, kann die Reaktivierung seiner Wertschätzung nicht anders mehr zustande kommen als über die Bewußtmachung eines konträren, nämlich negativen Schicksals im Konjunktiv. Erst die Wahrnehmung dieses Kontrastes zwischen Möglichem und Tatsächlichem mit einer eindeutigen Bevorzugung des Tatsächlichen enthüllt den Wert dieses Tatsächlichen, das mit einem Mal nicht mehr selbstverständlich erscheint.

Schauen wir uns, bevor ich von Angelika, Hermann und Wolfgang weiterberichte, an Hand einer graphischen Übersicht an, was unser Kunstgriff bewirkt, und beginnen wir zunächst mit einer Analyse dessen, was das Selbstverständlich-Nehmen eines positiven Schicksals bewirkt. Dies ist im rechten Ast der Graphik dargestellt. Das Selbstverständlich-Nehmen zieht nicht nur die fehlende Wertschätzung und Dankbarkeit für das Erfreuliche im Leben nach sich. In einer weiteren Konsequenz verdunkelt es das Verständnis für andere Menschen, deren Schicksal nicht so positiv, sondern härter und tragischer verlaufen ist. Ihr Kummer kann nicht mitgefühlt, ihr Leid nicht nachempfunden werden. Marie Antonette soll vor Ausbruch der Französischen Revolution auf die Nachricht, daß das Volk kein Brot mehr habe, mit den keineswegs zynisch gemeinten Worten: „Dann soll es halt Kuchen essen!" reagiert haben. Jemand, für den das Vorhandensein von Lebensmitteln selbstverständlich ist, der begreift den Hunger nicht – wie sollte er auch? Und wer den Hunger nicht begreift, schreitet nicht zur tätigen Hilfe.

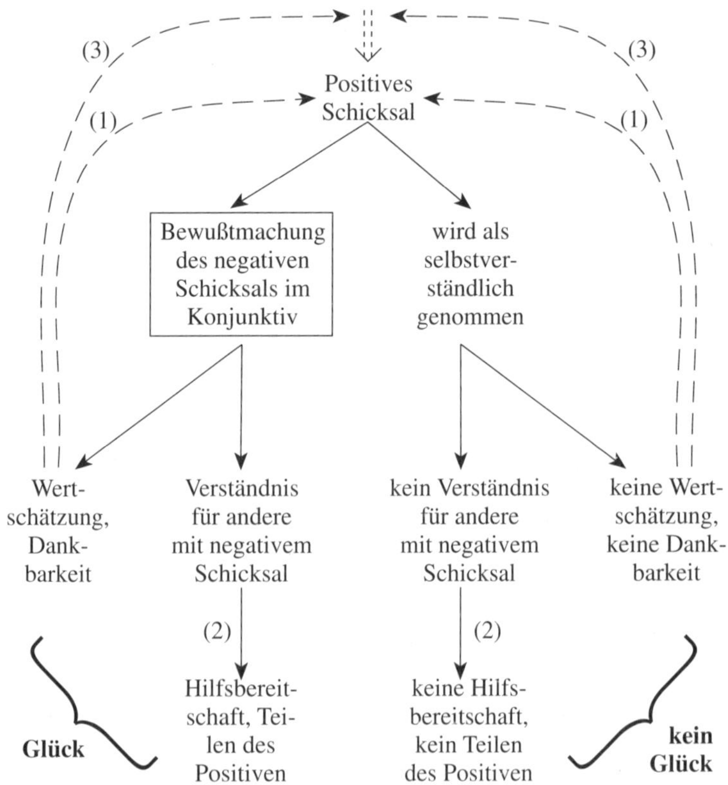

Beziehung zum eigenen Ich (1)
zum mitmenschlichen Du (2)
zu einem übermenschlichen Du (3)

Wenn das Positive in den eigenen Händen nicht erkannt wird als das, was es ist: ein kostbares Gut, welches „Leid erspart" – unsere alte Definition –, wird es auch nicht herangezogen, um fremdes Leid zu ersparen, wird es nicht geteilt und ausgeteilt. Beides zusammen aber, die fehlende Dankbarkeit und die fehlende Hilfsbereitschaft, rauben dem Menschen das Glück. Denn für Glück gibt es über das „einem erspart Gebliebene" hinaus noch eine ganz andere Definition: es ist die Summe des „charismatisch Abgestrahlten und des charismatisch Empfangenen", es ist der Fluß der Liebe zwischen einem Ich und einem Du.

Ein Mensch jedoch, der nichts abstrahlt, keine Dankbarkeit für die Geschenke seines Lebens und dem gegenüber, der der Gnadenquell aller Geschenke ist, und keine Hilfsbereitschaft denjenigen gegenüber, die auf eine brüderliche Teilung seiner Geschenke angewiesen sind, der empfängt auch nichts bzw. weiß Empfangenes nicht zu würdigen, er geht trotz aller Geschenke leer aus. Er watet durch das trockene Flußbett der Beziehungslosigkeit, dem kein Glück entsteigt. Die Ziffern im rechten Ast der Graphik kennzeichnen die gestörte Beziehung zum eigenen Ich, zum mitmenschlichen Du und zu einem übermenschlichen Du.

Wenden wir uns jetzt dem linken Ast der Graphik zu, in dem das Selbstverständlich-Nehmen eines positiven Schicksals gebremst und bekämpft wird durch die Bewußtmachung eines negativen Schicksals im Konjunktiv. Der Patient wird zu diesem Zweck (ähnlich wie beim Katathymen Bilderleben, nur mit unterschiedlicher Zielsetzung) in entspanntem Zustand in eine unwirkliche Lebenslandschaft geleitet. Der Therapeut macht nicht allzu viele Vorgaben, doch er nimmt in der tagträumerischen Vorstellungswelt des Patienten einige essentielle Inhalte des positiven Schicksals heraus. Um etwaig aufkommende Erwartungsängste zu vermeiden, die wir ja auf keinen Fall erzeugen wollen, wird der Patient ferner zeitlich zurückversetzt; was er im Konjunktiv an Bildern vor sein inneres Auge ruft, soll Vergangenes sein, nicht Zukünftiges, soll eben nicht-stattgefunden-habendes Vergangenes sein, das allerdings jederzeit hätte stattfinden können.

Zur Exemplifizierung bietet sich eine Fortsetzung unserer drei Fallschilderungen an.

Angelika wurde im Beratungsgespräch instruiert, die Augen zu schließen und sich auf folgenden Gedankenflug einzulassen. Sie sei nicht 27, sondern erst 22 Jahre alt. Ihr Sohn sei bereits auf der Welt, eine Tochter habe sie noch nicht. Gestern sei sie mit dem Einjährigen bei einer ärztlichen Routineuntersuchung gewesen und habe dabei erfahren, daß ihr Sohn an einem angeborenen Herzfehler leide und in Lebensgefahr schwebe. Zwar gäbe es eine komplizierte Operation, die ihn retten könnte, aber Garantien für ein Gelingen lägen nicht vor. Im Gegenteil, wenn die Operation mißlinge, sei es sein Tod. Gestern abend habe sie – noch ganz unter dem Schock des Erfahrenen – mit ihrem Gatten darüber zu sprechen versucht, aber dieser sei eher abweisend gewesen. Sie habe ein Kind gewollt, und nicht er, und nun müsse sie auch die Entscheidung treffen. Außerdem sei er nicht bereit, viel Geld in eine aussichtslose Operation zu stecken. Die therapeutische Anweisung endete mit der Instruktion, Angelika möge sich vorstellen, sie gehe in diesem Augenblick, ihren kleinen Sohn im Kinderwagen vor sich herschiebend, einen langen, einsamen Feldweg entlang und denke nach. Was sieht sie, was tut sie, was geht in ihr vor?

Anfangs war die Patientin ganz Rebellion. Selbstverständlich werde sie ihr Kind operieren lassen. Dazu brauche sie keinen Mann, der ihr sagt, was sie zu tun habe. Allmählich wurde sie kleinlauter. Freilich, das nötige Geld müsse sie von ihm erbitten. Mit einem kranken Kind könne sie auch auf absehbare Zeit nicht arbeiten gehen. Hier ein Ausschnitt aus ihrer „Visualisierung“: „Ich gehe langsamer. Der Feldweg scheint kein Ende zu haben, als führe er zu keinem Ziel. Wenn ich meinen Sohn anschaue, der fröhlich und ahnungslos im Kinderwagen zappelt, packt mich der Drang, ihn herauszunehmen und an meine Brust zu drücken. Ganz fest, als könnte ich ihn damit schützen vor dem, was auf ihn zukommt. Ja, ich nehme ihn heraus und setze mich mit ihm unter einen Baum am Wegrand. Gott, ist es schwül, mir rinnt der Schweiß von der Stirn in die Augen. Plötzlich wird das Kind so ruhig. Ist das schon eine beginnende Schwäche seines kleinen Körpers? Oder merkt es einfach, wie mir zumute ist? Nein, es schläft ein, und auch ich bin müde. Ich kann fast nicht mehr denken, alles dreht sich im Kreis. Ich möchte schlafen, abschalten, mit meinem Sohn im Arm unter diesem Baum liegen bleiben ..."

Drei Wochen später, bei unserem nächsten Beratungsgespräch, berichtete Angelika, daß sich die Szene mit dem Baum am Wegrand inzwischen realisiert hatte. Bei einem gemeinsamen Wochenendausflug hatte sich ihr Ältester beim Radfahren derart verausgabt, daß er danach müde auf ihrem Schoß eingeschlafen war, während ihr Mann mit der Tochter noch Ball gespielt hatte. Das friedlich schlafende Kindergesichtchen betrachtend waren in ihr die Bilder hochgestiegen, die wir bei unserem ersten Gespräch miteinander beschworen hatten, und parallel dazu wäre ein nie gekanntes, warmes Gefühl über sie gekommen. Sie beschrieb es als „Sehnsucht nach dem Dableiben", da, bei ihren zwei gesunden Kindern und ihrem Mann, der gerade mit der Kleinen herumtollte, ganz seiner Familie verbunden und zugetan. Sehnsucht nach dem Dableiben anstatt Sehnsucht nach dem Davonlaufen – schon hatte die Wirkung der Dankbarkeit für das positive Schicksal begonnen.

Hermann erhielt seiner Situation gemäß eine andere Instruktion. In entspanntem Zustand sollte er sich ins Alter von 22 Jahren zurückversetzen. Zu diesem Zeitpunkt sei in einem Nato-Land Krieg ausgebrochen und Hermann erwarte jeden Tag seinen Einberufungsbefehl. Er wisse, daß er sich dem Wehrdienst nicht entziehen könne, weil der Ernstfall, an den er nie recht geglaubt hatte, eingetreten sei. Eine politische Lösung sei weit und breit nicht in Sicht. Hermann befinde sich auf dem Weg zu seinen Eltern, die in heller Sorge um ihn sein würden. Er schlendere durch eine Einkaufsstraße, um ein „Abschiedsgeschenk" für sie zu besorgen. Was sieht er, was empfindet er dabei, was geht in ihm vor?

Seltsamerweise war auch Hermann am Anfang rebellisch. „Was geht mich der Scheißkrieg an?“ schimpfte er, „Die sollen sich einen anderen als Kanonenfutter suchen!“ Und auch bei ihm ging der Gefühlsausbruch relativ rasch zurück. Es sei nicht leicht zu desertieren, überlegte er, man müsse unbemerkt ins Ausland gelangen, aber im Kriegsfall sind überall Kontrollen. Ohne finanziellen Nachschub aus der Heimat komme man auch im Ausland nicht weit. Und das abgebrochene Studium? Die Eltern werden sich zu Tode grämen. Was soll da ein Abschiedsgeschenk? Hier wieder ein Ausschnitt aus seiner „Visualisierung“: „Ich stehe vor einem Schaufenster und starre hinein, aber ich nehme nichts wahr. Soll ich mich stellen, soll ich in den Krieg ziehen? Vielleicht komme ich als Held zurück. Vielleicht komme ich nicht zurück. Wofür überhaupt kämpfen? Für die Chance eines fragwürdigen Heldentums? Ich weiß zutiefst: ich bin kein Held. Was bin ich sonst? Wer bin ich? Ich kann doch nicht fallen, bevor ich herausgefunden habe, wer ich bin?“

Als mich Hermann nach diesem Gespräch verließ, war er merklich mitgenommen. Das negative Schicksal im Konjunktiv war nicht spurlos an ihm vorübergegangen, und ich erwog im nachhinein, ob ich ihn etwas zu hart angefaßt hatte. Bei unserem nächsten Gespräch überraschte er mich jedoch mit der Mitteilung, daß er sich in dem von seinem Professor vorgeschlagenen Wissenschaftsinstitut kurz entschlossen zum Praktikum gemeldet hatte. Er würde es sogar früher als geplant antreten. „Woher kommt diese Eile?“ fragte ich ihn neugierig. „Ich habe die Politik als Gegenstand meines Interesses wiedergefunden“, antwortete er mir ernst, „und möchte mein Studium vorantreiben. In letzter Zeit gefällt mir der Gedanke, vielleicht in ferner Zukunft bei der UNO mitzumachen. Das würde mich reizen und mir eine Kombination meiner Reiseambitionen mit meiner politischen Karriere erlauben.“ Als er von der UNO sprach, wurde ich aufmerksam. Stand etwa die Idee, daß nur eine gute Politik kriegerische Auseinandersetzungen verhindern kann, in Verbindung mit der durchlebten Einberufung zum Wehrdienst im Konjunktiv? Wie dem auch sei, Hermann ist meiner Ansicht nach jetzt dabei, zu entdekken, wer er ist und noch werden kann.

Bei Wolfgang war es am schwierigsten, eine adäquate Instruktion zu entwickeln. Denn nahezu jedes vorgestellte negative Schicksal würde seine Selbstmordtendenz steigern. Wir brauchten ein negatives Schicksal mit Herausforderungscharakter, bei dem er nicht einfach würde kapitulieren wollen. Ich wählte einen Zeitpunkt am Anfang seiner ärztlichen Laufbahn vor ca. 18 Jahren und bat ihn, sich vorzustellen, es sei ihm ein Kunstfehler unterlaufen. Eine Patientin, der er ein bestimmtes Medikament verordnet habe, sei an einer Medikamentenunverträglichkeit gestorben. Es sei strittig, ob er verpflichtet gewesen wäre, diese Möglichkeit vorher durch zusätzliche Labortests auszuschalten, aber jedenfalls sei seine Praxis für die Zeit der gerichtlichen Untersuchung geschlossen worden. Dadurch sei er momentan zur Untätigkeit verurteilt und müsse sich auf einen unangenehmen Prozeß gefaßt machen. Wolfgang sitze gerade an seinem Schreibtisch zu Hause und arbeite seine Verteidigungsstrategie aus, aber in seinem Innersten wisse er, daß bei allem, was zu seinen Gunsten spräche, ein Körnchen Schuld bei ihm verbliebe. Was spielt sich in seinem Herzen ab, während er mit sich allein am Schreibtisch sitzt?

Wolfgang rebellierte ganz und gar nicht, er rührte sich lange Zeit nicht. Als er sprach, war seine Stimme heiser und belegt. Es sei das Schlimmste, was ihm passieren könne. Diese Schande, diese Last auf seinem Gewissen. Dagegen verblasse jede andere Herabsetzung seiner Person. Überhaupt könne, wenn er es genau bedenke, niemand ihn mit Fug und Recht herabsetzen, aber ein eigener ärztlicher Fehler – wie solle er damit leben? Damit wolle er weder leben noch sterben, nicht als Arzt-Versager. Der Patient versank in Schweigen. „Was sehen Sie jetzt?“ fragte ich, um ihn im Zuge seiner „Visualisierung“ zum Weitersprechen zu bewegen. Da sagte er etwas völlig Unvermutetes, nämlich: „Ich sehe mich ein Gelübde ablegen. Ich gelobe, falls ich meine Praxis weiterführen darf, ein gewissenhafter Arzt zu sein und meine Patienten sorgfältig zu behandeln. Nie mehr soll mir ein solcher Fehler unterlaufen.“

Nachdem ich Wolfgang in die Gegenwart zurückgeholt hatte, konnte ich mir nicht verkneifen, ihn zu fragen, ob ihm in der Wirklichkeit jemals ein Kunstfehler unterlaufen sei. Er lächelte mich an, und es war das erste Mal, daß ich ihn lächeln sah. „Nein“, antwortete er, „das Gelübde, das ich soeben abgelegt habe, halte ich bereits seit zwei Jahrzehnten.“ „Dazu gratuliere ich Ihnen“, rief ich spontan aus. „Ja“, meinte er, immer noch lächelnd, „dazu kann ich mir direkt selbst gratulieren.“ „Je älter Sie werden“, nahm ich den Faden nochmals auf, „desto länger hat Ihr Gelübde gehalten, desto länger sind Sie ein gewissenhafter Arzt gewesen, und desto mehr Grund haben Sie, sich zu Ihrem Leben zu gratulieren.“ Da war es, als spränge das Lächeln von seinen Lippen auf seine Seele über. „Dieser Gedanke hilft mir ungemein“, beteuerte mir Wolfgang beim Abschied, derselbe Wolfgang, der zu Beginn unseres Gesprächs geäußert hatte, das Älterwerden und der Verlust an körperlicher und seelischer Potenz erschrecke ihn dermaßen, daß er lieber gleich sterben würde.

Verlassen wir damit Angelika, Hermann und Wolfgang in der Hoffnung, daß sie „Schritt für Schritt, nicht anders, in ein neues Leben eintreten und wieder Mensch werden“, wie es im früher zitierten Frankl-Text heißt, und werfen wir einen Blick zurück auf die Graphik auf Seite 136. Mit der aufkeimenden Dankbarkeit und Wertschätzung haben sich, zumindest bei Hermann und Wolfgang, auch Bezüge zu anderen Menschen mit negativem Schicksal angedeutet. Das Verhindernwollen von Krieg, das Vermeidenwollen von ärztlichen Kunstfehlern kennt ein Du, welches leidet, und gilt diesem Du in Sympathie. Eine Bewußtmachung des negativen Schicksals im Konjunktiv fördert die Einfühlung und damit die Hilfsbereitschaft; das Sich-bewußt-Sein eines Positiven inspiriert zum Teilen des Positiven. Wo sich aber Dankbarkeit und Hilfsbereitschaft paaren, ist das Glück, definiert als die Vereinigung des charismatisch Abgestrahlten mit dem charismatisch Empfangenen, nicht fern, wie dargelegt.

Zusammenfassend läßt sich sagen: Die von Viktor E. Frankl sobenannten *Einstellungswerte,* mit denen die Tapferkeit und Würde eines Menschen gemeint ist, der ein unabwendbares negatives Schicksal aufrecht trägt, bedürfen der Ergänzung durch ihr Pendant, durch *Einstellungswerte,* mit denen die Weisheit und Güte eines Menschen gemeint ist angesichts eines ihm gewährten positiven Schicksals. Und zwar Weisheit insofern, als ihm bewußt ist, daß ein positives Schicksal nicht bestellt und geordert werden kann, sondern eine „unverdienbare" Segnung ist von der Art, über die Zenta Maurina schreibt:

„Es gibt Lichtaugenblicke, die das ganze Leben überstrahlen, Oasen, die den Durst langer gemeinsamer Wüstenwanderungen stillen. Wer sie vergißt, war nicht wert, ihnen zu begegnen und wird sie nie wiederfinden." *

Und Güte insofern, als zunehmend klar wird, daß derjenige, der Lichtaugenblicke empfangen hat, aufgerufen ist, selber zum Lichtaugenblick für andere zu werden.

Auf dem 8. Weltkongreß für Logotherapie im Juni 1991 in San José/Kalifornien wurde die fast provokante Frage gestellt, was die Logotherapie wohl dem 21. Jahrhundert zu geben haben wird. Müßte ich diese Frage in einem einzigen Satz beantworten, würde ich es so formulieren: Die Mitgift der Logotherapie für dieses Jahrhundert betrifft zum einen die *Überwindung der Verzweiflung* am Negativen mit Hilfe einer Lebensphilosophie, die auch das daseiende unstillbare Leid noch miteinbegreift, und zum anderen die *Überwindung der Dankbarkeitsvergessenheit,* die an allen Sinnkrisen und Glücksabsenzen ursächlich mitbeteiligt ist und unsensibel macht für das stillbare Leid rings um uns, das gestillt werden könnte, weil genug Positives in der Welt ist für alle.

* Zenta Maurina, „Welteinheit und die Aufgabe des Einzelnen", Maximilian Dietrich Verlag Memmingen.

Aggressionsverzicht – eine humane Möglichkeit?

Zu den Wurzeln der Aggression gibt es zahlreiche Theorien, die nahezu alle ihre Richtigkeit haben, aber trotzdem nicht zufriedenstellend sind. Was diesen Theorien abgeht, ist der von Viktor E. Frankl geforderte Einstieg in die spezifisch humane Dimension des Menschen. Welchen Aspekt sie auch betonen, stets sind es im Grunde animalische Aspekte, die dazu dienen sollen, menschliche Aggressionen zu erklären. Dabei bleibt ein Rest an Unbehagen zurück: freilich ist der Mensch auch ein Tier, aber ist er nicht zugleich wesentlich mehr als ein Tier? Wo spiegelt sich dieses „Mehr als ein Tier" in den gängigen Aggressionstheorien wider?

Dieter E. Zimmer hat in seinem Buchkapitel „Kain und Konsorten" * eine ausgezeichnete Zusammenfassung der bedeutendsten Aggressionstheorien verfaßt, welche es sogar einem Laienleser ermöglicht, Vergleiche zwischen den einzelnen Interpretationen anzustellen. Demgemäß lokalisierte ca. die Hälfte der bisherigen Forscher die Wurzeln der Aggression in der biologischen Dimension des Menschen, während die andere Hälfte glaubte, sie in der psycho-sozialen Dimension des Menschen entdecken zu können.

Zur ersten Kategorie zählte bereits Thomas Hobbes im 17. Jahrhundert, der davon sprach, daß der Mensch von angeborenen Leidenschaften besessen sei, die zerstörerisch sind und einer ständigen, machtvollen Kontrolle bedürfen. Ihm folgte Sigmund Freud nach, der von einem aller belebten Materie innewohnenden „Todestrieb" ausging, nämlich dem unbewußten Wunsch, zur unbelebten Materie zurückzukehren. Eine aggressive menschliche Handlung sei dann sozusagen die Ver-

---

* Dieter E. Zimmer, „Experimente des Lebens", Haffmans Verlag, Zürich 1989.

schiebung des eigenen Todestriebes auf eine andere Person. In modernerer Version entwickelte Konrad Lorenz die These, daß die Aggression ein zweckgebundenes biologisches Phänomen sei, das die Verteilung der Tiere (und Menschen) im Raum sowie die natürliche Zuchtauswahl des jeweils Stärkeren fördere. Als spontaner, angeborener Trieb staue sie sich auch ohne äußeren Anlaß auf und müsse möglichst harmlos, etwa im Sport, abreagiert werden. (Daß eine rege Betätigung im Sport aggressives Verhalten tatsächlich unterbinde, ist nicht nur mittlerweile von Richard Sipes empirisch widerlegt worden, sondern spätestens seit den gefährlichen Ausschreitungen anläßlich internationaler Fußballspiele als unzutreffend erkannt worden.)

Zur zweiten Kategorie zählte bereits Jean-Jacques Rousseau im 18. Jahrhundert, der den Menschen als von Natur aus „gut" deutete, lediglich „verdorben" durch die Gesellschaft. Der Besitz sei die Urwurzel allen Neides und aller Habgier. John Dollard entwickelte in Analogie dazu die berühmt gewordene „Frustrations-Aggressions-Theorie", wonach jedwede Aggression die Folge einer erlebten Frustration sei. (Die Annahme Karl Menningers, daß aggressive Erwachsene als Kleinkinder zuviel und zuoft frustriert worden seien, hat sich allerdings, wie Paul Kline gezeigt hat, statistisch nicht nachweisen lassen.) Erich Fromm fügte den Aspekt der erziehungsbedingten Charakterfehlentwicklung dazu, wonach die Qual der Mitmenschen sadistische Gelüste befriedige. Und Albert Bandura definierte die Aggression schlechthin als sozial gelernt, sei es auf dem Weg des Belohntwerdens („Verstärktwerdens") eigenen aggressiven Verhaltens, sei es auf dem Weg der Nachahmung fremder aggressiver Vorbilder.

Die Schlußfolgerung, die aus den unterschiedlichen Denkansätzen zu ziehen ist, ist zweifellos die, daß es keine rein endogenen oder exogenen Wurzeln der Aggression gibt, sondern Biologisches und Psycho-soziales in einem komplexen Prozeß miteinander vernetzt zur Wirkung kommen. Dennoch muß beim Menschen mehr im Spiel sein. Eibl-Eibesfeldt sprach vom „schlechten Gewissen", das den Menschen bedränge, wenn er z. B. gegen das (gesellschaftliche?) Gebot: „Du sollst nicht töten" verstößt. Jost Herbig legte an Hand eines Völkervergleichs dar, daß sich Menschen auf derselben biologischen Grundlage durchaus unterschiedlich verhalten können. Kornadt bewies bei einem ähnlichen Kulturenvergleich, daß Frustrationen überall in der Welt Aggressionen erzeugen, dasjenige jedoch, das mittels dieser Aggressionen geschieht, stark divergiert. Offenbar existiert beim Menschen ein zusätzlicher Faktor, den wir „ Aggressionsschranken" nennen wollen, der letztlich entscheidet, ob eine wie immer entstandene Aggression Schaden stiften darf oder nicht, und in welchem Ausmaß sie es darf. Wobei wir den Begriff „Aggressionsschranken" vom Begriff der „Aggressionshemmungen" im Kornadtschen Sinne insofern abgrenzen möchten, als es sich bei ihnen um freiwillige Schranken, um selbstauferlegten Aggressionsverzicht handelt und nicht um psychische Blockaden eines Triebes, der aus irgendeinem Grunde nicht ausagiert werden kann.

Konrad Lorenz hat sich bei seinen vielfältigen Forschungen u.a. mit dem Phänomen der „Tötungshemmung" bei Tieren befaßt, wonach Artgenossen einander normalerweise nicht angreifen. Hinsichtlich des Menschen vertrat er die Ansicht, daß die auch in den Menschen eingebaute Tötungshemmung außer Kraft gesetzt worden sei, weil sich der Mensch künstliche Waffen geschaffen habe, die ein unmittelbares Ringen mit dem Gegner unnötig machen. Ohne den direkten Blick in die Augen des Artgenossen funktioniere die Tötungshemmung nicht. Diese pessimistische Aussage, an der sicher etwas Wahres ist, bedarf der Ergänzung. Der Mensch ist nicht nur ein biologisches, sondern auch ein geistiges Wesen. Als ein solches ist er der Werterfassung fähig, ist er fähig, den Sinn von so etwas wie Nächstenliebe, Brüderlichkeit und Frieden zu erschauen. Hier kommt eine übergeordnete, den Tieren nicht zugängliche Dimension ins Spiel, die – vielleicht als Ausgleich zum Verlust der automatischen Tötungshemmung – dem Menschen jene bereits erwähnten Aggressionsschranken in die Hände legt und es seiner Eigenverantwortung überläßt, sich nach ihnen zu richten. Aggressionsschranken, die zu ihrer Errichtung nun nicht mehr des Blicks in die Augen des Gegners bedürfen, sondern eines Blicks in die vom Gewissen erschlossenen Gefilde dessen, was menschenwürdiges Leben bedeutet.

In diesem Zusammenhang möchte ich über eine interessante Fernsehsendung vom September 1991 berichten. Thema der Sendung war die alarmierend zugenommene Aggressivität an deutschen Schulen. Bereits an den Grundschulen sind brutale Prügeleien unter den Kindern beobachtbar; Erpressungen und Demütigungen stehen gleichsam auf der Tagesordnung. Im Laufe der Fernsehsendung wurde eine Reihe von Experten aus pädagogischen und psychologischen Disziplinen dazu befragt, und erneut wurden die alten Ursachentheorien gewälzt: der Schulstreß, die Reizüberflutung, die Anonymität in der Masse, die schlechten Vorbilder und die häuslichen Probleme würden die Kinder aggressiv machen. Danach wurde eine Befragung von ganz anderen „Experten" eingeblendet, nämlich eine Umfrage unter den Schulkindern selbst. „Warum schlagt Ihr euch gegenseitig?", „Warum trittst du deinen Nachbarn?", „Warum verschmierst du deiner Klassenkameradin das Heft?" So und ähnlich wurde gefragt. Zur großen Überraschung bestand die häufigste Antwort, die das Fernsehteam erhielt, aus der schlichten Gegenfrage: „Warum nicht?" Der Kindermund sprach das Essentielle aus, das den Experten entgangen war: Warum soll man *nicht* schlagen, treten, quälen? Gibt es einen Grund, darauf zu verzichten? Und wenn ja, ist er bekannt, ist er bewußt? Wer verzichtet schon ohne Grund ...?

Wir sehen, nicht die Ursachen im Sinne eines Zuviels (an Streß, häuslichen Problemen etc.), sondern die Werte im Sinne eines Zuwenigs verschärfen die menschliche Aggressivität! Um dieses Problem in den Griff zu bekommen, müssen wir uns mit demjenigen beschäftigen, das *fehlt*, müssen wir Ausschau halten nach fehlenden Aggressionsschranken und nicht so sehr nach etwa vorhandenen Aggressionsursachen, die es immer geben wird, müssen wir Antworten auf die Frage

„Warum nicht?" parat haben und nicht bloß Spekulationen zur Frage „Warum?". Erst wenn Eltern und Lehrer, Staat und Gesellschaft wieder klare Vorstellungen über die unveräußerbare Würde des Menschen und über die Achtung selbst vor dem Schwächsten und Kränksten unter uns vermitteln, werden die Kinder vor Greueltaten zurückschrecken. Erst wenn der Unfug mit der „wertfreien Erziehung" gänzlich überwunden ist, werden Werte wieder ein Thema sein, über das man sprechen darf und muß zur Gewissensbildung, die allemal höher steht als jedwede Wissensbildung.

Dasselbe gilt für die großen zwischenmenschlichen Dramen, die uns aus aktuellen Anlässen heraus bewegen und in den Medien breitgetreten werden, wie der Ausländerhaß oder der sexuelle Mißbrauch von Kindern in Familien. Die zur Gewalt und abartigen Sexualität treibenden Kräfte sind nun einmal im Menschen, aber es kommt darauf an, *ob ihnen etwas entgegensteht,* das stark genug ist, sie zu zügeln. Ob sich eine Stimme im Menschen regt, die ihn im entscheidenden Augenblick zu sich selbst sagen läßt: „Das kann ich dem (oder der) nicht antun!", womit genaugenommen gemeint ist: „Können tue ich wohl, aber wollen tue ich nicht. Keine eingebaute Hemmung hindert mich daran, es zu tun, doch ich selbst bin es, der eine Schranke niederkurbelt, wo mich ein Schritt weiter ins Inhumane führen würde."

Der freiwillige Aggressionsverzicht, der erfolgt, weil die Liebe zum Nächsten stärker ist als der biologisch oder psycho-sozial präformierte Haß, ist unsere Hoffnung und Chance. Eine andere haben wir nicht, weshalb wir Experten mehr darüber nachdenken sollten, was für die Liebe spricht, als darüber, was den Haß heraufbeschworen haben könnte. Einer der wenigen Experten, dessen Nachdenken ein Leben lang in diese Richtung ging, ist Viktor E. Frankl. Im Bühnenstück „Synchronisation in Birkenwald" * gibt er eine großartige Antwort auf die Frage, was „für die Liebe spricht", und

* Viktor E. Frankl, „... trotzdem Ja zum Leben sagen", dtv Nr. 30050, München, 11. Auflage 1992, Seite 186.

obwohl dieses Stück 1948 geschrieben worden ist, könnte seine Antwort für die 90er Jahre brisanter und dringlicher sein als je zuvor. Da Kain als älteste Symbolfigur für das Problem „menschliche Aggression“ steht, verpackt Viktor E. Frankl seine Antwort in einen Dialog zwischen zwei Schicksalsgefährten über das Thema „Kainszeichen“:

Franz: ... sag mir einmal: Wozu hat der Herrgott dem Kain, dem ersten Mörder unter den Menschen, das Kainszeichen aufgedrückt?

Paul: Klar – damit man ihn erkennt, den Mörder, den Verbrecher, und vor ihm gewarnt ist und sich entsprechend verhält ...

Franz: Falsch! Sondern das Kainszeichen sollte dazu dienen, daß Kain nichts geschieht, daß die Menschen ihm nichts tun, ihn nicht mehr weiter strafen, nachdem er vom Herrgott bestraft worden war, und damit sie ihn in Ruhe lassen. Geht dir jetzt ein, wozu das Kainszeichen da war? Denk doch nur einmal darüber nach, was sonst geschehen wäre: das Morden hätte einfach nicht mehr aufgehört, ein Mord hätte den anderen ergeben, ein Unrecht das andere gezeugt –, wenn man immerfort Gleiches nur mit Gleichem heimgezahlt hätte. Nein! Endlich einmal soll die Kette des Bösen abgerissen werden!! Wir wollen nicht wieder und immer wieder Unrecht mit Unrecht vergelten, Haß mit Haß erwidern und Gewalt mit Gewalt! Die Kette, Paul, die ... Kette – das ist es! Die muß endlich gesprengt werden ...

„Die Kette muß endlich gesprengt werden“ – ist das nicht Argument genug, das für die Liebe und für einen freiwilligen Aggressionsverzicht spricht, selbst dann, wenn uns Aggressionen entgegengebracht oder wir sonst irgendwie frustriert worden sind? Niemand verlangt, daß wir alles schlucken und hinnehmen: wir dürfen uns verteidigen und wehren, uns schützen und unsere Interessen wahren, ja, wir müssen uns sogar aktiv mit unseren Gegnern auseinandersetzen. Aber ein negatives Gleiches muß nicht mit Gleichem vergolten werden, und ein

Unschuldiges darf nicht zum Ersatzobjekt für aggressive Entladungen werden, die sich anderswo nicht entladen können – *das* zu erkennen und zu bejahen ist unsere spezifisch humane Möglichkeit, der Hebel in unserer Hand, mit dessen Hilfe wir Schranken niedersenken können, wo weder die Natur, noch die Erziehung oder die Gesellschaft solche hingebaut hat, sondern wenn jemand, dann der, der hinter unserem Gewissen verborgen ist. „Der Mensch ist nur Person in dem Maße, als er von der Transzendenz her personiert wird: durchtönt und durchklungen vom Anruf der Transzendenz. Diesen Anruf der Transzendenz hört er ab im Gewissen“, schreibt Viktor E. Frankl dazu *.

Wir sind von der ausgezeichneten Zusammenfassung der bedeutendsten Aggressionstheorien im Buchkapitel von Dieter E. Zimmer ausgegangen und bei etwas gelandet, das wir in diesen Aggressionstheorien vermißt haben: beim Person-Sein des Menschen. Erfreulicherweise kommt Dieter E. Zimmer zum Ende seines Kapitels und Höhepunkt seiner Überlegungen ganz in der Nähe von uns an: beim Individuum bzw. beim Verlust des Individuum-Seins, beim Phänomen der „Deindividuation“. Aggressionen im Menschen haben – so seine letzte Schlußfolgerung – absolut freie Bahn, wenn der Mensch einer Deindividuation anheimfällt. Unter Deindividuation versteht man, einer Definition von Philip Zimbardo zufolge, jenen subjektiven Zustand, in dem sich der Einzelne von anderen nicht unterschieden fühlt und folglich keine Verantwortung für sein Handeln fühlt. Er begreift sich dann als Teilstück eines Ganzen, das von „Oberen“ gelenkt wird und sich nicht mehr selbst lenkt. Erwiesenermaßen sind die blutigsten und grausamsten Taten in der Geschichte der Menschheit von Menschen im Zustand der Deindividuation begangen worden: von Soldaten, die zu reinen Befehlsempfängern degeneriert sind, von besessenen Anhängern politischer Führer aller Art, von Gruppenmitgliedern, die zu gesichtslosen Banden,

---

* Viktor E. Frankl, „Der Wille zum Sinn“, Verlag Piper, München, Neuausgabe 1991, Seite 117.

Horden verschmolzen sind, von „entpersönlichten Wesen“ * einer Masse, in der der Einzelne sein Wichtigstes und Menschlichstes aufgegeben zu haben schien, eben sein Person-Sein und in einem damit sein Bewußtsein von Freiheit und Verantwortung. Daß dies gefährlich ist, daran besteht kein Zweifel, denn wer sich als marionettenhafter Handlanger fremder Befehle oder unüberprüfter Gruppenziele begreift, ist zu allem fähig. Für ihn gibt es keine Schranken mehr, auch keine Aggressionsschranken; zugleich mit seiner Individualität und Personalität büßt er seine Humanität bis zur Unkenntlichkeit ein. Was hierbei allerdings für seine Taten ursächlich zeichnet, das sind nicht biologische oder psycho-soziale Gesetze, die einfach in ihm wirksam würden, sondern das ist sein Sich-Überlassen jenen Gesetzen ohne sie zu transformieren in eine Ebene, in der wirkt, *was wirken soll,* und nicht wirkt, was vom menschlichen Geist unterbunden wird, *weil es nicht wirken soll.*

Im Menschen ist alles drinnen, Engel und Teufel. Gibt es etwas, das für das Engel-Sein spricht? Einen Logos? Einen Sinn? Hören wir nie auf, danach zu suchen und zu fragen, denn wenn nicht, ist Teufel-Sein angesagt. Wir haben die Wahl.

---

* Vgl. dazu Viktor E. Frankl, „Ärztliche Seelsorge“, Fischer TB Nr. 42302, Frankfurt am Main, 4. Auflage 1992, Seite 113ff.

Mosaiksteine einer logotherapeutischen Seel-Sorge

Zwei ladenhüterische Rezepte

Gerhard Pfohl * hat einmal kritisch angemerkt, daß die Klinische Psychologie im Großen und Ganzen mit zwei ladenhüterischen Rezepten auskommt: mit „Seelenstocherei dessen, was der Mensch naturgewollt zu seinem Segen längst vergessen hat", und mit „der Verführung von Patienten, Reue so zu verstehen, daß sie auf die Brust eines anderen (meist der Eltern) zu klopfen hätten".

Glücklicherweise dürfte die Klinische Psychologie mittlerweile über dieses Stadium hinausgewachsen sein. Doch nicht so die Volkspsychologie. In der Bevölkerung kursieren die beiden Ladenhüter weiterhin und desensibilisieren die „Verführten" für die Wahrnehmung ethischer Zusammenhänge. Dies soll praktisch und theoretisch an je einem Beispiel demonstriert werden.

Das praktische Beispiel

Eine 30jährige Frau hat keine positive Beziehung zu Männern. Trotzdem sehnt sie sich nach Familie und Kindern. Sie erklärt das Scheitern ihrer bisherigen Partnerschaftsversuche damit, daß ihr Vater eine sehr autoritäre Persönlichkeit gewesen sei. Er habe sie kaum zu Wort kommen lassen, ihre Ideen regelmäßig abgewürgt und ihr stets viel dreingeredet. Deswe-

* Univ. Prof. Dr. Gerhard Pfohl ist Direktor des Instituts für Medizin und Medizinische Soziologie der Technischen Universität München, Klinikum rechts der Isar.

gen sei sie mißtrauisch geworden gegen alle Männer, fühle sich von ihnen schnell vereinnahmt und blocke engere Kontakte mit ihnen ab. Fazit: ihr Vater habe ihr durch seine ungute Erziehung spätere gute Partnerschaften „vermiest".

Logotherapeutisch würde zur Sachlage folgendermaßen argumentiert: Angenommen, diese Frau schätzt ihren Vater und sein Verhalten richtig ein (was keineswegs sicher ist), so liegt es dennoch an ihr, inwieweit sie sich hinreißen läßt, die Erlebnisse mit ihrem Vater auf andere Menschen zu übertragen – auf Menschen, die an ihren Kindheitserlebnissen unschuldig sind! Sobald sie einem Bekannten, der wahrlich nichts dafür kann, wie sie erzogen worden ist, mit grundsätzlichem Mißtrauen begegnet, wird sie diesem Bekannten nicht gerecht, ja, sie wird ihn als Freund verlieren. Das heißt, *sie* „vermiest" sich selber eine potentielle Partnerschaft. Sie kann sich demnach nicht mehr bloß begreifen als jemand, der Leid empfangen hat, sondern muß sich auch begreifen als jemand, der Leid weitergibt bzw. austeilt.

Fragen wir nach den Menschenbildern, die hinter den beiden Interpretationen stehen. Die Erklärung der Frau entspricht dem tiefenpsychologischen Menschenbild, in dem der Mensch beschrieben wird als „von unbewußten Kräften bestimmt, über die er nicht verfügen kann, von denen er quasi gelebt wird". Die logotherapeutische Argumentation geht hingegen von einem Menschenbild aus, in dem der Mensch bewußte Entscheidungen treffen kann, diese aber auch auf ihre Verantwortbarkeit hin überprüfen muß. Verantwortbare Entscheidungen reduzieren das eigene und fremde Leid. Übertragungen jedoch sind vielfach *nicht verantwortbar.*

Die Dissonanz zwischen den beiden Menschenbildern besteht nur scheinbar in dem Kontrast „unbewußt getrieben" versus „bewußt entschieden". Genaugenommen handelt es sich um eine komplexere Kontraststruktur. Nämlich darum, ob das, was uns Menschen unbewußt treibt, wirklich von unausweichlicher Gewalt ist, oder ob uns eine Restmöglichkeit verbleibt, bewußt dagegen zu entscheiden, *wenn es sein soll.* So gesehen zentriert sich die logotherapeutische Auffassung um den Glauben an die Restmöglichkeiten des Menschen angesichts unbewußter Triebhaftigkeit und Prägung. Ein Glaube, der sich kurzschließt mit einem zweiten Glauben des Inhalts, daß da etwas außerhalb des Menschen, aber im Rahmen des Machbaren des Menschen liegt, das *durch ihn* – durch die Aktivierung seiner Restmöglichkeiten – *sein und werden soll.* Auf die Frau im Beispiel bezogen: daß es nette Männer in ihrer Begegnungssphäre gibt, die ihr Vertrauen verdienen, ein Vertrauen, anläßlich dessen Realisierung sie ihr eingeimpftes Mißtrauen endlich abstreifen würde.

Lautet daher die tiefenpsychologische Frage: Wie kann der Mensch seine Schwächen überwinden, wenn er sie nicht kennt?, lautet die logotherapeutische Gegenposition: Womit aber soll er sie überwinden, wenn er seine Stärken nicht kennt? Und: Stärken stammen nicht wie die Schwächen aus vergangenen Prägungen, sondern wachsen uns zu im Angefordertsein des Augenblicks.

Das theoretische Beispiel

Es gibt Menschen, die (fast) alles mit sich machen lassen. Sie sind schüchtern, begehren nicht auf, setzen sich nicht zur Wehr und auch nicht durch, weil sie sich selbst für minderwertig und unfähig halten, und ducken sich vor jedem, der etwas resoluter auftritt. Solche Menschen kann man leicht unter Druck setzen, und – unter Druck gesetzt – „spuren" sie auch meistens, was bedeutet, daß sie tun, was man von ihnen will, wenn man es mit dem entsprechenden Nach-druck verlangt.

Nun kommt es vor, daß sie ihre Schüchternheit ablegen wollen, weil ihnen der Druck seitens der Mitwelt zu viel wird, daß sie also „aufmüpfen". Leider fallen sie dann schnell ins andere Extrem, schreien z. B. Kollegen an, setzen selber Untergebene unter Druck, und zeigen an ausgefallenen Überreaktionen, daß sie nicht mehr bereit sind, sich zu ducken.

Dies sieht wie eine hoffnungsvolle Entwicklung aus, ist es aber selten. Denn auch der „umgedrehte Spieß" ist ein Spieß.

Ob man schüchtern ist oder andere einzuschüchtern versucht, macht im Prinzip keinen großen Unterschied: es werden lediglich die Rollen in einem unglückseligen Spiel vertauscht. Echte Weiterentwicklung verläuft nicht vom „Sich-alles-gefallen-Lassen" zum „Aggressiven-Aufmüpfen", sondern vom „Sich-alles-gefallen-Lassen" zum „Sinn-orientierten Handeln", und zwar zum Handeln, ob es anderen gefällt oder nicht, aber dennoch unter Berücksichtigung der Folgen für andere, und unter Rücksichtnahme auf deren Wohlergehen.

Viele Vorkämpfer für das sogenannte Selbstbestimmungsrecht der Person, das natürlich existiert, allerdings nur bis zu jener Grenze, wo die (angenehme) Bestimmung über sich selbst etwas Unangenehmes über eine andere Person zu bestimmen beginnt, entstammen jenem Kontingent an ehemals Schüchternen, die sich nichts mehr bieten lassen wollen, endlich Eigenes verwirklichen wollen usw. Vielleicht haben sie sich jahrelang unnötigerweise von irgendwelchen Tyrannen beherrschen lassen und schlittern nun ins Gegenteil: sie werden selbst zu verkleideten Tyrannen und verbergen ihr Tyrannentum geschickt unter den Parolen des Selbstbestimmungsrechtes. Dabei vergessen sie nur eines: immer noch ist es die Sprache der Gewalt, auf die sie früher *angesprochen* haben, und die sie jetzt *sprechen*. Es wurde keine neue Sprache gelernt ...

Gottfried Küenzlen, Theologe und Soziologe von der „Evangelischen Zentralstelle für Weltanschauungsfragen" schrieb 1988 im Buch „Im Sog der Psychoszene" einen bemerkenswerten Kommentar zum Bericht einer jungen Frau namens Gilda Boysen über ihre Erfahrungen mit der Psychotherapie, in der sie jahrelang auf Selbstbestimmung („Mehr Lust für Frauen") und Selbsterlösung getrimmt worden war. Sein Kommentar endet mit den Worten:

„Es gibt Tendenzen der Humanistischen Psychologie, die sich christlich nicht mehr rezipieren lassen. Wo die Philosophie des „Do your own thing" zur lebensbestimmenden Praxis wird, wo Mitmensch und Mitwelt nur noch Spiegel sind zur eigenen Selbsterkenntnis und -verwirklichung, da regiert ein anderer Geist als der des Evangeliums.

Und nicht um die „Reinhaltung“ der Kirche von den „bösen“ Einflüssen von außen geht es. Es geht um die Überzeugung, daß das Freiwerden auch von seelischem Leid, von den Lasten auch der eigenen Lebensgeschichte versperrt wird, wo ein Mensch immer nur wieder auf sich selbst zurückgeworfen wird. Man muß fragen: Führt nicht das Menschenbild, wie es etwa im „Gestaltgebet“ des Fritz Perls * formuliert ist, unausweichlich immer wieder hinein in die Verstrickungen des eigenen Selbst? Das seelische Leid, das solch humanistisch-psychologische Therapie heilen will – wird es nicht immer wieder auch produziert von dem Welt- und Menschenbild, dem es im Prozeß solcher Therapie ausgeliefert ist?

Wieviel Hunger nach Leben begegnet uns in Gilda Boysens Reisebericht durch die Psychoszene! Wieviel Verstrickung und Verwirrung aber auch in das eigene Ich! Dies freilich trifft sicherlich nicht nur auf diese Szene zu, sondern auch auf den Hauptstrom unserer Kultur und letztlich doch auch auf uns alle. So gilt es für uns in Kirche und Christenheit, gerade in der heutigen geistigen und geistlichen Lage, den Glauben neu buchstabieren zu lernen, der weiß, daß der Mensch zu seinem gelingenden Leben der Gnade bedarf; es gilt, unter den vielen Stimmen und Mächten der Zeit das Wort neu zu hören, das wir uns selbst nicht sagen können, das uns aber durch den geschenkt ist, der uns sagt: „Ich lebe und ihr sollt auch leben!“

Erst wenn die Psychotherapie „das Wort, das wir uns selbst nicht sagen können“ (den Logos) in ihre Konzepte miteinbeziehen wird, wird sie imstande sein, Patienten auf einen Weg zu führen, auf dem sich diese weder blindlings den Worten anderer unterwerfen, noch vermeinen, ihr eigenes Wort sei für sie und andere alleinseligmachend.

---

* „Ich tue, was ich tue; und du tust, was du tust. Ich bin nicht auf dieser Welt, um nach deinen Erwartungen zu leben. Und du bist nicht auf dieser Welt, um nach den meinen zu leben. Und wenn wir uns zufällig finden – wunderbar. Wenn nicht, kann man auch nichts machen.“

Phantasie und Angesprochensein

Im Mozartjahr gedachten viele Menschen des Wunderknaben Amadeus. Es heißt, daß ihm manchmal mitten beim Essen eine neue Melodie eingefallen sei und er sie in Ermangelung anderer Utensilien mit einem Bleistiftstummel auf seiner Serviette festgehalten habe. Die Geschichte ist durchaus glaubwürdig, denn phantasievolle Einfälle kommen ohne Vorankündigung und ohne sich an irgendwelche passenden Gelegenheiten zu halten, im Gegenteil, wenn sie auftreten *sollen,* wenn man ihrer bedarf, sind sie oft spurlos verschwunden.

Natürlich gleichen nicht alle phantasievollen Einfälle einem künstlerischen Funkenregen. Manche fallen dem Betroffenen eher wie ein Aschenregen aufs Haupt und färben seinen Gedankenhorizont düster ein. Dazu zählen phantasievolle Einfälle, die aus einer basalen und geradezu „untröstlichen" Lebensangst geboren werden. In der psychotherapeutischen Praxis hört man die unglaublichsten Variationen solcher Einfälle, Ideen, wie sie kein Dichter reichhaltiger produzieren könnte. Zwangsneurotische Patienten etwa werden von den Phantasien geplagt, sie könnten in einem Augenblick geistiger Umnachtung kleine Kinder mit dem Messer aufspießen, wartende Passanten vor eine einfahrende U-Bahn stoßen oder Kreuze in einer Kirche beschmutzen – dies alles mit der fatalen Folge, daß sie sämtliche Messer aus ihrem Hause entfernen und U-Bahnhöfe sowie Kirchen in weiten Bögen umrunden, um sich vor sich selbst zu schützen. Angstneurotische Patienten wiederum quälen sich mit Horrorvisionen anderer Art herum: bei ihnen steht nicht die Angst vor einer zu begehenden Untat im Vordergrund, sondern die Angst vor einem zu erleidenden Schmerz. In ihren Phantasien sehen sie alle Peinlichkeiten der Welt auf sich selbst vereint voraus, vernehmen sie das Hohn- und Spottgelächter der anderen, sobald sie versagen, und glauben sie sich schon halb im Grabe liegen, wenn sich ihnen die Kehle vor Schrecken zuschnürt. Auch bei ihnen besteht die Folge in einem reduzierten, „ungelebten"

Leben: wer allen negativen Eventualitäten aus dem Wege gehen will, geht nirgends mehr hin – er steht verkrampft und zitternd still.

Phantasie ist dies alles, gleichsam „Kino im Gehirn“, sowohl die neue Melodie, die noch nirgends aufgeschrieben und noch niemals erklungen ist, als auch die Schreckenserwartung an eine Zukunft, die noch gar nicht eingetreten ist. Das Reservoir, aus dem die Phantasie schöpft, ist Tiefe und Höhe des Menschen, Krankheit und Gesundheit, Trauma und Talent. Aber in jedem Fall ist sie eines: *Anspruch.* Der phantasievolle Einfall spricht das Ich des Menschen an. Jeder Einfall, der sich dem Ich präsentiert, spricht: „Nimmst du mich ernst? Nimmst du mich auf? Nimmst du mich zu dir?“

Das ist der Augenblick, da die Spreu vom Weizen geschieden werden muß, und wehe dem Unglücklichen, der diesen Augenblick verpaßt. Was wäre aus Mozart geworden, wenn er das Angesprochensein durch seine genialen musikalischen Einfälle nicht *ernst* genommen hätte? Wenn er den Anspruch seiner Phantasie an ihn überhörend das eine oder andere Mal ruhig weitergegessen und sich mit der Serviette lediglich den Mund abgewischt hätte? Meisterwerke wären der Nachwelt verloren gegangen. Was aber würde aus Angst- und Zwangsneurotikern werden, wenn sie das Angesprochensein durch ihre Horrorvisionen *nicht* ernst nehmen würden? Wenn sie innerlich darüber stehend, darüber lächelnd zu sich sagen würden: „Ha, die Gespenster sind wieder unterwegs, na dann spielen wir: Wer fürchtet sich vor'm schwarzen Mann?“ Gesunde Menschen würden aus ihnen, nichts weniger.

Worum es also geht, das ist nicht so sehr der Inhalt unserer Phantasien, sondern das Wissen um jenes Angesprochensein durch eben diesen Inhalt. Ist es ein Inhalt, den wir bedenken sollen? Den wir konservieren sollen? Den es gilt, vor der Flüchtigkeit und Vergänglichkeit des zarten Gewebes aller Ideen zu retten, indem wir ihm einen Platz in der Realität zuordnen, vielleicht sogar einen Platz an unserer Seite? Oder ist es ein Inhalt, dessen Anspruch besagt, daß wir uns von ihm nicht blenden und nicht bluffen lassen dürfen, daß es ihn zu ironisieren oder zu ignorieren gilt, weil er null und nichtig ist, ein aufgeblähtes Angstgebilde und nicht mehr?

Die Phantasie des Menschen ist grenzenlos; Todesphantasien und Lebensphantasien wechseln ihr wildes Spiel. Wir sind von ihnen angefragt und angesprochen, und es liegt an uns, ihnen das jeweilige Maß an Bedeutung zuzuordnen, das ihnen gebührt. Keine Weltuntergangsvision bringt ein Ich zum Verzagen, wenn es ihr stand hält, und keine Auferstehungsvision geht an einem Ich vorüber, wenn es in ihr lebt.

Nur Leistung wurde belohnt ...

Immer wieder kommt es vor, daß Patienten die folgende Begründung für ihr unausgewogenes Leben vorbringen: „Ich fühle nicht, daß ich etwas wert bin. Deswegen tue ich alles, um anderen zu gefallen, denn allein aus der Anerkennung durch andere leite ich meinen Selbstwert ab. Wahrscheinlich kommt das daher, weil meine Eltern mich von jeher nur akzeptiert haben, wenn ich etwas geleistet habe."

Eine solche Aussage weckt spontanes Mitleid. „Was für ein armes Menschenkind", denken wir angesichts der vernommenen Worte, „da haben die Eltern allerhand auf ihrem Gewissen". Mit dieser spontanen Reaktion könnten wir allerdings ziemlich falsch liegen. Denn jede Patientenaussage erzählt im wesentlichen etwas über den Patienten und nicht über dessen Mitmenschen. Wie die Eltern des Patienten in Wahrheit gewesen sein mögen, was sie gedacht, wie sie gehandelt haben, all das bleibt notwendigerweise im Dunkeln. Die Erfahrung lehrt, daß Beschuldigungen aus Sicht des Beschuldigten oft völlig konträr aussehen, und Sachlagen kaum objektiv wiedergegeben werden.

Was hingegen aus der Patientenaussage eindeutig hervorgeht, ist eine eigene innere Schwäche: die Abhängigkeit von

Anerkennung und Akzeptanz. Eine Abhängigkeit von Kindheit an. Schon als Kind hat sich der Patient offenbar „mit Leib und Seele verkauft“ für ein bißchen Akzeptanz. Wäre er nicht so gierig danach gewesen, hätte er manche ihm abverlangte Leistung eben nicht erbracht und es darauf ankommen lassen, daß ihn die Eltern mit Liebesentzug straften – vorausgesetzt, sie hätten es tatsächlich getan. Aber das wollte er nicht, und dadurch geriet er in das selbstkonstruierte Dilemma, sich mit Bravsein, Anpassung, Schulerfolgen etc. die Zuwendung besorgen zu müssen, von der er abhängig war. Hunderte Kinder in ähnlicher Lage hätten gegen einen Leistungsdruck von außen in gesunder Weise protestiert und ihre persönliche Entwicklung durchgesetzt ... dieses tat es nicht.

Es soll hier keinesfalls der Versuch unternommen werden, Eltern, die ihre Kinder unterdrücken und manipulieren, reinzuwaschen. Lieblosigkeit ist ein Kardinalfehler jeder Erziehung und durch nichts zu rechtfertigen. Doch das Ausmaß, in dem sich ein elterlicher Kardinalfehler auswirkt, bestimmt der zu Erziehende. Und je abhängiger er ist, desto manipulierbarer ist er, was an einem Beispiel demonstriert werden soll.

Nehmen wir an, eine Person X sei abhängig von meinem Lob. Mein Lob sei wie eine Droge für sie. Das bedeutet, daß ich diese Person nach meinem Willen dirigieren kann. Will ich, daß sie mit ihrem Nachbarn in Feindschaft lebt, brauche ich sie nur konsequent zu loben, sobald sie sich ihrem Nachbarn gegenüber schlecht benimmt. Da die Person X auf mein Lob „angewiesen“ ist, wird sie sich zunehmend mit ihrem Nachbarn verkrachen. Ich kann also beliebig Feindschaft stiften, aber nur, weil es eine Person gibt, die um meines Lobes willen bereit ist, ihren Nachbarn zu attackieren. Würde die Person X im Unterschied dazu auf mein Lob verzichten und den Nachbarn in Ruhe lassen, könnte ich keine Feindschaft stiften. Das Beispiel beweist, daß ein Fehlverhalten – und die Stiftung von Feindschaft *ist* ein Fehlverhalten – wirkungslos bliebe, träfe es nicht auf eine innere Schwäche der Person X.

Da wir es in der Psychotherapie häufiger mit solchen Personen X als mit ihren Manipulatoren zu tun haben, ist ihnen mit unserem Mitleid am allerwenigsten gedient. Auch ein etwaiges Verständnis dafür, daß sie wegen einer unglückseligen Verknüpfung von Leistungsanforderung und elterlicher Akzeptanz kein Gespür für einen bedingungslosen Eigenwert entwickelt hätten, ebnet ihnen nicht den Weg zu einem besseren Selbstbewußtsein. Letzteres wird sich erst dann einstellen, wenn die innere Abhängigkeit überwunden ist, das heißt, wenn sich eine Person X nicht mehr hinreißen läßt zu sinnlosen Taten, absurden Strapazen oder ungesunden Anpassungen, bloß um des Beifalls ihrer lieben Mitmenschen willen. Wenn sie sich nicht mehr beugt der Gier nach Akzeptanz, durch wen auch immer, und stattdessen tut, was rechtens und richtig ist, vertretbar vor sich selbst.

Man sieht: *wer Wurzeln des Übels ausreißen will, muß sie im eigenen Garten suchen.* Und wer Eltern hatte, die ihn einzig für Leistungen belohnten, muß sich einmal entscheiden für einen von zwei Wegen: entweder weiterhin im Frondienst fremder Leistungsanforderungen nach dem in Aussicht gestellten Lohn zu haschen, oder aber unbekümmert um irgendwelche Belohnung freiwillig zu leisten, was seines ist. Paradoxerweise ist der zweite Weg am Ende der „lohnenswertere", denn er ist der Weg zum Frieden mit sich selbst und dem Elternhaus. Wer sich als Kind nicht dafür entschieden hat, sollte es als Erwachsener tun.

Das wahre Drama des Traumas

Der Fachausdruck „Trauma" hat sich in der Volksseele eingraviert, und fast jedermann weiß, was damit gemeint ist: eine seelische Verletzung. Aber nicht nur dies. Herr und Frau Jedermann wissen noch mehr. Ein Trauma kann ins Unbewußte verdrängt werden und von dort aus auf Störfrequenz senden: seine Impulse aus dem Unbewußten produzieren Krankheiten aller Art. Deshalb muß das Trauma aufgespürt und ins Bewußtsein zurückgeholt werden, um durch nachträgliche Bearbeitung seine Sendekraft einzubüßen wie eine Zeitbombe, die nicht mehr tickt. Herr und Frau Jedermann haben die Freud'sche Lektion gut gelernt.

Inzwischen gibt es erhebliche Zweifel an dieser Theorie, die sich aber der Allgemeinheit noch nicht mitgeteilt haben. Die Verdrängungslehre steht auf schwachen Füßen. Denn mit den seelischen Verletzungen ist es im Prinzip wie mit den körperlichen Verletzungen. Entweder sie verheilen bzw. vernarben, dann kann von einer tickenden Bombe keine Rede mehr sein. Oder sie verheilen nicht, und es bleiben offene Wunden, die mehr oder weniger schmerzen und alles andere als unbewußt sind. Einem Kranken entgeht selten, daß er krank ist, von Psychotikern und Hirngeschädigten abgesehen, deren Wirklichkeitserfassung getrübt ist. Ansonsten „hören" Kranke das „Ticken" der Krankheit in ihrem Organismus sehr wohl, und die unterschiedlichen Reaktionen schwanken lediglich zwischen einem Nichthörenwollen, also dem Versuch, die Krankheit zu ignorieren, und einem übersensitiven Hinhören, also der panikartigen Hineinsteigerung in die Krankheit. Daß beide Extremreaktionen ihre Gefahren in sich bergen, während der vernünftige Umgang mit der Krankheit in der breiten Mitte dazwischen liegt, ist eine triviale Weisheit.

Soweit der nüchterne Erkenntnisstand. Dennoch hatte Sigmund Freud in einem Punkt nicht unrecht. Es gibt ein zusätzliches Drama um eine traumatische Erfahrung, welches Viktor E. Frankl mit dem Begriff „Hyperreflexion" umschrieben hat. Eine traumatische Erfahrung nimmt dem Menschen allzu leicht ein Stück von seinem „Gegenwärtigsein" hinweg. Was heißt das?

Nun, ganz gegenwärtig ist ein Mensch, wenn er ganz bei einer Sache oder einer Person weilt, und zwar mit seiner vollen geistigen Präsenz. Spricht er beispielsweise mit jemandem, ist er ganz beim Gespräch. Montiert er einen Autoreifen, ist er ganz bei der Reifenmontage. Steigt er in die Berge, ist er ans Bergsteigen hingegeben. Ruht er sich aus, herrscht Ruhe in ihm. Das ist die ideale Konstellation, bei der die bestmöglichen Ergebnisse des jeweiligen Handelns erzielt werden. Sehr viel schlechter sind Menschen daran, die innerlich nicht ganz anwesend sind. Sie führen auch Gespräche, aber gleichzeitig hängen sie anderen Gedanken nach. Oder sie montieren Autoreifen und werden dabei von privaten Sorgen abgelenkt. Während sie bergsteigen, sinnieren sie über vergangene oder zukünftige Ereignisse, und wenn sie sich ausruhen, verlieren sie sich in Grübeleien. Solche Menschen büßen etwas von ihrer „Gegenwärtigkeit" ein, was bedeutet, daß sie der Gegenwart nur partiell zur Verfügung stehen. Ein Teil von ihnen, ob emotional oder kognitiv, ist einfach „nicht da", mit der Folge, daß ihnen zunehmend Fehler unterlaufen. Was halbherzig getan wird, wird auch nur halbgut getan.

Bei Nachforschungen, wie es dazu kommen kann, daß jemand nur „beschränkt gegenwärtig" ist, wie beschrieben, zeichnen sich vorrangig zwei Ursachenkomplexe ab: Reizüberflutung und traumatische Erfahrungen. Die *Reizüberflutung* ist bekanntlich die Ursache Nr. 1 der Konzentrationsstörungen unserer Kinder und Jugendlichen. Das Gehirn kann zuviele auf es einprasselnde Eindrücke nicht bewältigen. Es zieht die Notbremse – und der Mensch schaltet ab. Dem kann pädagogisch gegengesteuert werden, indem jedwede Medienberieselung unterbunden und eine entspannte häusliche Atmosphäre geschaffen wird, die ein zentripedales, also kräftesammelndes, statt zentrifugales, also kräftezerstreuendes Leben fördert. In diesem Kontext erhält das Gerede von der Überforderung unserer Kinder, etwa gar durch Schulstreß, eine angemessene Dimension. Noch vor 50 Jahren mußten Schulkinder z. B. seitenlange Balladen auswendig lernen und waren damit nicht überfordert. Schulkinder heute, die bloß das Einmaleins lernen sollen, aber mit ihren Gedanken bei Horrorfilmen, Tennis-Champions und Comic-Helden „logieren", sind damit natürlich überfordert. Allein, dieses Problem ist, wie unschwer einzusehen, nicht dem Einmaleins anzulasten, und auch nicht dadurch zu lösen, daß Taschenrechner zugelassen werden ...

Was die *traumatischen Erfahrungen* betrifft, so zeitigen sie ähnliche Effekte wie die Reizüberflutung, und das ist ihr eigentliches Drama. Denn diesbezüglich ist eine Gegensteuerung noch schwieriger. Jede Verletzung hat die Tendenz, die Aufmerksamkeit des Menschen auf sich zu lenken. Das ist an und für sich ein sinnreicher Prozeß, denn das Gesundgebliebene im Menschen soll sich ja mit dem Krankgewordenen auseinandersetzen und entsprechende Beschlüsse fassen. Vor allem bei seelischen Verletzungen kann sich jedoch diese Tendenz zur vollkommenen Okkupation der Gedanken- und Gefühlswelt des Betreffenden auswachsen.

Nehmen wir als Beispiel eine Frau, die erfährt, daß sich ihr Lebensgefährte von ihr trennen will. Sollte sie sehr an dem Manne hängen, ist das gewiß eine traumatische Eröffnung für sie. Sie wird sich damit innerlich beschäftigen, und das ist auch in Ordnung. Eine Verdrängung ins Unbewußte, woraufhin sie nichts mehr vom Lebensgefährten und seinem bedauerlichen Abschied wüßte, ist hingegen sehr unwahrscheinlich.

Sie wird sich, wie gesagt, damit beschäftigen, es fragt sich nur, wie? Wird sie von morgens bis abends, vom Zähneputzen angefangen, über die täglichen Verrichtungen bis hin zum Essen des Abendbrotes über ihrem Schmerz brüten? Damit würde sie ein hohes Maß an „Gegenwärtigkeit“ verlieren und sich geistig entweder in der rosigen Erinnerung an die erlebte Zweisamkeit oder in der graugetönten Zukunft aufgezwungener Einsamkeit befinden, aber jedenfalls *nicht* beim Zähneputzen, bei den täglichen Verrichtungen oder beim Abendbrot. Die Folge wären „tote Tage“, halbe Sachen, routinemäßige Abläufe und erhöhte Risiken aller Art. Die Unachtsamkeit dem Jetzt gegenüber würde schlechte Weichen stellen für eine sowieso graugetönte Zukunft. In der Fachsprache: die Frau würde einer Hyperreflexion zum Opfer fallen.

Dem gegenzusteuern bedarf es des Mutes zum Loslassen. Was nicht heißen will, daß sie ihren Schmerz nicht zulassen dürfte. Aber alles hat seine Zeit. Die Stunden des Weinens um den Geliebten sind wichtig, doch auch die Stunden des Nicht-

Weinens sind es wert, in voller Präsenz durchlebt und gestaltet zu werden. Sonst gehen sie als zusätzlicher Verlust verloren.

Allgemein gilt daher: Man sollte es keinem Trauma gestatten, mehr Aufmerksamkeit zu beanspruchen, als ihm zukommt, sonst raubt es Zeit – und Zeit ist eine nicht-regenerierbare Ressource. Überdies heilt die Zeit Traumen, wenn die Traumen nicht vorher die Zeit geraubt haben, insbesondere die Gegenwart desjenigen, der eine traumatische Erfahrung gemacht hat. Solange er „gegenwärtig" bleibt, hat selbst die schlimmste Vergangenheit über ihn noch nicht gesiegt.

Paradiesisches Paradox

Unter den vielen Widersprüchlichkeiten in der menschlichen Natur gibt es eine von besonderer Art. Sie kommt zum Zuge, wenn ein Mensch seinem Schicksal „widerspricht", indem er auf ein wahrlich elendes Schicksal paradoxerweise großartig und erhaben reagiert. Seine paradoxe Reaktion vermag sogar noch eine Tragödie in einen Triumph zu verwandeln. Diese seltsame und kostbare Widerspruchskraft im Menschen, die Viktor E. Frankl die „Trotzmacht des Geistes" nennt, soll an Hand einer authentischen Geschichte exemplifiziert werden, welche wir Jean Giono verdanken*. Sie lautet:

Die Geschichte klingt wie ein Märchen und ist doch wahr. Ein älterer Mann, im Süden Frankreichs, wohl schon über die 50. Sein einziger Sohn ist gestorben, dann auch noch seine Frau. Wofür soll er noch leben? Er verläßt seinen Bauernhof unten in einer fruchtbaren Ebene und zieht sich in die Einsamkeit zurück. Hier lebt er mit seinen 50 Schafen und einem Hund.

Die wasserlose Gegend der Cevennen am Südrand der Alpen

---

* Jean Giono, „Der Mann mit den Bäumen", Flamberg Verlag, Zürich, nacherzählt von P. Alois Haslbauer, auch enthalten in der Kurzgeschichten-Sammlung von Willi Hoffsümmer.

gleicht einer Wüste. Das nächste Dorf ist mehr als eine Tagesreise entfernt. Vier oder fünf halbverlassene Dörfer mit zerfallenen Häusern gibt es in dieser trostlosen Gegend. Die letzten Bewohner sind Köhler mit ihren Familien, die Holzkohle brennen. Das Klima ist rauh, die Menschen sind zerstritten; wer kann, zieht weg, einige werden geistesgestört oder enden im Selbstmord.

Der alte Mann in dieser Einsamkeit erkennt, daß diese Landschaft ganz absterben wird, wenn hier keine – Bäume wachsen! So beschließt er, hier Abhilfe zu schaffen.

Immer wieder besorgt er sich einen großen Sack mit Eicheln. Diese untersucht er mit großer Sorgfalt und scheidet alle schlechten aus. Er prüft sehr genau, die kleinen und die mit leichten Rissen scheidet er aus. Erst wenn er hundert gute und kräftige Eicheln vor sich hat, hört er auf. Bevor er damit weggeht, legt er sie in einen Eimer Wasser, damit sie sich richtig vollsaugen. Schließlich nimmt er noch eine Eisenstange mit und zieht los. Die Herde Schafe in einer grasbewachsenen Mulde bleibt solange in der Obhut seines Hundes.

An einer geeigneten Stelle fängt er an, den Eisenstab in die Erde zu stoßen. So macht er ein Loch und legt eine Eichel hinein, dann macht er es wieder zu. So pflanzt er Eichen. 100 000 Eicheln in drei Jahren. Er hofft, daß von denen, die getrieben haben, 10 000 übrigbleiben. Bäume in einer Gegend, wo es vorher nichts gegeben hat. Und er hofft, daß Gott ihm noch so lange das Leben schenkt, bis er so viele Eichen gepflanzt hat, daß diese 10 000 nur wie ein Tropfen im Meer sein werden.

Er weiß nicht, wem die Gegend gehört. Es stört ihn nicht, unbeirrt verfolgt er seine Idee. Die Veränderung, die geschieht, geht so langsam vor sich, daß niemand das Werk dieses Menschen stört.

Es bleibt einfach unbeachtet, eine Laune der Natur, denken die Jäger und Förster. Eine derart beharrliche Selbstlosigkeit kann sich wohl auch niemand vorstellen. Schließlich wird der Wald unter Schutz gestellt. An drei Stellen ist ein wunderbarer junger Wald entstanden, 11 km lang und 3 km breit.

Der alte Mann gibt seine Schafe ab, bis auf vier, betreut statt dessen hundert Bienenstöcke. Unbeirrt widmet er sich seinem Werk, den Krieg beachtet er nicht. Die friedliche und regelmäßige Arbeit in der frischen Höhenluft, seine Genügsamkeit und Einfachheit schenken dem Greis eine Heiterkeit des Herzens und eine stabile Gesundheit. Ohne technische Hilfsmittel, nur mit seiner Hände Arbeit, gelingt es diesem ungebildeten Bauern, ein Werk zu schaffen, das Gottes würdig ist.

Zwischen 1910 und 1945 pflanzt dieser einsame Schäfer Hunderttausende Eichen, später Buchen, Ahorn, Birken, Erlen und Ebereschen.

Als Elzéard Bouffier, so heißt der Greis, 1947 im Alter von 89 Jahren stirbt, hat er einen der schönsten Wälder Frankreichs geschaffen.

Aber es ist noch viel mehr geschehen. Unzählige Wurzeln halten den Regen fest, saugen das Wasser an. Die trockenen Bachbette sind wieder gefüllt. Es wachsen wieder Weiden, Wiesen und Blumen. Insekten und Vögel kehren zurück. Sogar die Luft verändert sich, sie führt mit sich den Duft der Blätter und Blumen und das leise Rauschen des Wassers.

Selbst in den Dörfern verändert sich alles. Ruinen werden weggeräumt, verfallene Mauern abgebrochen, neue Häuser gebaut. Junge Familien ziehen ein, Kinder spielen am Brunnen, Gemüse und Blumen wachsen in den Gärten. Alle haben wieder Lust am Leben. Die Menschen lachen wieder und haben Freude an den ländlichen Festen. An die 10000 Menschen leben nun in den Dörfern und keiner davon weiß, wem das neue Glück zu verdanken ist, wer die ganze Atmosphäre geändert hat:

Elzéard Bouffier. Ein einziger Mensch mit seinen schwachen Kräften hat genügt, um aus einer Wüste ein Stück „Gelobtes Land“ zu schaffen.

Jeder, der diese Geschichte liest, wird beeindruckt sein. Aber wird er auch die Paradoxie erfassen, auf der sie beruht? Führen wir eine genauere Analyse des Sachverhaltes durch.

Da ist ein Mann in einer bestimmten Ausgangssituation. Er ist 50 Jahre alt, also nicht mehr der Jüngste. Er ist ein ungebildeter Bauer, der als Kind vermutlich wenig Gelegenheit zum Schulbesuch gehabt hat. Und er ist ein Trauernder, denn sein einziger Sohn und seine Frau sind ihm weggestorben. Allein kann und will er den Bauernhof, den er besitzt, nicht mehr bewirtschaften. Anscheinend ist ihm auch nicht nach menschlicher Gesellschaft zumute; der Schmerz sitzt wohl zu tief. So löst er sein Hab und Gut auf und zieht sich mit ein paar Schafen und dem Hund in die Einsamkeit zurück.

Bis hierher weist alles, was wir erfahren, auf eine sich zuspitzende Lebenstragödie hin. Ein Mensch ist gescheitert. Was er geliebt hat, hat er verloren, was er aufgebaut hat, hat er verlassen, was er erhofft hat, ist zunichte geworden. „Wofür soll er noch leben?“ – das Leben insgesamt steht für ihn in Frage. Würde er sich einen Strick besorgen und sich an einem starken Baumast erhängen, würde man es irgendwie verstehen können. Man würde sagen: „Nun ja, das Schicksal hat ihm böse mitgespielt. Auch gab es nichts mehr, auf das er sich hätte freuen können. Er hatte keine Zukunft mehr ..." Die karge und öde Landschaft, in die sich der Mann flüchtet, spiegelt exakt seine innere Stimmung wider: Trostlosigkeit.

Jetzt aber beginnt die Paradoxie. Womit beginnt sie? Jean Giono schreibt: „Der alte Mann ... *erkennt,* daß diese Landschaft ganz absterben wird ... So *beschließt* er, hier Abhilfe zu schaffen." Beginnt sie mit einer Erkenntnis? Nein, das tut sie nicht. Es ist klar, daß ein Bauer biologische Zusammenhänge in der Landschaft erkennt; das ist sozusagen sein Metier, das einzige, wovon er wirklich etwas versteht. Doch diese Erkenntnis hätte leicht zu dem naheliegenden Gedanken führen können: „Dann soll sie halt absterben! Was kümmert das mich? Was mir lieb und teuer war, ist schließlich auch gestorben." Nein, die Paradoxie beginnt nicht mit einer Erkenntnis, sondern mit einem Beschluß. Der Mann beschließt, Abhilfe zu schaffen. *Grausames hat er empfangen in seinem Leben, und Segensreiches ist er bereit, weiterzureichen* – so einfach ist das, und so phantastisch. Alles, was folgt, wächst auf dem Boden dieses Beschlusses.

Von da ab entwickelt sich statt der Lebenstragödie ein Lebenstriumph. Das Werk des alten, ungebildeten, technisch nicht ausgerüsteten Bauern gedeiht. Zur Ursprungsparadoxie gesellen sich weitere. Ihm, dem es um nichts weniger als Lohn und Dank geht, wird zum Lohn und Dank eine „Heiterkeit des Herzens" und eine stabile Gesundheit geschenkt. Was könnte ein Mensch mehr bekommen? Er, der den Krieg nicht beachtet, darf seine Arbeit in Frieden zu Ende bringen. Er, der einst gefragt hat, wofür er noch leben soll, darf die Antwort in blühender Anschaulichkeit erfahren. Ihm, dem es recht war, unbeachtet zu bleiben, wird rein zufällig ein schriftliches Denkmal gesetzt.

Was bedeutet das in bezug auf die Ursprungsparadoxie? Vielleicht dies: Daß der Eingang zum Paradies dort liegt, wo Vertreibung aus dem Paradies stattgefunden hat – vorausgesetzt, daß ein Beschluß gefällt wird, der dieses Eingangs würdig ist.

Drei Fragen – Leo Tolstois Legende neu bedacht

Viktor E. Frankl geht davon aus, daß für jeden Menschen jederzeit eine sinnvolle Aufgabe bereitliegt, nämlich eine konkrete Möglichkeit, die Welt im Positiven zu verändern. Um diese jeweils sinnvolle Aufgabe in ihrer Dringlichkeit, Exklusivität und selbstübersteigenden Ausrichtung zu charakterisieren, bedient er sich u. a. des alten Prophetenwortes von Hillel: „Wenn nicht ich es tue – wer soll es tun? Und wenn ich es nicht jetzt tue – wann soll ich es tun? Und wenn ich es nur für mich tue – was bin ich dann?" *

Auf ähnliche Weise geleitet Leo Tolstoi den wahrheit- und erkenntnissuchenden Menschen in der Gestalt des Königs in der Legende „Drei Fragen" an jene stets wechselnde und dennoch stets vorhandene Lebensaufgabe heran.

Es war einmal ein König, der meinte, daß ihm nichts mehr mißlingen könne, wenn er immer dreierlei wüßte: erstens die Zeit, wann jedes Geschäft vorzunehmen sei, zweitens, mit welchen Menschen er sich abgeben solle und welche er zu meiden habe, und drittens –, als Hauptsache, welches von allen Geschäften das wichtigste sei. Er ließ in seinem Reiche bekannt machen, daß er den reich beschenken wolle, der ihn dies lehren könnte.

Die Frage nach dem wichtigsten Geschäft – „wenn nicht ich es tue ...?" –, nach der wichtigsten Zeit – „wenn ich es nicht jetzt tue ...?" – und nach der wichtigsten Person – „wenn ich es nur

---

* Hillel lebte um 360 in Jawne. Von ihm wurde u. a. der astronomisch errechnete und festgelegte jüdische Kalender eingeführt.

für mich tue ...?" – sind in der Tat Grundfragen des Gelingens oder Mißlingens menschlicher Existenz. Wie aber lauten die gängigen Antworten aus der Alltagsblindheit heraus?

Und es kamen gelehrte Männer zum König und antworteten auf seine Fragen gar verschieden.

Die erste Frage beantworteten die einen dahin, daß man die rechte Zeit für jedes Geschäft dann wisse, wenn man von vornherein einen Plan für alle Tage, Monate und Jahre festsetze und dies dann streng befolge.

Der „Macher" glaubt, alles planen zu können. Er will über das Schicksal verfügen.

Andere sagten, man könne unmöglich im voraus bestimmen, was zu jeder Zeit getan werden müsse. Man solle einfach immer tun, was zu tun nötig sei.

Und andere sagten, es gäbe Fälle, wo sofort entschieden werden müsse, ob die rechte Zeit zu einem Unternehmen da sei oder nicht. Dies aber könne man eigentlich nur dann wissen, wenn einem im voraus bekannt sei, was geschehen werde. Was wieder nur in der Macht der Zauberer stände. Diese müsse man fragen.

Der „Fatalist" glaubt, nichts planen zu können. Nur Zauberer wüßten, was das Schicksal fügen werde. Zwischen dem „Macher" und dem „Fatalisten" rangiert der „Diplomat", der das Problem verschiebt: man solle tun, was nötig ist. Allein, was ist nötig?

Ebenso verschieden lauteten auch die Antworten auf die zweite Frage. Die einen sagten, am nötigsten seien für den König die Minister und die übrigen Staatsmänner; die andern sagten, die Priester seien ihm am nötigsten; noch andere nannten die Ärzte als die wichtigsten, und noch andere erklärten die Krieger für die allernötigsten.

Bei der Frage nach der wichtigsten Person zeigt sich die Gefahr einer kritischen Ummünzung des Nötigkeitsbegriffs. Nötig ist, wer einem nützt und dient. Ob Politiker, Priester, Arzt oder Krieger – wichtig ist jede dieser Personen für die Erhaltung des eigenen Egos. Unausgesprochen heißt dies: anderenfalls ist sie unwichtig.

Auf die dritte Frage, was der wichtigste Gegenstand sei, antworteten die einen, das wichtigste in der Welt seien die Wissenschaften; andere sagten, das wichtigste sei die Kriegskunst; noch andern schien die Gottesverehrung das wichtigste zu sein.

Eine analog oberflächliche Betrachtungsweise gilt auch in bezug auf Gegenstände in der Welt. Ihre Bedeutung hängt davon ab, was sie dem (planenden oder nicht planenden) Ego einbringen. Wissen, Macht und Glaube z.B. stärken das Selbstbewußtsein und sind somit dem Selbst nötige Wichtigkeiten.

Da alle Antworten verschieden lauteten, ließ der König keine gelten und gab niemand die Belohnung. Und er beschloß, einen alten Einsiedler zu befragen, der weithin im Rufe großer Weisheit stand.

Der wahrheit- und erkenntnissuchende Mensch kann sich damit jedoch nicht zufrieden geben. Er sehnt sich nach „mehr“. Es muß „mehr“ am Leben sein, als die Erhaltung und Stärkung seiner selbst! Dieses „mehr“ präsentiert sich in der Legende als Weisheit des Einsiedlers.

Der Einsiedler lebte in einem Walde, verließ diesen niemals und nahm nur einfache Leute bei sich auf. Darum kleidete sich der König in ein schlichtes Gewand, ließ sein Gefolge halten, bevor er die Klausnerhütte erreicht hatte, stieg vom Pferde und begab sich allein zu dem Alten. Als der König anlangte, war der fromme Mann gerade beschäftigt, die Beete vor seiner Hütte umzugraben. Sobald er den König bemerkte, begrüßte er ihn, fuhr aber in seiner Arbeit fort. Er war abgemagert und schwach, und während er den Spaten in den Boden stieß und kleine Schollen Erde heraushob, atmete er mühsam.

Die Weisheit weiß um die Kraft des Vorbildes, die der Kraft des Belehrens überlegen ist. Deshalb ist die Begegnung mit dem Einsiedler zunächst die kommentarlose Konfrontation mit dem Gelingen menschlicher Existenz. Sie gibt uns folgende Informationen:

Der Einsiedler lebt einsam … aus eigenen Quellen heraus. Er hat andere Personen nicht nötig, auf daß sie ihm nützlich und dienlich seien. Der Einsiedler verläßt den Wald niemals ... ist geborgen am Ort seines seelischen Friedens. Er jagt keiner irdischen Karriere nach. Der Einsiedler empfängt nur einfache Leute ... ist nicht geblendet von Ruhm und Reichtum. Was für ihn zählt, hat inneren Wert.

Um zu ihm zu gelangen, muß man sich verkleiden, der Äußerlichkeiten (des Gefolges) entledigen. Um aber in Weisheit wieder von ihm wegzugelangen, muß aus Verkleidung Echtheit werden, und das ist ein mühsamer Prozeß. Er wird eingeleitet durch das Tun.

Der Einsiedler gräbt Beete um, er bereitet den Boden für die Fruchtbarkeit der Erkenntnis vor, die, Samen gleich, hineinfallen soll.

Der König trat an ihn heran und bat ihn um Beantwortung der drei Fragen.

Die Erkenntnis läßt oft auf sich warten. Der „Sinn des Augenblicks", der„Aufforderungscharakter der Situation" (Frankl) wird nicht leicht verstanden. Der König in der Legende nimmt in seiner Egozentrik die Schwäche des Alten nicht wahr, weil er so sehr auf sein eigenes Anliegen fixiert ist.

Der Einsiedler hörte den König an, gab ihm aber keine Antwort, sondern spuckte in die Hände und fuhr fort, den Boden umzugraben.

Da greift die Weisheit über das Vorbild hinaus zu therapeutischen Maßnahmen, und die erste davon ist eine drastische Weckung von Hilfsbereitschaft und Selbsttranszendenz.

„Du bist erschöpft", sagte der König, „gib her, ich will dir helfen." „Ich danke dir", sagte der Einsiedler, reichte ihm den Spaten und setzte sich dann auf die Erde.

Der Einsiedler dankt für den Samen, der die Erde erreicht hat, aber noch will der Same nicht recht keimen.

Nachdem der König zwei Beete umgegraben hatte, unterbrach er seine Arbeit und wiederholte seine Frage. Der fromme Mann gab ihm keine Antwort, stand auf und streckte die Hand nach dem Spaten aus.

Der nach Vorteilen für sich selbst Fragende muß zum Befragt-Seienden zurückgeführt werden, zu einem, der versteht, daß ihn das Leben fragt.

„Nun ruhe dich aus und laß mich graben!" sagte er. Aber der König gab ihm den Spaten nicht und grub weiter. Eine Stunde verging, dann noch eine. Die Sonne verschwand schon hinter den Bäumen, als der König den Spaten in den Boden stieß und sprach:

Er muß zu einem zurückgeführt werden, der erkennt, daß er auf die Fragen des Lebens selber zu antworten hat, und zwar in ver-antwortlicher Weise. *

„Ich bin zu dir gekommen, weiser Mann, um Antwort auf meine Fragen zu holen. Wenn du sie mir nicht beantworten kannst, so sage es mir und ich will wieder nach Hause gehen."

Leider läßt die Erkenntnis weiterhin auf sich warten. Da greift die Weisheit zur zweiten therapeutischen Maßnahme, indem sie den Ruf, der von Stunde zu Stunde an uns ergeht, drastisch verstärkt.

„Sieh, es kommt jemand gelaufen", sagte der Einsiedler. „Wir wollen sehen, wer es ist."

Das, was auf uns zugelaufen kommt, ist das, was uns nötig hat.

Ein bärtiger Mann kam aus dem Walde gelaufen; er hielt sich den Leib mit den Händen und das Blut strömte ihm unter den Fingern hervor. Vor den Füßen des Königs fiel er zu Boden, seine Augen schlossen sich, er rührte sich nicht mehr und ließ nur ein leises Stöhnen hören.

Es ist das, was uns „zu-fällt" in der Erwartung, daß wir es wahrnehmen, annehmen und hineinnehmen in die Vollendung der Welt.

---

* Vgl. dazu Viktor E. Frankl, „Ärztliche Seelsorge", Verlag Deuticke, Wien. 10. Auflage 1982, Seite 72.

Mit Hilfe des Einsiedlers entkleidete der König den Mann, wusch seine Wunde, so gut er konnte und verband sie mit seinem Taschentuch und mit dem Handtuch des frommen Mannes.

Mittlerweile geht der Same aus der ersten therapeutischen Maßnahme der Weisheit auf: Hilfsbereitschaft und Selbsttranszendenz werden wie selbstverständlich gelebt, auch wenn der Einsiedler noch das Seine dazutut.

Endlich hörte die Wunde zu bluten auf. Der Verwundete kam zu sich und klagte über Durst. Der König holte frisches Wasser und gab ihm zu trinken.

Der Same wächst, und alsbald muß niemand mehr etwas dazutun: der „Sinn des Augenblicks" wird erfüllt.

Die Sonne war nun ganz untergegangen. Es war recht kalt. Der König und der Einsiedler trugen den Verwundeten in die Hütte und legten ihn auf das Bett. Der Verwundete lag still, mit geschlossenen Augen. Der König aber, ermüdet von dem weiten Weg und der Arbeit, kauerte auf der Schwelle nieder. Bald sank er in tiefen Schlummer und verschlief die ganze, kurze Sommernacht. Als er frühmorgens erwachte, konnte er lange nicht begreifen, wo er sich befand und wer dieser seltsame, bärtige Mann war, der auf dem Bette lag und ihn so unverwandt mit seinen glänzenden Augen betrachtete.

Sinnerfüllung ist ein Agens der Gesundung und Wandlung. Wie aus unbewußten Tiefen dämmrigen Schlafes erwacht der erkenntnis- und wahrheitsuchende Mensch zu höherem Leben. Die oberflächliche Betrachtungsweise erlischt, die Alltagsblindheit ist vorüber.

„Verzeihe mir", sagte der Verwundete nach einer Weile mit schwacher Stimme.

„Ich kenne dich nicht und habe dir nichts zu verzeihen", meinte der König.

Sinn und Widersinn als einzig wesentliches Kriterium breiten sich vor den staunenden Augen des Erwachten aus.

„Du kennst mich nicht, ich aber kenne dich. Du hast meinen Bruder hinrichten, meine Güter einziehen lassen. Ich bin dein Feind und hatte geschworen, mich an dir zu rächen. Ich wußte, daß du allein zum Einsiedler gegangen warst und wollte dich auf dem Rückweg töten. Aber ein ganzer Tag verging und du kamst immer noch nicht. Da verließ ich mein Versteck, um zu erspähen, wo du seiest, und stieß dabei auf dein Gefolge. Sie haben mich erkannt und verwundet. Ich bin ihnen entkommen.

Ungekannte Zusammenhänge offenbaren sich im Licht des neuen Kriteriums. Schuld, Haß, Leid, Gefahr gleiten wie in einem dunklen Fluß der Erinnerung und Läuterung am Erwachten vorbei.

Ich wollte dich töten. Du aber hast mir das Leben gerettet. Jetzt will ich dir wie der treueste Sklave dienen. Und auch meine Söhne sollen es tun. Verzeihe mir!"

Im flackernden Widerschein erfüllten Sinns mündet alles ein ins Meer der Liebe.

Der König freute sich sehr, so den Feind zum Freunde gewonnen zu haben; er verzieh ihm nicht nur, sondern versprach ihm auch, seine Güter zurückzugeben. Auch werde er ihm seine Diener und seinen Arzt schicken.

Der Same der zweiten therapeutischen Maßnahme der Weisheit sprießt rasch empor: zur Hilfsbereitschaft gesellen sich Freude, Güte und Gnade.

Dann trat er hinaus in den Garten. Seine Augen suchten den Einsiedler. Noch ein letztes Mal vor dem Abschied wollte er ihn um Beantwortung seiner Fragen bitten.

Doch immer noch ist die letzte Erkenntnis, die letzte Wahrheit unbewußt.

Der Fromme kniete draußen in seinen Beeten und steckte Samenkörner in den Boden.

Es bedarf einer dritten therapeutischen Maßnahme, um das Letzte an menschlich erfaßbarer Weisheit zu enthüllen.

Der König näherte sich ihm und sprach:

„Zum letzten Male bitte ich dich, weiser Mann, antworte mir auf meine Fragen."

Einzig wenn sich der Auftrag zur Sinnerfüllung im Bewußtsein mitabbildet, kann auch eine Annäherung an den menschlich nicht mehr faßbaren – nur glaubbaren – „Auftraggeber" erfolgen.

„Aber du hast ja schon eine Antwort erhalten", sprach der Einsiedler, während er, auf seinen magern Beinen hockend, von unten her zu dem vor ihm stehenden König emporblickte.

Die Antwort, die wir erhalten, ist der Auftrag. Die Antwort, die wir geben, ist – sofern sie stimmig sein soll – unser Einverständnis.

„Höre – hättest du gestern mit mir schwachem Manne kein Mitleid gehabt, hättest du nicht für mich diese Beete umgegraben, sondern allein den Rückweg angetreten, so hätte dich dieser starke, dir feindlich gesinnte Mann angegriffen, und du müßtest bereuen, nicht bei mir geblieben zu sein.

Die dritte therapeutische Maßnahme der Weisheit erzählt die Geschichte dessen nach, der dem Auftrag gehorcht: es ist die Geschichte seiner Rettung. Wer anderen hilft, hilft sich selbst.

Folglich war es für dich gerade die richtige Zeit, die Beete umzugraben, und ich war für dich der wichtigste Mensch. Das wichtigste Geschäft war für dich, mir Gutes zu erweisen.

Aber er muß in Aktion treten, wenn es Zeit ist, und er muß diejenige Aktion setzen, die in dieser Situation für die daran beteiligten Menschen die hilfreichste ist. Der absolute Wert des sinnvollen Dienstes an einer Sache oder einer Person relativiert und konkretisiert sich im Hier und Jetzt.

Und später, als jener gelaufen kam, war es gerade die richtige Zeit, ihn zu pflegen. Sonst wäre er gestorben, ohne sich mit dir auszusöhnen. Folglich war er der wichtigste Mensch, und das, was du ihm getan hast, das wichtigste Geschäft.

Die Geschichte dessen, der dem Auftrag gehorcht, ist allerdings nicht bloß die Geschichte seiner eigenen Rettung. In der Legende hat der König die Entfeindung seines Todfeindes mitgerettet. Er hat etwas (wieder) gutgemacht in der Welt, ob bei sich, ob beim anderen, er hat Heilung bewirkt.

Merke dir also, daß es nur eine ganz allein wichtige Zeit gibt, die man wahrzunehmen hat: die Gegenwart, und zwar ist sie deshalb am wichtigsten, weil wir eben nur im Augenblick über uns selbst verfügen.

Das heißt, menschliche Existenz ist zwar riskierte und gefährdete Existenz, aber sie kann nicht total mißlingen, wenn uns bewußt bleibt, daß jeder Augenblick des Lebens „heilungsträchtig“ ist. Und hätte ein Mensch noch so lange Perioden seines Lebens hindurch gefehlt, er könnte sich durch einen Akt der Liebe retten – im Augenblick. In dem einen, über den er verfügt: dem gegenwärtigen.

Der wichtigste Mensch aber ist der, mit dem uns gerade zur Zeit das Schicksal zusammenführt, weil wir nie wissen können, ob wir noch mit einem andern Menschen je zu tun haben werden. Und das wichtigste Geschäft ist: diesem Menschen Gutes zu erweisen. Denn einzig und allein zu diesem Zwecke ist der Mensch ins Leben gesendet worden.“

Warten wir deswegen nicht darauf, daß uns Gutes erwiesen wird. Therapie – auch Psychotherapie – muß transparent werden lassen, daß einer auf uns wartet: der, mit dem das Schicksal uns jeweils zusammenführt. Die letzte Wahrheit ist, daß wir Gesandte sind, diesem einen zu erweisen, was wir für uns erhoffen.

Lebenssinn und Lebensziele chronisch kranker Menschen

Ab der Pubertät, dem Zeitpunkt, da das personale Ich des Menschen seine eigene Steuerung übernimmt, macht sich jeder von uns Lebensentwürfe und Lebenspläne. Diese Entwürfe werden in einem dynamischen Prozeß wieder und wieder geändert, mit Idealen durchsetzt, an Realitäten angepaßt, von Hoffnungen hochgezogen und auf begrabenen Illusionen neu errichtet. Trotz diesem wogenden Auf und Ab zeichnet sich jedoch meist eine ziemlich konstante Linie darin ab, gleichsam ein „roter Faden", dem alles folgt. In der Individualpsychologie Alfred Adlers spricht man von der Finalität menschlicher Strebungen, in der Transaktionsanalyse Eric Bernes vom je persönlichen Lebensskript.

Nun verraten solche Lebensentwürfe und Lebenspläne genauso etwas über die Person, die sie konstruiert, wie die Lebensvergangenheit etwas über sie verrät. Was einer beabsichtigt zu tun und was einer tatsächlich getan hat, ist zwar oft recht diskrepant, offenbart aber stets Charakteristisches über den Betreffenden; ja, die Diskrepanz selbst, sollte eine solche bestehen, offenbart noch Personentypisches. Demnach können wir in der Psychologie nicht nur aus den durchlebten und durchlaufenen Entwicklungsstadien eines Menschen unsere Schlüsse ziehen, wir können auch seine weiteren Lebenspläne intensiver durchleuchten, um zu verstehen, wer er gegenwärtig ist.

Natürlich haben Vergangenheit und Zukunft des Menschen, oder exakter formuliert: stattgefundene Vergangenheit und vorweggenommene Zukunft einen unterschiedlichen *Gewißheitsgrad*. Das Vergangene ist gewiß, ist bereits zur Gewißheit geworden. Nichts darin kann mehr korrigiert oder ausgetauscht werden. Alles war, wie es war, ob wir davon wissen oder nicht, und so wie es war, wird es für alle Zeiten auch bleiben. Das Zukünftige hingegen ist noch ungewiß. Hier sind Korrekturen möglich, hier können Zielelemente ausgetauscht werden, nichts muß sein, wie wir glauben, daß es sein wird. Alles kann auch ganz anders kommen, ob geplant oder nicht. Wollte man die Lebensvergangenheit eines Menschen mit vollbeschriebenen Tagebuchseiten vergleichen, in denen keine Radierungen oder Umschreibungen mehr gestattet sind, dann müßte man die zukünftigen Lebenspläne eines Menschen mit einem Aufsatzkonzept vergleichen, für das eine unbekannte Anzahl reiner, blütenweißer Blätter zur Verfügung steht, allerdings mit der Auflage, daß die dareinschreibende Feder nicht nur von unserer Hand allein geführt wird.

Unterbrechen wir unseren Gedankengang an dieser Stelle, um den Begriff des Lebenssinns mithereinzuholen, wie er in der Logotherapie Viktor E. Frankls definiert ist. Ich zitiere:

> „Der Mensch gleicht dem Flieger, der bei Nacht und Nebel im Blindflug in den Flughafen „gelotst" wird. Der vorgezeichnete Weg allein führt den Piloten zu seinem Ziel. So hat auch jeder Mensch in allen Lebenslagen einen jeweils einmaligen und einzigartigen Weg vorgezeichnet, auf dem er zur Verwirklichung der eigensten Möglichkeiten gelangen kann." *

Im Text ist keinesfalls von „Vorherbestimmung" die Rede, denn auch der Pilot muß dem unsichtbaren Gleitpfad, der ihn sicher zur Landepiste lotst, nicht widerspruchslos folgen. Er ist frei, zu steuern, er ist auch frei, auszuscheren, er ist sogar frei, die Motoren abzuschalten und senkrecht niederzugehen, wie es die Freiheit jedes Selbstmörders ist. Doch wenn er dorthin gelangen will, wo er hingelangen *soll,* dorthin, wohin Gewissen und Verantwortung weisen, dorthin, wo es für ihn und die ihm Anvertrauten am Zuträglichsten ist, dann muß er sich in Freiheit dem vorgezeichneten Weg anvertrauen, denn dieser ist der sinnvollste Weg für ihn. Ebenso gibt es für jeden Menschen einen sinnvollen Weg, ausgeschildert mit einzigar-

---

* Viktor E. Frankl, „Ärztliche Seelsorge", Verlag Franz Deuticke Wien, 10. Auflage 1982, Seite 69.

tigen Aufgaben, die er und nur er erfüllen kann und soll, liegt für jeden etwas Bestimmtes bereit, das Seines werden kann und soll, ist jedem etwas zugedacht in dieser Welt, in die er niemals eingetreten wäre, wäre er in ihr nicht willkommen. Wie auf jedes Flugzeug, wo immer es aufsteigt, ein bergender Grund wartet, und auf jeden Passagier selbiger Maschine ein lieber Freund oder ein persönlicher Auftrag am Zielflughafen, so wartet auf jeden Erdenbürger jemand oder etwas, eine Liebe oder ein Werk, die ihn in die Ewigkeit hineinbergen, wenn er sich ihnen überläßt und willig an sie hingibt.

Wir sehen: die Lebens*ziele* steckt sich ein Mensch selbst, und wie und welche er sich steckt, hängt mit seinen inneren Faktoren wie seelischer Verfassung oder Charakterstruktur zusammen; aber der Lebens*sinn* fällt von „außen" in sein Leben ein, ist Aufgegebenes, Vorgezeichnetes, Zugesprochenes, ist der zur höchsten Verwirklichung einer einmaligen und unwiderruflichen personalen Existenz geleitenwollende „Leitstrahl".

Wenn wir uns diesem Verständnis von Lebenssinn anschließen, werden wir alsbald erkennen, daß daraus eine sehr beruhigende Perspektive folgert. Überlegen wir: Wäre ein Gleitpfad in der Fliegerei denkbar, der einen Jumbo-Jet zu einem Miniflughafen lotst, welcher viel zu kurze Landepisten hat? Das ist doch undenkbar, nicht wahr? Es wäre völlig sinnlos, zum falschen Flughafen zu lotsen. In gleicher Weise kann es kein uns Zugedachtes geben, für das wir nicht die erforderliche Zeit und Kraft und die nötigen Talente besitzen würden. Wenn wirklich ein Lebenssinn auf uns wartet, muß alles, was wir zu dessen Erfüllung brauchen, in unserer Wiege liegen, von Anfang an. Und wenn auf jeden ein anderer, ganz besonders auf ihn zugeschnittener Lebenssinn wartet, dann muß in jeder Wiege Unterschiedliches bereit liegen, ein unterschiedliches Kontingent an Fähigkeiten, Gelegenheiten, an Gesundheit und Lebenszeit. Das Flugzeug, dessen Zielflughafen nahe ist, braucht wenig Treibstoff, das Flugzeug, dessen Zielflughafen hoch oben in den Bergen ist, braucht eine Enteisungsanlage, usw. All dies muß beim Start schon einkalkuliert sein, sonst wird es zum Start gar nicht zugelassen; und auch unser Start ins Leben kann nicht zugelassen sein mit einem vorgezeichneten Weg, den wir nicht zu gehen vermöchten, es sei denn, wir würden ein zynisch-sadistisches Gottesbild postulieren, von dem ich hier aber nicht ausgehe.

In der psychotherapeutischen Praxis kann es gelingen, daß Patienten, die diese Sichtweise adoptiert haben, ruhig und gelassen werden in bezug auf all ihre Vorhaben. Eine Lehrerin, die ich in Beratung hatte, fuhr zu einer gewichtigen Schulleiterkonferenz und sagte sich dabei: „Wenn ich es bin, die dort für die Anliegen unserer Schule eintreten *soll,* dann wird mir – bei entsprechender Vorbereitung – auch die Energie und Geschicklichkeit zufließen, sie zu vertreten. Und sollte sich keine Energie oder Geschicklichkeit bei mir einstellen, dann ist diese Aufgabe nicht *meine* Aufgabe, nicht mir, sondern jemand anderem zugedacht, und ich will gern davon zurücktreten. Schließlich möchten andere Leute auch für etwas gut sein." Dieselbe Lehrerin hätte sich ein halbes Jahr zuvor noch maßlos gefürchtet, einerseits an der Konferenz überhaupt teilzunehmen, und andererseits vor einem eventuellen Lapsus ihrerseits während der Konferenz.

Ein weiteres Beispiel ist eine chronisch kranke Patientin von mir, die lange Zeit gezögert hatte, eine sozialpädagogische Ausbildung aufzunehmen. Immer hatte ihr die Frage: „Zahlt sich das für mich noch aus?" dazwischengefunkt. Nach unseren Gesprächen entschloß sie sich jedoch, sofort damit zu beginnen und keinen Gedanken mehr darauf zu verschwenden, ob sie wohl noch lang genug lebe, um sozialpädagogisch tätig zu werden oder nicht. Sie hatte begriffen: Wenn es der für sie bereit liegende Lebenssinn sei, solcherart zu wirken, würden auch Stunden und Tage für ihre sozialpädagogische Tätigkeit bereit liegen, es könne gar nicht anders sein. Sollten hingegen die nötigen Stunden und Tage am Ende fehlen, würde eben kein sozialpädagogischer Wirkungsbereich auf sie warten, und der vorgezeichnete Weg habe in einer Ausbildung voll Interesse und Freude seinen Sinn und seine Erfüllung gefunden.

Um sich zu dieser inneren Ruhe und Gelassenheit aufzuschwingen, ist es allerdings notwendig, insbesondere zwei Aspekte der dargelegten Sichtweise zu beherzigen:

1. Auch wenn ich sicher sein kann, daß ich über die Potenz verfüge, den mir vorgezeichneten Weg zu gehen, darf ich dennoch nicht dem Irrtum verfallen, es gehe sich ohne Mühe und ohne mein Zutun. Der Lebenssinn ist diskret, er kann dem suchenden Auge lange verborgen bleiben, und er fällt niemandem in den Schoß; er muß nicht nur gesucht, sondern auch erobert werden. Das heißt, nur wenn ich das Meine erbringe, das Meine an Aufwand, Engagement, Übung und natürlich eigener Gesunderhaltung bzw. Krankheitsbekämpfung, nur dann wird sich das mir Zugedachte verwirklichen. Ohne mein Zutun bleibt es reine Potenz – ein guter Weg, der gangbar gewesen wäre ...
2. Das in meinem Leben *nicht* als Potenz Vorhandene ist nicht das Meine – diese bittere Wahrheit muß akzeptiert werden. Wie bitter sie ist, hängt von der jeweiligen Einstellung eines Menschen ab. Mancher protestiert vor gesperrten Wegen, aber wer weiß, wie beschwerlich oder steil jene Wege wären? Zeigen sich doch auch die Autofahrer im Winter enttäuscht, wenn Alpenpässe gesperrt sind, und geschieht doch auch dies einzig zu ihrem Schutz! Ähnlich könnte die eine oder andere Lebensaufgabe für einen Menschen zu schwer sein, und ist ihm folglich nicht zugedacht. Betrachten wir es deswegen eher als Erleichterung, daß unsere Tage und Kräfte begrenzt sind, anderenfalls gäbe es allzu vieles mehr in der Welt, um das wir uns kümmern, sorgen und annehmen müßten.

Nach diesem Abstecher ins Reich der Philosophie möchte ich zur psychologischen Fragestellung nach geeigneten Lebenszielen zurückkehren. Lebensziele sind, wie wir sagten, selbstgesteckt und selbstgewählt, sie tragen die individuelle Handschrift ihres Konstrukteurs. Und sie werden, trotz zeitweiser Veränderungen, mit relativ hoher Konstanz entworfen, wie wir ebenfalls sagten. Das Muster, nach dem ein Mensch seine

Lebenspläne schmiedet, wechselt seltener als die Lebenspläne selbst. Schließlich haben wir noch ein Drittes festgestellt: Alle Lebensziele und Lebenspläne sind als Teil der Zukunft ungewiß, Konzepte für noch unbeschriebene Tagebuchseiten, deren Inhalt nicht allein in unserer Macht steht.

Versuchen wir jetzt, eine Brücke zu bauen zwischen dem Lebens*sinn* als dem „Leitstrahl" der Vorsehung, der unser Leben unsichtbar und doch merklich durchzieht, und den persönlichen Lebens*zielen*, die in Willensakten und im Wunschdenken sichtbar werden, uns aber auch verlustig gehen können. Die Brücke besteht in der Einsicht, daß unsere Lebensziele mit umso höherer Gewißheit erreichbar sind, je näher sie an den für uns von Anfang an bereit liegenden Lebenssinn herankommen, je „identischer" sie sozusagen mit ihm sind. Die Kurzformel lautet: *Je sinnvoller ein Lebensentwurf, desto wahrscheinlicher seine Vollendung.*

Was sind die argumentatorischen „Brückenpfeiler", die diese Brücke tragen? Ganz einfach: Da uns alle inneren Verwirklichungsfähigkeiten und äußeren Verwirklichungsmöglichkeiten in die Wiege gelegt sind, um dasjenige, was auf uns wartet, zu erfüllen, sind wir optimal ausgestattet zur Anpeilung von Zielen, die sich im Rahmen des auf uns Wartenden bewegen, und zunehmend dürftig ausgestattet zur Anpeilung von Zielen, die sich aus diesem Rahmen fortbewegen. Freilich können wir uns Ziele setzen ohne Entsprechung zum einzigartigen Sinn unseres einzigartigen Daseins, doch müssen wir bei einem solchen Griff nach dem uns nicht Aufgegebenen damit rechnen, der Aufgabe letztlich nicht gewachsen zu sein. Der Pilot, der den auf seiner Strecke vorgesehenen Gleitpfad verläßt, um bei Nacht und Nebel einen fernen Zielflughafen seiner Wahl anzusteuern, erhöht die Ungewißheit seiner sicheren Landung.

All unsere bisherigen Überlegungen gelten für gesunde und kranke Menschen gleichermaßen. Der Unterschied zwischen gesunden und kranken Menschen ist auch nicht sehr groß, denn, um es brutal auszudrücken, „Todeskandidaten" sind sie beide. Die Begrenztheit von Kraft und Zeit ist ihnen gemeinsam. Vielleicht liegt der einzige Unterschied lediglich darin, daß die Gesunden jederzeit krank, aber die Kranken nicht jederzeit gesund werden können, daß also ein Schritt in Richtung Tod voraussetzungslos möglich, ein Schritt in Richtung Leben hingegen nur unter bestimmten Voraussetzungen möglich ist. Wie das Vergangene „gewisser" ist als das Zukünftige, so ist auch der Tod „gewisser" als das Leben, was sich kranken Menschen stärker verdeutlicht als gesunden.

Ob deshalb ihre Lebensziele von verschiedener Art zu sein brauchen, muß erst hinterfragt werden. Denn da auch die Gesunden keine Garantien für ein uneingeschränkt langes Leben haben, können sie ihre Lebenspläne auf keinen größeren Sicherheiten errichten als die Kranken. Die Sicherheit, mit der sich ein Plan in die Tat umsetzen lassen wird, gründet ja eben nicht in einer gegenwärtig stabilen gesundheitlichen Verfassung, die jederzeit ins Gegenteil umschlagen kann, sondern, wie wir ausführlich herausgearbeitet haben, in der Kongruenz unserer Pläne mit dem uns zugedachten „Plan für uns". Es ist daher zu fragen: Könnte es sein, daß auf kranke Menschen, und vor allem auf chronisch kranke und unheilbar kranke Menschen etwas anderes wartet als auf gesunde? Daß ihnen essentiell anderes vorgezeichnet und aufgegeben ist, ein Lebenssinn besonderer Qualität? Denn dann und nur dann sollten auch ihre selbstgesteckten und höchstpersönlichen Ziele andere sein als die der Gesunden.

Die Frage ist in der Theorie nicht leicht zu beantworten. Schauen wir uns daher zunächst zwei Beispiele aus der Praxis an.

Einer meiner Patienten führte eine schlechte Ehe. Er kam zu mir, um sich auszusprechen, oder besser: auszuklagen, denn er schimpfte buchstäblich zwei Stunden lang über seine Frau. Da ich immer auch gerne die andere Seite höre, vereinbarten wir einen Gesprächstermin für seine Frau. Doch bevor es so weit war, hatte das Ehepaar einen Verkehrsunfall, bei dem die Frau aus dem Wagen geschleudert und schwer verletzt wurde. Sie blieb auch nach monatelangem Klinikaufenthalt halbseitengelähmt und hirngeschädigt und wurde zum lebenslänglichen Pflegefall. Der Ehemann, der berufstätig ist, brachte sie in einem guten Heim unter und hält bis auf den heutigen Tag regelmäßig Kontakt zu ihr. Er besucht sie jeden zweiten Tag, streichelt sie, liest ihr etwas vor, füttert sie, wäscht sie bei Bedarf und führt sie im Rollstuhl aus. Oft grübelt er mit einer Mischung von Bedauern und Schuldgefühlen über seine frühere Ehe nach. Vor kurzem tauchte er wieder bei mir auf, weil ihn diese Grübeleien nicht losließen. „Warum haben meine Frau und ich uns bloß so schlecht verstanden?" fragte er mich. „Warum haben wir uns ständig aneinander gerieben, wegen lächerlichen Kleinigkeiten?"

Was kann man darauf erwidern? Es ist die alte Leier von den Blumen, die man während des Lebens verschenken soll, weil sie auf den Gräbern vergebens blühen. Aber noch war in diesem Fall Leben vorhanden, wenn auch behindertes Leben, und immerhin wurden in der Betreuung der behinderten Frau Blumen verschenkt, im wahrsten und im übertragenen Sinne. Dies verdiente Betonung und Hervorhebung, und so sprach ich von den „Blumen der Gegenwart".

„Ich möchte, daß Sie eines bedenken", begann ich. „Wenn Ihre Ehe sehr glücklich gewesen wäre, wäre alles, was Sie jetzt für Ihre kranke Frau tun, geradezu selbstverständlich. Es wäre die logische Folge einer glücklichen zwischenmenschlichen Beziehung. So aber ist das, was Sie tun, etwas wirklich Außergewöhnliches, eine außergewöhnliche Leistung. Denn Sie hätten jetzt die Möglichkeit, sich für die vielen kleinen Unstimmigkeiten mit Ihrer Frau zu rächen. Sie könnten sie, den jetzt hilflosen Menschen, büßen lassen, was sie Ihnen früher mit Sticheleien oder Zurechtweisungen das Leben schwer gemacht haben mag. Das tun Sie jedoch nicht. Sie erfüllen Ihre Pflicht als Ehemann, unabhängig davon, was einmal zwischen Ihnen beiden gewesen ist. Das beweist innere Größe. Und sehen Sie, Sie hätten diese innere Größe, die Sie besitzen, nicht nur niemals unter Beweis stellen können, wenn es anders gekommen wäre, Sie hätten auch nichts von ihr gewußt. Sie hätten gar nicht entdeckt, was an großartigem ethischen Potential in Ihnen schlummert. Nur in der Konstellation: schlechte Ehe

– Unfall – dauerhafte Hilflosigkeit und Angewiesenheit Ihrer Frau auf Sie – und *liebevolle Fürsorge Ihrerseits für Ihre Frau,* nur in dieser Konstellation hat sich etwas in Ihnen offenbart, auf das Sie stolz sein können."

Der Mann hatte mir ergriffen zugehört. Als ich schwieg, rückte er näher an mich heran und flüsterte mir seine Entgegnung zu, als wäre sie ein Geständnis. „Wenn ich ehrlich bin", flüsterte er, „ist es die innere Größe meiner Frau, die das alles bewirkt. Sie trägt ihr Schicksal gefaßt und geduldig. Jedesmal strahlt sie mich an, wenn ich zur Tür hereinkomme, nie läßt sie eine schlechte Laune an mir aus. Ich weiß gar nicht, wie sie das schafft, aber sie beschämt mich mit ihrer Haltung dermaßen, daß ich mich von Tag zu Tag wandle nach ihrem Vorbild. Das ethische Potential, von dem Sie sprechen, springt von ihr auf mich über wie ein Funke, ich fühle es."

Das zweite Beispiel, über das ich berichten möchte, betrifft einen 12jährigen Jungen, der seit seinem 9. Lebensjahr an Leukämie erkrankt ist. Sein Vater ist Arzt, und ich traf ihn anläßlich einer Ärztetagung, auf der wir miteinander ins Gespräch kamen. Ich fragte diesen Vater, ob es für ihn als Mediziner nicht besonders schwer sei, ein chronisch krankes Kind zu haben, dem er nur symptomlindernd helfen könne, und bei dem er zuschauen müsse, wie es ihm progressiv schlechter gehe?

Der Arzt dachte darüber nach. „Wissen Sie", sagte er schließlich, „manchmal kommt mir vor, wir haben durch unseren Sohn mehr gewonnen, als wir durch seine Krankheit verloren haben." Diese Aussage faszinierte mich, weswegen ich ihn bat, mir seine Gedanken genauer darzulegen. Daraufhin erzählte er mir, daß seine Frau jahrelang depressiv gewesen war. Doch seit dem 10. Geburtstag ihres kranken Sohnes sei sie wohlauf. Was war geschehen? Sie hatte damals den Jungen gefragt, was er sich zum Geburtstag wünsche, und dieser hatte geantwortet: „Eine fröhliche Mutti, sonst nichts!" Händeringend hatte sie geschluchzt: „Wie kann ich fröhlich sein, wenn du krank bist?", worauf der Junge erwidert hatte: „Aber Mutti, wenn ich mit meiner Leukämie lebe, dann kannst du das auch. Nimm meine Krankheit einfach an, wie du mich annimmst." Offenbar ist die Mutter in sich gegangen und hat den Geburtstagswunsch ihres Sohnes erfüllt.

Das sei aber nicht alles, fuhr der Arzt fort. Auch die Geschwister und die Kinder in der Nachbarschaft hätten profitiert. Sie wären im Umgang mit seinem Sohn vernünftiger und reifer geworden. Sein Sohn hatte z.B. einen fast neuen Fußball, den er nicht mehr benützen konnte, an ein Kind verschenkt, das, aus asozialem Milieu stammend, von der Kindergemeinschaft ziemlich ausgeschlossen gewesen war. Seitdem sei dieses Kind in der Rangordnung der Gemeinschaft um einige Stufen gestiegen, es wurde geduldet und sogar gemocht. Man habe gelernt, Schwächeren zu helfen, statt sie auszulachen. „Sie haben Ihre Frau erwähnt, und die Kinder, die als Gesunde von Ihrem kranken Sohn praktisch belehrt worden sind," spann ich den Faden weiter, „wie ist das mit Ihnen? Haben auch Sie einen Impuls durch Ihren Sohn bekommen?" „Ich?" fragte der Arzt verlegen. „Ich habe am meisten bekommen. Ich habe das Gebet wiedergefunden."

Diese zwei Beispiele sind keine Ausnahmen, sondern stehen für viele. Was spiegelt sich nun in ihnen, was dürfen wir aus ihnen ableiten? Chronisch kranke Menschen haben offenbar eine verstärkte Chance, einen „lehrreich bekehrenden Einfluß" auf ihre mitmenschliche Umwelt zu nehmen. Das klingt merkwürdig, entspricht aber durchaus den Tatsachen. Das Wort des Betroffenen ist echt. Die Aussage des Leidenden ist glaubwürdig. Die Passion des Kranken verleiht ihm eine Vertrauensposition, wie sie kein Gesunder vorzuweisen hat. Würde ich mich hinstellen und verkünden, daß man sich mit seiner Leukämie aussöhnen kann, würde ich mich schier lächerlich machen. Der 12jährige Sohn des Arztes im 2. Beispiel jedoch vermochte diese Botschaft mit Leichtigkeit zu lancieren. Mutter, Geschwister, Nachbarskinder und der Vater haben sie widerstandslos von ihm übernommen. Würde ich mich hinstellen und behaupten, auch ein Leben mit Hirnschaden, halbseitiger Lähmung, Verurteilung zu Rollstuhl und Pflegeheim, sei immer noch lebenswert, würden sich die

Kritiker und Skeptiker auf mich stürzen. Die Frau des ratsuchenden Ehemannes im 1. Beispiel jedoch demonstriert dies Tag für Tag ohne Wenn und Aber.

Es gibt also Erkenntnisinhalte, um nicht zu sagen „Weisheiten", die nur von ganz bestimmten Personengruppen überbracht werden können, weil sie anderen schlichtweg nicht geglaubt werden. Und weil das so ist, sind jene begnadeten Personengruppen aufgerufen, die spezifische Chance, die in ihre Hände gelegt ist, zum Wohle aller zu nützen. Es könnte ein Lebenssinn sein, der ihnen und vorrangig ihnen aufgetragen und zugedacht ist, denn wenn sie diese Chance nicht nützen, kann ein anderer sie nicht stellvertretend für sie ergreifen.

Mein Lehrer, Viktor E. Frankl, der nicht nur Facharzt für Neurologie und Psychiatrie, sondern zugleich Überlebender von vier Konzentrationslagern ist, und der sein Leben lang gegen die These von der Kollektivschuld des deutschen Volkes aufgetreten ist, sagte einmal in einer berühmten Rede sinngemäß: „Ein Jude muß hingehen und bestätigen, daß es auch unter dem Nazi-Regime solche und solche gegeben hat, anständige und unanständige Menschen, und daß es Unrecht wäre, sie alle in Bausch und Bogen zu verdammen. Kein Arier hat quasi die Legitimation, diese Wahrheit kundzutun, jedem Arier würde man unterstellen, Greueltaten seiner Rasse beschönigen zu wollen. Nein, ein Jude, der unter den arischen Henkersknechten zutiefst gelitten hat, muß hingehen und es bestätigen, dann wird die nächste Generation verstehen, daß es im Prinzip nur zwei „Rassen" von Menschen auf Erden gibt, nämlich die anständigen und die unanständigen, und diese bei allen Völkern und Kulturen, Gesellschaften und Nationen."

Sehr ähnliches hören wir immer wieder von den Fachleuten, die in der Suchtkrankenhilfe und Drogentherapie tätig sind. Wer darf mit Fug und Recht einem Alkoholabhängigen oder Heroinsüchtigen abverlangen, auf sein Suchtmittel zu verzichten und die Entzugserscheinungen tapfer auszuhalten? Derjenige, der nie abhängig war, hat keine Vorstellung, welchen Weg durch welche Hölle er damit empfiehlt. Ein ehemals Abhängiger aber, ein Geretteter, der ebendieser Hölle entronnen ist, hat die volle Berechtigung, davon zu sprechen, daß der Weg durch die Hölle des Entzugs allem zum Trotz lohnenswert ist, weil draußen, jenseits der Verdammnis zur ewigen Abhängigkeit, die Freiheit eines menschenwürdigen Lebens winkt. Er, der Gerettete, kann Suchtkranken die Gewißheit vermitteln, daß Rettung machbar ist.

Kommen wir zu unserer Ausgangsfrage zurück. Die Frage hat gelautet: Könnte es sein, daß auf kranke Menschen, und vor allem auf chronisch kranke und unheilbar kranke Menschen etwas anderes wartet als auf gesunde ... ein Lebenssinn besonderer Qualität? Ich sagte, die Frage sei in der Theorie nicht leicht zu beantworten. Die Praxis allerdings gewährt uns Einsicht in eine beeindruckende Perspektive: Chronisch kranke Menschen, und einzig und allein sie, vermögen Zeugnis abzulegen darüber, wessen der Mensch geistig-seelisch fähig ist, und zwar noch unter schwierigsten Bedingungen. Sie und ihre Angehörigen, die in einer nicht weniger schwierigen Lage sind, können bezeugen, daß die innere Annahme des Unabänderlichen möglich und der Friedensschluß mit der Welt und Überwelt erbringbar ist, auch wenn das Krankheitsgeschehen selber unbegreiflich bleibt. Sie können, wenn sie ihr „Ja zum Leben" formulieren und demonstrieren, tausende Gesunde, die am Leben verzweifeln möchten, durch ihr positives Vorbild mitreißen, und, wenn sie ihr Schicksal mutig durchtragen, tausende Ängstliche, die sich vor dem Leben fürchten, mit ihrem Beispiel anstecken. Chronisch Kranke und ihre Angehörigen könnten unsere besten Lehrmeister sein, die uns Gesunde belehren, was die wahren Werte im Leben sind, nämlich nicht Leistung und Erfolg, Tüchtigkeit im Beruf oder teure Selbstverwirklichung um jeden Preis, sondern viel schlichtere und einfachere Errungenschaften als da sind: die Bewältigung des Alltags, ohne sich zu dauerndem Murren verleiten zu lassen, die Dankbarkeit für die kleinen Freuden, ohne sich vom Schmerz verbittern zu lassen, die Rücksichtnahme aufeinander, ohne die Geduld miteinander zu verlieren, und vieles mehr.

Wohin würde eine Gesellschaft von vor Gesundheit und Stärke strotzenden Menschen driften, wenn es die Kranken, Alten und Behinderten in ihr nicht gäbe als Mahner zum Nachdenken über die wahren Werte des Lebens? In welch ungeheurer Selbstüberschätzung würde die Menschheit landen, hätte sie nicht Wächter und Hüter des Wissens um die Beschränktheit und Ausgeliefertheit allen irdischen Daseins in denen, die mitsamt dieser Beschränktheit und Ausgeliefertheit grandiose Wunder an Lebensgestaltung vollbringen? Daß solchen „Wundern" ein langer von Krisen und Depressionen geschüttelter Prozeß vorauszuschreiten pflegt, von dem Viktor E. Frankl schreibt: „Erst unter den Hammerschlägen des Schicksals, in der Weißglut des Leidens an ihm, gewinnt das Leben Form und Gestalt" *, tut dem, was schließlich an Form und Gestalt herauskommt, keinen Abbruch, im Gegenteil, es verleiht jenen Wächtern und Hütern einer zur Selbstüberschätzung neigenden Menschheit fast einen „Heiligenschein": sie jedenfalls haben etwaige Fehler und Ausrutscher unter den „Hammerschlägen des Schicksals" längst abgebüßt.

Somit gibt uns die Praxis einen eindeutigen Fingerzeig. Chronisch Kranke sind gerufen und gebeten, zu bezeugen, daß das Leben *bedingungslos* lebens- und bejahungswürdig ist, denn niemand kann es bezeugen wie sie. Sie sind gerufen und gebeten, es zu tun im Interesse aller, der Gesunden wie der Kranken, der Glücklichen wie der Verzweifelten, denn zwischen Gesundheit und Krankheit, Glück und Not sind nur hauchdünne Wände, von denen keiner weiß, wie lange sie stehen. *Das* ist der Lebenssinn besonderer Art für chronisch kranke Menschen, und sämtliche Lebensziele, die sie sich setzen mögen, werden stets in Reichweite liegen, sofern sie mit diesem Ruf korrespondieren. Mag es sich um berufliche oder familiäre Ziele handeln, Ausbildungsziele, Betätigungsziele, Freundschaftsziele, Erlebnisziele ... für jedes dieser Ziele wird die Zeit und Kraft zur Verfügung stehen, derer es bedarf,

* Viktor E. Frankl, „Der Mensch vor der Frage nach dem Sinn", Verlag Piper, München, 9. Auflage 1993, Seite 249.

um in der Annäherung an das Ziel durch Haltung und Ausstrahlung auszudrücken, daß die mutige Annäherung selbst ihren Wert hat, weil es letztendlich nicht um Erfolge und Gewinne im menschlichen Leben geht, sondern um die wahren Werte, die schlicht und einfach und doch – das Eigentliche sind. Man braucht kein langes Leben, um das zu bezeugen.

Zur Frage nach dem Sinn des Leidens

Der folgende Text ist die Ergebniszusammenfassung eines Workshops, den ich 1992 auf einem Psychoonkologiekongreß in Oldenburg gehalten habe. Da sich der Text ebensogut als Zusammenfassung der Kardinalgedanken dieses Buches eignet, sei er unverändert abgedruckt.

Auf Grund eines eigenen tragischen Schicksals hat sich der Wiener Psychiater und Neurologe Viktor E. Frankl intensiv mit der Problematik von Leid, Schuld und Tod beschäftigt, drei Phänomenen, die er zur „tragischen Trias“ im menschlichen Leben zusammenfaßt. Denn jeder Mensch muß irgendetwas durchleiden, jeder wird irgendwie schuldig, und jeder stirbt irgendwann. Das heißt, die „tragische Trias“ ist eine unausweichliche, an ihr kommt keiner vorbei. Und doch gibt es große Unterschiede in der Art und Weise, *wie* sie durchlebt und durchlitten wird. Das Gestaltungsmoment, das uns überall in der Natur entgegentritt und das eine unglaubliche Vielfalt an Lebensformen hervorgebracht hat, scheint sich im Menschen besonders verdichtet zu haben. Von denselben Eltern, also mit sehr ähnlichem Erbgut ausgestattet und von ähnlichen Erziehungsstrukturen geprägt, gehen höchst unterschiedliche Nachkommen hervor, weil jedes Kind erwachsenwerdend seinen Lebenslauf selbst in die Hand nimmt. Genauso ist es mit den Phänomenen der „tragischen Trias“: das gleiche Leid, die gleiche Krankheit, der gleiche Fehltritt und der gleiche Abschied werden in vollkommen differenter Weise durchgestaltet; jeder Pathogenese steht eine „Pathoplastik“ * gegenüber, von der letzten Endes erst abhängt, was aus dem „Pathos“ wirklich wird, welche Auswirkungen es tatsächlich auf die davon betroffene Person hat. Auch die Frage, ob

* Viktor E. Frankl, „Theorie und Therapie der Neurosen“, UTB 457 im Ernst Reinhardt Verlag, München, 6. Auflage 1987, Seite 54ff.

jemand an einem leidvollen Schicksal „zerbricht", was soviel bedeutet wie: verzweifelt und seelisch daran zugrunde geht, hat vorwiegend mit diesem plastisch-gestalterischen Moment zu tun, durch das er seinem Schicksal – also dem Daß eines Sachverhaltes – den Stempel des Wie ebendieses Sachverhaltes aufdrückt. Frankl schreibt dazu:

„Wollte man den Menschen definieren, dann müßte man ihn bestimmen als jenes Wesen, das sich je auch schon frei macht von dem, wodurch es bestimmt ist; jenes Wesen also, das alle seine Bestimmtheiten transzendiert, indem es sie überwindet oder gestaltet, aber auch noch während es sich ihnen unterwirft." *

Auf dieser anthropologischen Basis soll nun nach Perspektiven gesucht werden, die den Menschen, sofern er sie sich zueigen macht bzw. in den Gestaltungsprozeß der Tragik, mit der er konfrontiert ist, hineinverwebt, vor Verzweiflung bewahren. Um eines an den Anfang zu setzen: es sind eher philosophische Perspektiven, die da hilfreich sein können, als psychologische. Denn eine Kenntnis der Psyche und ihrer Zustandsbilder, wie sie uns die Psychologie liefert, gibt uns keinen Aufschluß über den „Boden", der gleichsam unsere Existenz trägt, sondern nur darüber, was sich auf diesem „Boden" in der Gedanken- und Gefühlswelt eines Menschen abspielt. So kann uns die Psychologie z.B. von der Angst berichten, die jeden von uns beim Gedanken ans Sterbenmüssen packt, nicht aber Gründe nennen, die für eine Akzeptanz der Vergänglichkeit des Lebens sprechen. Oder sie kann uns vom Zorn über die gefühlsmäßig erlebte Ungerechtigkeit und Unverdientheit von plötzlichen Krankheitseinbrüchen berichten, nicht aber über deren potentiellen Sinn.

Diejenigen Perspektiven aber, die angesichts der „tragischen Trias" vor Verzweiflung bewahren können, sind vorrangig *Sinnperspektiven*. Der leidende, der kranke und auch der krebskranke Mensch ringt mit dem ihm auferlegten Schicksal,

---

* Viktor E. Frankl, „Ärztliche Seelsorge", Deuticke Verlag, Wien, 10. Auflage 1982, Seite 92.

dessen Sinn er nicht einsehen kann. Nicht der psychische, kreatürliche Schmerz steht im Vordergrund seines Ringens, sondern der Gegenstand seines Schmerzes: das Unbegreifliche. Warum er? Warum jetzt? Warum so grausam? Wofür hat er überhaupt bisher gelebt? Wofür lohnt es sich noch, weiterzuleben? Sein existentieller „Boden" wankt – leicht könnte er ins Bodenlose abstürzen, in den Glauben an ein absurdes Chaos, dem er ausgeliefert ist, und dessen Strudel ihn in die Tiefe reißt. Was hält ihn, was trägt ihn noch? Die Religion? Gut, wenn sie es tut. Gut, wenn dem sich ihm aufdrängenden Glauben an ein absurdes Chaos ein Glaube von anderer Qualität entgegengesetzt werden kann. Doch nicht jeder Mensch hat Zugang zu dieser Quelle des Trostes. Hier kann die Philosophie als Lebenshilfe „einspringen" und Argumente anbieten, die den wankenden „Boden" der Existenz wie Pfeiler abstützen, auf daß der leidende Mensch wieder Mut faßt, sein Schicksal anzunehmen und bestmöglich auszugestalten.

Im Workshop wurden vier solcher „Stützpfeiler" aus der Logotherapie und Logotheorie von Viktor E. Frankl erörtert.

1. Hinter jeder Verzweiflung steht eine Vergötzung

Verzweiflung hat eine Voraussetzung, die schon *vor* Schicksalsschlägen und Krankheitseinbrüchen geschaffen wird, und zwar vom Menschen selbst: die Vergötzung.* Jeder, der sein ganzes Herz an einen einzigen Lebensinhalt oder an ein einziges Wertobjekt hängt, programmiert sich selbst in Richtung Verzweiflung vor. Denn bekanntlich ist alles Irdische verlierbar, und wird es verabsolutiert, also aus seiner relativen Gültigkeit und Wichtigkeit herausgebrochen und zum „Alleinseligmachenden" deklariert, dann steht und fällt mit ihm das Wohl und Wehe desjenigen, der es verabsolutiert hat. So endet z.B. eine überzogene Arbeitswut leicht bei unerträglich

---

* Viktor E. Frankl, „Der leidende Mensch", Piper Verlag, München, Neuausgabe 1990, Seite 359/360.

leeren Sonntagen und einem Totalkollaps im Ruhestand. Klammerbeziehungen symbiotischer Natur wiederum hinterlassen in einem Trennungs- oder Todesfall Trauernde, die aus ihrer Trauer nie mehr herausfinden, weil sie in einer reaktiven Depression versunken sind. Und unter den Mammonanbetern ist der Suizid die übliche Antwort auf Börsenkräche. Das heißt, je höher etwas Irdisches zum Himmel gehoben wird, solange es sich in der persönlichen Reichweite eines Menschen befindet, desto tiefer ist der Sturz dieses Menschen, sobald es aus seiner Reichweite herausgleitet.

Gesundheit, Lebenskraft und Lebenslänge bilden diesbezüglich keine Ausnahme. Zweifellos ist Gesundheit ein herrliches Gut, und es wäre zu wünschen, daß sich mehr Gesunde dessen bewußt sind. Dennoch ist sie nicht unser „oberstes" Gut. Ein Leben, das 100 Jahre dauert, kann sinnarm, unfruchtbar und vom ethischen Standpunkt aus verfehlt sein, während ein anderes Leben von weit weniger Jahren vielleicht ein unaussprechliches Maß an Glück und Freude in die Welt zu bringen vermocht hat. Es ist daher ein Aspekt der *Vorsorge* – wenn man so will, auch der Krebsvorsorge! –, das Leben rechtzeitig mit einer Fülle von Wertgehalten anzureichern, um im Falle abbröckelnder Gesundheit (oder des Abbröckelns eines anderen Wertgehaltes) auf noch Bestehendes zurückgreifen zu können.

Die Erfahrung lehrt, daß es *nach* dem Verlust eines „vergötzten" Wertes kaum mehr möglich ist, Neuaufwertungen von bis dahin untergeordneten Lebensinhalten vorzunehmen. Der Sturz, der aus einem ursprünglichen „Alles-oder-nichts-Prinzip" heraus entstanden ist, führt den zu tief ins Nichts, der verlor, was ihm „alles" war. Doch solange sich der Verlust erst in Vorboten ankündigt, ist noch Zeit zur geistig-seelischen Umorientierung, eine Chance, die gerade die Krebskrankheit dem Kranken normalerweise gewährt.

Das Fazit daraus lautet: Je vielseitiger und wertintensiver ein Kranker sein Leben mit Krankheit und trotz Krankheit gestaltet, indem er Interessen wach hält, Freundschaften pflegt, sich musisch betätigt und insgesamt „weltoffen" bleibt, desto weniger wird er zur Beute der Verzweiflung werden, wenn seine Krankheit fortschreiten sollte. Freilich ist damit kein hektisches Sichverzetteln gemeint, sondern durchaus eine Konzentration auf Wesentliches. Aber das Wesentliche tritt uns nun einmal in vielen Facetten entgegen; es entsteht nicht aus einem irdischen Gut allein, und es geht auch nicht mit einem solchen unter.

2. ... sondern lächle, daß sie gewesen

Der berühmte Ausspruch von Immanuel Kant: „Leuchtende Tage – weine nicht, daß sie vorüber, sondern lächle, daß sie gewesen", offenbart eine profunde Weisheit. Die Einsicht nämlich, daß aus der Vergangenheit nichts herausgenommen, und schon gar nicht das „Leuchtende" in ihr rückwirkend verdunkelt werden kann.* Oder wer wollte etwa die Mutterliebe, die er als Kind empfangen hat, ungeschehen machen? Wer wollte eine Arbeit, die ihm selbst gelungen ist, postwendend in eine mißlungene verwandeln? Wer könnte einer Ehe, die 25 Jahre lang gehalten hat, auch nur einen Tag davon stehlen? Wer oder was könnte zunichte machen den Sinn, der in einem Menschenleben erfüllt worden ist?

Da alles Vergangene wahr bleibt, man könnte sogar sagen: ewig wahr bleibt, so bleibt auch das Beglückende und Geglückte aus der eigenen Lebensvergangenheit in der ewigen Wahrheit und ist dort vor jedem verändernden Zugriff geschützt – ein Grund, zu lächeln! Ein Grund, ihm nachzuweinen? Vielmehr ein Grund, sich zu freuen, daß es überhaupt stattgefunden hat!

Diesen Kantschen Gedanken zu Ende gedacht erkennen wir, daß die Klage und die Dankbarkeit merkwürdige Antipoden sind, je nachdem, wie wir ein- und dasselbe „Ding" betrachten. Ein Mensch, der mit 16 Jahren seine liebevoll

---

* Elisabeth Lukas, „Spannendes Leben", Quintessenz Verlags-GmbH, München 1991, Seite 161.

sorgende Mutter durch Tod verloren hat, kann zeitlebens mit dem Schicksal hadern, daß es ihm die Mutter zu früh geraubt hat, er kann aber auch zeitlebens dem Schicksal dankbar sein, daß er in den entscheidenden Kindheitsjahren eine liebevoll sorgende Mutter gehabt hat. *Wahr* ist beides, die Wahl ist seine. Entsprechendes gilt für einen Menschen, der mit 50 Jahren unheilbar erkrankt. Auch er kann verbittert aufbegehren gegen die radikale Einschränkung seiner Lebenserwartung oder zufrieden zurückschauen auf ein halbes Jahrhundert, in dem er vor ernsten Gefahren behütet gewesen ist. *Wahr* ist beides, und die Wahl ist wiederum seine.

Viktor E. Frankl hat eine therapeutische Methode zur Überwindung von Angstneurosen entwickelt, bei der er die irrationale Furcht eines Patienten durch die Mobilisierung eines irrationalen Wunsches seitens des Patienten kuriert. * So ist es beispielsweise kaum möglich, sich extrem vor der Dunkelheit der Nacht zu fürchten, wenn man gleichzeitig das Dunkel der Nacht sehnlichst herbeiwünscht – Wunsch und Furcht heben einander gegenseitig auf. Analog dazu wäre ein therapeutischer Ansatz denkbar, der das Klagen und Hadern mit dem Schicksal, dem leidgeprüfte Menschen schnell verfallen (was ihre Seele erst recht bedrückt), aufhebbar macht im Bewußtsein, wieviel Dankenswertes es gleichzeitig in ihrem Leben gibt: Glück, das die Seele erleichtert.

In der Praxis hat sich dabei das Gleichnis vom Gabentisch bewährt, der – wie der Tisch am Weihnachtsabend – Geschenke für jeden bereit hält, für groß und klein. Da liegt für den einen eine 16 Jahre dauernde Mutterliebe darauf, und für den anderen ein halbes Jahrhundert stabile Gesundheit. Für einen Dritten ist vielleicht ein Sprachentalent, bunt umhüllt, unter den Päckchen, und dem Vierten winkt ein treuer Lebenspartner zu. Allerdings gibt es auch Geschenke, die *nicht* auf unserem Gabentisch liegen, oder nicht in der gewünschten Form und Größe. Sie mögen auf fremden Tischen sichtbar

---

* Viktor E. Frankl / Franz Kreuzer, „Im Anfang war der Sinn“, Piper Verlag, München, 2. Auflage 1991, Seite 87 ff.

sein, doch auf dem eigenen suchen wir sie vergebens. Jetzt ist es an uns, wie wir das „Fest unserer Menschwerdung" – um noch einmal auf das Weihnachtsthema anzuspielen – feiern: mit Tränen in den Augen oder mit einem Lächeln auf den Lippen. Mit dem irrationalen Anspruch, ein Recht auf bestellbare und einklagbare Gaben zu besitzen, oder mit dankbarer Freude, daß unser Tisch nicht leer ist …

3. Beugen vor dem Geheimnis

Das folgende Zitat von Viktor E. Frankl schließt an den vorherigen Gedankengang an, bringt aber eine zusätzliche Perspektive hinein:

„Wenn ich einem Hund etwas zeige, mit dem Finger auf etwas weise, dann blickt er nicht in die Richtung, in die der Finger zeigt, sondern auf den Finger selbst; wenn er böse ist, schnappt er nach dem Finger. Mit einem Wort: die Zeichenfunktion des Zeigens ist ihm unbekannt, ist in seiner Welt unverständlich.

Und der Mensch? Aus seiner Welt heraus ist er ebenso außerstande, die Zeichen zu deuten, die aus der Überwelt heraus geschehen mögen, – den Sinn zu verstehen, auf den etwa das Leiden verweisen mag, – den Fingerzeig zu erfassen, den es ihm gibt: auch er schnappt nach dem Finger – er hadert mit dem Schicksal." *

Die zusätzliche Perspektive im Zitat betrifft das Unvermögen des Menschen, den Sinn eines Leidens zu verstehen. Und wenn wir ehrlich sind, versteht kein Mensch, warum er leiden muß, und warum es überhaupt Krankheit, Not und Tod in der Welt gibt. Hätte der Schöpfungsentwurf nicht ganz anders ausfallen können? Eine provokante Frage, die das logische Ergebnis der Tatsache ist, daß wir keine ausreichende Erklärung für den Sinn des Leidens finden können. Kein Wunder auch, daß in dieses Vakuum höchst zweifelhafte und kritische Sinndeutungen hineinwuchern, wie etwa die Bestrafungsidee,

---

* Viktor E. Frankl, „Der leidende Mensch", Piper Verlag, München, Neuausgabe 1990, Seite 384.

die bei der Diskussion um die Krankheit AIDS neu entflammt ist. Aber all dies sind unzulässige Anthropomorphismen. Der Mensch versteht den Sinn des Leidens nicht und muß sich damit abfinden.

Eine ganz andere Frage ist es jedoch, ob dem Leiden *wirklich kein Sinn eignet?* Denn aus der Tatsache, daß wir keinen Sinn darin sehen, läßt sich keineswegs die Schlußfolgerung ableiten, daß kein solcher existiert! Mag es doch Milliarden Sterne im Weltall geben, die wir ebenfalls nicht sehen können, nicht einmal mit Hilfe unserer stärksten Teleskope, und die dennoch existent sind! Das Vorhandene auf das Wahrgenommene zu beschränken, wäre eine ungeheure Reduktion. Es kann also ein Sinn selbst noch im unabänderlich tragischen Schicksal verborgen sein, von dem wir nichts wissen, weil er über menschliches Fassungsvermögen hinausgeht, ein unvorstellbarer Sinn.

Zweierlei spricht dafür. Zum einen ist nichts in der Natur sinnlos, so weit wir es überblicken können. Bei jedem kleinsten Detail, bei jedem Blütenblatt und jedem Schneckenhaus hat sie sich etwas „gedacht", und ausgerechnet bei der Konzeption ihrer größten Wunder bis hin zum geistigen Leben sollte ihr ein gravierender Fehler unterlaufen sein? Zum anderen reicht der Begreifenshorizont dieses „geistigen Lebens" so weit, daß auch die Begreifens*grenzen* noch miteingeschlossen sind. Der Mensch kennt seine Begrenztheit, womit er genaugenommen auch ein Jenseits seiner Grenzen an-erkennt, das Viktor E. Frankl die „Überwelt" nennt: „Aus seiner Welt heraus ist er (der Mensch) außerstande, die Zeichen zu deuten, die aus der Überwelt heraus geschehen mögen ..."

Was bedeutet dies konkret für einen Kranken, Leidenden, Todgeweihten? Daß es offenbar gilt, auf die Warumfrage zu verzichten und sich vor dem Geheimnis zu beugen.* Zu beugen im Vertrauen darauf, daß da ein Geheimnis *ist,* ein geheimer Sinn jenseits unseres Begreifens, der alles Durchlittene

---

* Viktor E. Frankl, „Logotherapie und Existenzanalyse", Piper Verlag, München, 1987. Seite 138.

irgendwie rechtfertigt, ins rechte Lot bringt, und wenn es noch so ungerechtfertigt scheint. Zu vertrauen darauf, daß der „Finger" mehr ist als ein „Finger", nämlich ein „Fingerzeig".

4. Die letzte Aufgabe: ein Meisterwerk

Wir sind davon ausgegangen, daß sich jedes Schicksal noch gestalten läßt. Und wenn wir schon darauf verzichten müssen, den Schleier, der über dem geheimen Sinn eines Leidensschicksals ausgebreitet ist, zu lüften, so steht uns doch frei, die Gestaltung dieses Schicksals selbst in sinnvoller Weise vorzunehmen. Sinn *hinein*zulegen in etwas, aus dem wir desgleichen nicht *heraus*lesen können.

Ein authentischer Bericht soll diese Möglichkeit aufzeigen, die es uns gestattet, wenn es sein muß, noch eine letzte Aufgabe zu erwählen und meisterhaft zu Ende zu bringen, also bis zuletzt Sinn im Leben zu erfüllen. Es ist eine Möglichkeit und nicht mehr, aber eine, die den Abschied leicht macht und dasjenige, von dem wir uns verabschieden, in ein Licht taucht, das unauslöschlich ist. Hier der Bericht:

Im Zuge einer Weiterbildung für Mitarbeiter in therapeutischen Wohngemeinschaften habe ich ein Heim für AIDS-Kranke in Sizilien besucht. Die Bewohner des Heimes sind vorwiegend junge Männer, die von der Mafia oder auf anderen Wegen zum Drogenkonsum verführt worden sind und sich dabei infiziert haben. Durch ihre „Drogenkarriere" bedingt sind ihre familiären Bindungen und Freundschaften längst abgerissen; viele von ihnen haben auch kriminelle Delikte begangen und sich dadurch „außerhalb der Gesellschaft" gestellt. Mit fortschreitender Krankheit konnten die Ärzte im Krankenhaus nichts mehr für sie tun, und so wurden sie für die „Endphase" in die Wohngemeinschaft verlegt.

Wer Erfahrungen mit AIDS-Patienten hat, weiß, daß diese Endphase außerordentlich schmerzlich und (wegen der permanenten Durchfälle) entwürdigend ist. In dieser Situation starteten die Mitarbeiter, die logotherapeutisch geschult sind, einen Modellversuch. Sie richteten eine Ikonen-Malwerkstätte ein! Jeder der Kranken kann sich eine Holzplatte aussuchen, deren Größe er selbst bestimmt, je nachdem, wieviel Kraft er sich noch zutraut. Auch das Motiv, das gemalt werden soll, kann er selbst aussuchen. Es braucht kein religiöses zu sein, oft werden Landschaftsszenen gewählt, Bilder aus den Dörfern, in denen die Kranken aufgewachsen sind. Danach beginnt jeder, *seine* Ikone zu malen, und erhält dabei regelrechte künstlerische Anleitung zur Auftragung der verschiedenen hauchdünnen Lackschichten, durch die die Maserung des Holzes durchschimmern soll, sowie der Goldauflagen. Allen bisherigen Beobachtungen zufolge malen die Kranken in Selbstvergessenheit und mit innerer Hingabe, zum Teil im Liegen, wenn sie sehr schwach sind.

Jeder von ihnen widmet seine Ikone einer Person, die sie nach seinem Tod bekommen soll. Jemandem, den er einst geliebt hat oder den er um Verzeihung bitten möchte. Es ist vorgekommen, daß ein Kranker die von ihm gemalte Ikone seinem Vater gewidmet hat, obwohl dieser seit Jahren nichts mehr vom drogensüchtigen Sohn hat wissen wollen. Einige wenige widmen ihre Ikone den Mitarbeitern im Heim, von denen sie bis zuletzt betreut wurden; diese Ikonen erhalten einen „Ehrenplatz“ in der Galerie des Hauses.

Was ist nun das Ergebnis dieses Modellversuches, der seit über einem Jahr läuft? Erstens werden seither signifikant weniger Analgetica benötigt als zuvor, was zweifellos auf die „heilsame Selbstvergessenheit“ beim Malen zurückzuführen ist. Zweitens bleiben die furchtbaren Todeskämpfe aus, was auf den „Frieden mit sich selbst“ zurückgeführt werden kann, der im Wissen um ein sinnvolles Tun begründet ist. (Für manche der Kranken war das Malen der Ikone das Sinnvollste in ihrem ganzen kurzen Leben überhaupt!) Und drittens ist in dem Jahr des Modellversuchs *nicht einer gestorben, bevor er seine Ikone fertiggestellt hatte,* was einem grandiosen Triumph des Geistes über den Körper gleichkommt.

Somit ist allen Schwerkranken zu raten, nicht von der Krankheit entmutigt aufzuhören, sinnvoll zu leben, sondern umgekehrt: gerade wegen der Krankheit damit zu beginnen, ihr „Meisterwerk“ zu schaffen. Sie werden die Zeit dafür haben.

Logotherapeutische Ausbildung und Selbsterfahrung

In Deutschland ist die Ausbildung zur logotherapeutisch qualifizierten Fachkraft (im Unterschied zu den USA) erst seit Anfang der 80er Jahre möglich. Es handelt sich dabei um einen berufsbegleitenden Postgraduierten-Lehrgang von 3 bzw. 4 Jahren, der von den Logotherapie-Instituten angeboten und dessen Abschluß international anerkannt wird. Da es allgemein üblich ist, daß Psychotherapeuten – und ebenso die meisten anderen im helfenden und sozialen Beruf tätigen Fachleute – ein umfangreiches Programm an „Selbsterfahrung" absolvieren, damit sichergestellt ist, daß ihre Arbeit am Nächsten nicht durch eigene Schwächen behindert wird, erhob sich die Frage nach einem spezifisch logotherapeutischen Selbsterfahrungsmodus. Dazu möchte der folgende Beitrag einige Aufschlüsse geben, die auch für Laien, die sich für Selbsterfahrungsgruppen interessieren, nicht unwichtig sein mögen.

Die Inhalte einer originären logotherapeutischen Ausbildung gehen auf ihren Begründer Viktor E. Frankl zurück, wie er sie in seinem Lebenswerk niedergelegt hat. Konzepte und Praktiken der Selbsterfahrung jedoch gehen auf genau diejenige traditionell-psychoanalytische Denkweise zurück, die in der Logotherapie eine geistige Überhöhung und Wende zum Humanen erhalten soll. Von daher sehen viele Schüler Frankls in ihr eher einen Rückschritt als ein wünschenswertes Ziel. Allerdings sind sie bereit, einem „personenbezogenen Teil" der Ausbildung den ihm gebührenden Platz einzuräumen: der „gelebten Logotherapie". Das während der Ausbildung Gelernte muß ins eigene Leben umgesetzt werden. Wer um die Sinnorientierung des Menschen weiß und sogar andere auf deren Sinnorientierung hin anspricht, steht in der Pflicht, sich selbst sinnorientiert zu verhalten. Nicht nur hängt davon seine Glaubwürdigkeit im therapeutischen Setting ab, sondern auch seine Selbstachtung und innere Übereinstimmung von Sagen und Sein. Wo die Logotherapie nicht gelebt wird, ist sie in ihren Worten hohl, selbst dann, wenn sie sehr wortreich gelehrt wird.

Es fragt sich daher, was im Rahmen der logotherapeutischen Ausbildung zusätzlich zu Theorie und Praxis angeboten werden soll, das es den Ausbildungsabsolventen erleichtert, die von ihnen vertretenen Prinzipien in ihrem eigenen Leben lebendig werden zu lassen. Die Antwort, die hier gegeben wird, geht von zwei Grundsätzen aus:

1. Auf keine andere Weise erfahren wir so viel über uns selbst, als durch die *Betrachtung unserer Intentionen*. Denn die Intentionen sind unser (Frankl: „Die Intention ist unser, der Effekt ist Gottes"). Unsere Intentionen sind aber nicht anders betrachtbar als im Blick auf das jeweils Intendierte. Und das jeweils Intendierte ist – wenn es sich tatsächlich um ein intentionales Wertobjekt und nicht etwa um ein homöostaseerzeugendes Triebobjekt handelt – ein Nichtselbsthaftes (Frankl: „... das nicht wieder ich selbst bin"). Demnach findet wahre Selbsterfahrung immer nur auf indirektem Wege statt, was Viktor E. Frankl nicht müde wird zu betonen, nämlich immer nur über die Betrachtung des Nichtselbsthaften (Frankl: „Das Ich wird Ich erst am Du").

   Wie aber ist eine solche Betrachtung zu vollziehen? Sie muß in Erfahrung bringen, wieviel das jeweils Intendierte für das Selbst bedeutet, wie sehr oder wie wenig sich also das Selbst ihm liebend zuwendet. Denn der Grad seiner liebenden Zugewandtheit wird letztlich darüber bestimmen, über welche Hürden das Selbst hinwegkommt, gleichsam bereit ist, zu „springen" (= psychophysischen Störungen zu trotzen), wenn es not tut. Sie muß aber auch in Erfahrung bringen, wieweit das jeweils Intendierte – einschließlich der Mittel seiner Erreichung – „an sich" würdig ist, daß sich das Selbst ihm liebend zuwendet. Denn der Grad seiner objektiven Würdigkeit wird letztlich darüber bestimmen, ob sich das Selbst in die richtige Richtung bewegt oder vielleicht in eine Vergötzung verrennt, die Verzweiflung anbahnt.

2. Auf keine andere Weise erfahren wir so wenig über uns selbst als durch Selbstbeobachtung und Selbstreflexion. Eine Abkoppelung oder Entbindung des Selbst von der objektiven und intendierbaren Wertewelt außerhalb des Selbst, von der Welterkenntnis schlechthin, läßt das Selbst sich selbst verlieren. Im Akt des Sich-Beobachtens verliert der Beobachtende das Beobachtete. Es kann daher neben der Betrachtung unserer Intentionen nur noch um die *Beachtung von* (für uns selbst und die Welt) *Wesentlichem* gehen, um „Wesenszüge" unseres Lebens.

Frankl: „Nur in dem Maße, in dem ich zurücktrete, in dem ich mein Sosein verleugne, wird mir etwas sichtbar, das mehr ist als wieder nur ich selbst. Solche Selbstverleugnung ist allemal der Preis, um den ich Seinserkenntnis erkaufen muß, die mehr sein soll als bloßer Ausdruck wieder nur meines eigenen Seins. Mit einem Wort: ich muß mich selbst übersehen. Kann ich es nicht, so ist mein Vermögen, zu erkennen, auch schon beeinträchtigt; denn ich stehe dann mir selbst, meinem eigenen Erkennen, im Wege. Mit anderen Worten: Reflexion ist ein defizienter und sekundärer Modus der Seinsintention – nicht anders, als wie Selbsterfüllung ein abkünftiger Modus der Sinnintention, der Intention von Sinnerfüllung." *

Das ist ein eindeutiger Standpunkt, der an die Stelle von Selbsterfahrung Selbstverleugnung, und an die Stelle von (Selbst-)Beobachtung (Welt-)Beachtung setzt. Die von mir erfaßbare Welt in ihrer Wesentlichkeit und mein Leben in seiner Wesentlichkeit für die Welt sind Erkenntnisgegenstände, die meine Beachtung verdienen. Ich erkaufe mir ihre Erkenntnis um den Preis des Verzichts auf Selbstbeobachtung und lasse meine Existenz als „Mysterium" zu. Je weniger ich um mich weiß, desto intensiver existiere ich auf etwas hin, je mehr ich mich übersehe, desto eher sehe ich über mich hinaus.

* Viktor E. Frankl, „Der Mensch vor der Frage nach dem Sinn", Verlag Piper, München, 9. Auflage 1993, Seite 80/81.

Frankl: „Niemals steht Existenz als Objekt vor mir, vor meinen Augen; sie steht vielmehr immer hinter meinem Denken, hinter mir als Subjekt. So ist Existenz letzten Endes ein Mysterium." *

Kehren wir damit zurück zur Frage, wie eine logotherapeutische Ausbildung „gelebte Logotherapie" initiieren kann. Die Antwort hat gelautet, eine Betrachtung (unserer Intentionen) und Beachtung (von Lebens-Wesentlichem) seien angezeigt, nicht aber Selbstbeobachtung und Selbstreflexion. Gehen wir jetzt ins Konkrete: *Was* genau soll bei der „gelebten Logotherapie" betrachtet und beachtet werden? Und *von wem* bzw. *vor wem* soll es Betrachtung und Beachtung erfahren? Hier das Ergebnis diesbezüglicher Überlegungen und Forschungen.

Was soll betrachtet und beachtet werden?

Man könnte sagen: die „Explikation der Person" in einer Gesamtschau des Lebens dieser Person. Während jedoch die „Explikation der Person" an der Aufschlüsselung des von ihr Intendierten und des für sie Wesentlichen ablesbar wird, setzt die Gesamtschau ihres Lebens eine Dreifach-Betrachtung und -Beachtung voraus: Vergangenes und Zukünftiges, Negatives und Positives, Empfangenes und Gegebenes muß gleichermaßen ins geistige Sehfeld miteinbezogen werden, auf daß ein fruchtbares Ringen stattfindet – Ringen um den Sinn des Ganzen. Eine Lebensschau, die sich einseitig auf das Vergangene, ja vorwiegend auf das Negative im Vergangenen, und noch dazu akzentuell auf das Negativ-Empfangene und Negativ-Erlebte im Vergangenen konzentrieren würde, würde stattdessen ein unfruchtbares Ringen fördern, wie es aus der psychoanalytischen Aufarbeitungstheorie bekannt ist, und darüber hinaus jedwede Intentionalität und Wesentlichkeit blockieren.

---

* Viktor E. Frankl, „Der Mensch vor der Frage nach dem Sinn", Verlag Piper, München, 9. Auflage 1993, Seite 211.

Da nach Frankl menschliches Verhalten nicht von den Bedingungen diktiert wird, die der Mensch antrifft, sondern von den Entscheidungen, die der Mensch trifft, sind letztere zentral – das Zentrum, in dem die Fäden aller Lebensbetrachtung und Weltbeachtung zusammenlaufen. Was habe ich angesichts meiner Bedingungen entschieden und was gilt es noch zu entscheiden? Wofür bin ich entscheidungswillig und zu welcher Entscheidung bin ich aufgerufen? Oder im Gewand der Hillelschen Lebensweisung: „Wenn ich es nicht tue, wer soll es tun ...?“ *Das* ist es, was in der „gelebten Logotherapie“ zur Diskussion steht.

Von wem bzw. vor wem soll es betrachtet und beachtet werden?

Es gibt ein altes Argument, das sich aus der psychoanalytischen Verdrängungslehre herleitet und welches besagt, daß dem Ich des Menschen vieles unbewußt sei, z. B. Motive seines Handelns oder Urgründe seiner Emotionen. Da es ihm unbewußt sei, könne das Ich sich damit nicht bewußt auseinandersetzen und sei angewiesen auf die Aufdeckung durch andere. Daraus wiederum leitet sich die Konzeption der Selbsterfahrungsgruppe ab: die Gruppe soll dem Einzelnen rückmelden, was dem Einzelnen nicht bewußt ist. Die Fremdbeobachtung wird zum Vehikel der Selbstbeobachtung.

Nach logotherapeutischer Auffassung wird das Ich des Menschen dabei unterschätzt. Denn die eigentlichen Rückmeldungen, die es lebenslang erhält, sind diejenigen aus der Welt, in denen sich sein Wirken abbildet. Niemandem bleibt das eigene Wirken verborgen. Jeder weiß zutiefst in seinem Herzen, ob sein Tun und Fühlen auf richtigem Kurs sind oder ob Korrekturen angezeigt wären, schmerzliche Korrekturen vielleicht, die er scheut. Möglich, daß er „den Kopf in den Sand steckt“, daß er nicht zugeben möchte, was ihm die innere Stimme erzählt, aber die Stimme ist unbeirrbar in ihrem Flüstern und Raunen (Frankl: „Durch das Gewissen der menschlichen Person per-sonat eine außermenschliche Instanz"). Brauchen wir da wirklich Gruppenteilnehmer, sind wir wirklich auf Fremde angewiesen, um zu vernehmen, was eine „außermenschliche Instanz" uns ans Herz legt und ins Herz gelegt hat? Sind die anderen und ihre Beobachtungen und Rückmeldungen der Maßstab, an dem das Ich sich messen soll? Ist nicht ein Maßstab von weit höherer Rangordnung im Menschen, der am allerbesten bewußt wird, ins Bewußtsein vordringt, in der Stille und Einsamkeit (Frankl: „letzten Ehrlichkeit") des Zwiegesprächs mit sich selber, geschützt und abgeschirmt vor fremden Einflüssen?

Frankl: „So ist denn das Selbstgespräch nur ein Grenz- und Sonderfall – das Eigentliche und Ursprüngliche ist die Zwiesprache. Und gerade dann, wenn es niemanden gibt, mit dem der Mensch sie hält, just dann, wenn er das Du scheinbar ins Leere, ins Nichts hinein spricht, – ebendann spricht er es zum ewigen Du: ewig darum, weil er es – wenn auch noch so unbewußt – immer schon angesprochen hat – und von ihm her auch immer schon angesprochen ist. Denn das erste Wort, das wir zu diesem Du sprechen, ist immer schon eine Ant-wort.
... Freilich: einsam muß der Mensch sein – erst dann kann er merken, daß er nicht allein ist, nie allein war; einsam muß er sein: nur dann kann er merken, daß seine Selbstgespräche Zwiegespräche sind und immer schon waren." *

Halten wir fest: Gerade dann, wenn es niemanden gibt, mit dem der Mensch Zwiesprache hält ... dann spricht er zum ewigen Du. Das und nichts anderes bedeutet „gelebte Logotherapie": öfters zwischendurch ein „Sprechen zum ewigen Du". Es einzuleiten bedarf es nicht der Gruppe, der fremden Augen und fremden Kommentare. Es bedarf der Einsamkeit.

Auf diesem theoretischen Hintergrund soll im folgenden ein praktisches Beispiel aus einer Selbsterfahrungsgruppe

* Viktor E. Frankl, „Der leidende Mensch", Verlag Piper, München, Neuausgabe 1990, Seite 370.

diskutiert werden, das von Jürgen Kriz* stammt. Er schreibt:

„Ein männliches Gruppenmitglied – nennen wir ihn hier Peter, ca. 40 J. – berichtet in einem Blitzlicht, daß er sich einige Stunden zuvor durch eine Bemerkung von mir verletzt gefühlt habe und nun ziemlich wütend auf mich sei. Da ich mich recht gut an die Situation und Äußerung erinnere und weiß, daß ich nichts Abwertendes oder Kränkendes gesagt habe, frage ich, ob wir uns das ‚ansehen' wollen. Nach Peters Zustimmung setze ich mich ihm ganz nah gegenüber und bitte ihn, mein Gesicht möglichst genau zu betrachten. Nach einigen Minuten bitte ich Peter, die Augen zu schließen und, indem er mein Bild vor seinem ‚inneren Auge' behält, sich nochmals ganz intensiv in die Situation von vorhin hineinzubegeben und seine Verletzung sowie den Ärger zu spüren. Als ich ihn nun auffordere, schnell die Augen zu öffnen und mein Gesicht zu betrachten, stellt er mit Erstaunen fest, daß ich eben – in seinem inneren Bild – einige ganz andere Gesichtszüge hatte. Ich bitte nun Peter, nochmals die Augen zu schließen und diesen anderen Gesichtszügen zu folgen, bis ein bekanntes Bild auftaucht. Schon recht bald sagt Peter ‚Ja, nun sehe ich plötzlich einen meiner Lehrer – der sah ja genauso aus, wie Dein Bild eben'. In der anschließenden Arbeit erinnert sich Peter (unter Beteiligung intensiver Gefühle), wie dieser Lehrer ihn oft verletzt und sich ‚auf meine Kosten lustig gemacht' habe. Auch der Zusammenhang mit der Situation vorhin wird nun deutlich. Ich schließe die Arbeit ab, indem ich Peter bitte, nochmals genau MEIN Gesicht zu sehen. Und – indem ich ihm in die Augen blicke und beide Hände an seine Oberarme lege (damit er spüren kann, daß ich nicht nur Wörter äußere) – sage ich: ‚ICH bin nicht Dein Lehrer – und ICH habe keinerlei Interesse, mich auf Deine Kosten lustig zu machen.'

---

* Bekannt als Verfasser des Lehrbuches „Grundkonzepte der Psychotherapie", das Beispiel stammt aus dem „Bulletin" der GLE, 9. Jg. Nr. 2, Mai 92, Wien.

Diese Erfahrung war, wie Peter mir später einmal berichtete, sehr wichtig für ihn, weil das (partielle) Nicht-Sehen und die Dominanz alter Erfahrung über die Wahrnehmung im ‚jetzt' hier sogar im visuellen Kanal deutlich wurde."

Es handelt sich um ein recht einfaches Beispiel einer „Übertragung" (Projektion), die, wie jede andere „Übertragung", ethisch fragwürdig ist. Der Ärger über einen ehemaligen Schullehrer wird auf eine Person „übertragen", die diesem entfernt ähnlich sieht, eine Person, die aber nicht das Mindeste dafür kann, was jener Lehrer einst verbrochen haben mag. Peter aus unserem Beispiel differenziert also zu wenig; er richtet seine immer noch in tiefen Schichten glimmende Wut gegen einen Unschuldigen.

Was wurde nun in der Selbsterfahrungsgruppe angepeilt und erreicht? Man könnte sagen: daß sich Peter seines „Übertragungsvorganges" bewußter wurde, als er es war. Bewußt*er* deswegen, weil erhebliche Zweifel daran angemeldet werden müssen, seine „Übertragung" wäre ihm zur Gänze unbewußt gewesen. Peter hat ja selbst berichtet, er habe sich durch eine bestimmte Bemerkung provoziert gefühlt – ein Beweis dafür, daß ihm die Wut, die er empfand, jedenfalls bewußt war. Ferner macht Jürgen Kriz deutlich, daß die Bemerkung, um die es ging, nichts Abwertendes oder Kränkendes enthalten hatte, und wir dürfen davon ausgehen, daß Peter intelligent genug war, dasselbe zu registrieren. Schon ein Kind kann erkennen, ob eine Bemerkung verletzend ist oder nicht.

Peter *wußte* somit, daß da etwas nicht stimmte, nicht stimmig war zwischen einer harmlosen Bemerkung in seinen Ohren und einem irrationalen Gefühl in seinem „Bauch", etwas *in ihm*. Und er wußte, daß dieses Etwas nichts mit seinem momentanen Gegenüber zu tun hatte. Dennoch hat er dieses Gegenüber in die Sache mithineingezogen, was bei einem weniger psychologisch geschulten Gesprächspartner hätte schlecht ausgehen können. Aus logotherapeutischer Sicht ist Peters Problem demnach weniger die „Dominanz alter Erfahrung über die Wahrnehmung im Jetzt", sondern vielmehr die Bereitschaft, alte Animositäten an einem Gegenüber im Jetzt auszulassen.

Fragen wir zuletzt nach dem Ergebnis der Selbsterfahrungs-Intervention. Die „Übertragung" ist durch den Vergleich der beiden Gesichter im inneren Bild bewußter geworden. So weit, so gut. Ist darüber hinaus ein Zusätzliches an Lern- und Reifezugewinn eingetreten? Aus dem Bericht von Jürgen Kriz ist nichts dergleichen herauszulesen. Dennoch gibt Peter später die Rückmeldung, daß die Selbsterfahrung für ihn sehr wichtig gewesen sei, woraus wir optimistischerweise schließen dürfen, daß er „in sich" gegangen ist und die Bereitschaft entwickelt hat, künftig auf „Übertragungen" zu verzichten. Dann wäre sein personaler Zugewinn allerdings auf das „In-sich-Gehen danach" zurückzuführen und nicht zwangsläufig auf die Intervention in der Gruppe, die ihn auch hätte ungerührt lassen können. Dann ist sie auf eine innere Zwiesprache Peters zurückzuführen ...

Im Kontrast zu dem geschilderten Vorgehen von Jürgen Kriz will eine logotherapeutische Intervention in einem derartigen „Übertragungsfall" von vornherein solches anpeilen und erreichen, nämlich

1. den bedingungslosen Verzicht auf weitere „Übertragungen" und
2. die Versöhnung mit jedwedem Grund von Verletztheit und Wut.

Zu diesem Zweck legt sie ihren Gruppenmitgliedern ans Herz, sich bei Unstimmigkeiten zwischen äußeren Reizen (z. B. der Bemerkung eines anderen) und inneren Reaktionen (z. B. dem Gefühl des eigenen Gekränktseins) mit sich selbst ernsthaft und ehrlich auseinanderzusetzen. Als Hilfe bei der Auseinandersetzung verweist sie einerseits auf die *Dreifach-Betrachtung und -Beachtung* von Vergangenem und Zukünftigem, Negativem und Positivem, Empfangenem und Gegebenem, und andererseits auf die *Sprache des Gewissens,* die der stellungnehmenden geistigen Person im mühsamen Suchen nach sinnvollen Stellungnahmen – auch zu Schmerzlichem im Leben – treu und unbeirrbar beisteht.

Kommen wir noch einmal auf Peter aus dem zitierten Beispiel zurück. Laut Bericht erinnert er sich im Zuge der Selbsterfahrungsarbeit daran, wie oft ihn sein Lehrer verletzt und sich auf seine Kosten lustig gemacht habe. Er erinnert sich „unter Beteiligung intensiver Gefühle", wobei wir gewiß nicht fehlgehen, wenn wir diese Gefühle für negative halten. Was aber ist praktisch mit seiner Erinnerung gewonnen? Psychoanalytisch würde in der Hinsicht argumentiert, daß verdrängte und aufgestaute negative Gefühle endlich abgeflossen sind und die Homöostase des Individuums wieder hergestellt worden ist. Da wir logotherapeutisch jedoch *mehr* anstreben als die homöostatische Beruhigung eines Individuums, müssen wir auch mehr zustande bringen als das Beweinen eines Traumas.

So hätte in einer logotherapeutischen Intervention die Dreifach-Betrachtung und -Beachtung Peter unmittelbar auf eine neue Fährte gelockt, etwa der Art:

1. Hatte ich auch gute Lehrer? Gab es Bezugspersonen in meinem Leben, die sich nie über mich lustig gemacht haben, die mich im Gegenteil geachtet und geschätzt haben? Wer waren diese Personen? (= Reflexion *auch des Positiven.*)
2. Wie bin denn ich mit meinem Schullehrer umgegangen? Habe ich ihm den Unterricht leicht oder schwer gemacht? Habe ich es ihm heimgezahlt, daß er öfters sein Späßchen mit mir trieb? Was war ich für ein Schüler? (= Reflexion *auch des Gegebenen*)
3. Kann ich aus der Erfahrung mit meinem Schullehrer etwas für die Zukunft lernen? Kann er mir zum Beispiel als bleibende Warnung dienen, niemals Kinder zu mißachten und ihre Handlungen ins Lächerliche zu ziehen? (= Reflexion *auch des Zukünftigen*)

Das Hinhören auf die Sprache des Gewissens wiederum hätte vielleicht in einer einsamen Stunde den Entschluß in Peter reifen lassen, seinem Schullehrer zu vergeben, ein für allemal. Es hätte ihm vielleicht die Einsicht beschert, daß wir nicht Richter über andere Menschen sind, sondern besser daran tun, „vor unserer eigenen Haustüre zu kehren“, was auch miteinbegreift, Unschuldige wenn möglich nicht zu belasten. Denn es ist denkbar, daß jener Schullehrer, der hier (unausgesprochen, aber dennoch überdeutlich) „auf der Anklagebank sitzt“, seinerzeit in keine andere Falle getappt ist als der erwachsene Peter in der Selbsterfahrungsgruppe, nämlich dem inneren Drang nachzugeben, einen Ärger auf jemanden – in seinem Fall auf unschuldige Schüler – zu übertragen.

Wer wirft jetzt den ersten Stein?

Könnte Peter vergeben *, würde sich bei ihm zur Homöostase im psychophysischen Bereich ein großartiges menschliches Verdienst im geistigen Bereich dazugesellen, und die Akten über sein Trauma wären endgültig geschlossen.

Die dargelegten Perspektiven können nun auch in das Grundlagenkonzept einer logotherapeutischen Ausbildung hineinverwoben werden, womit wir wieder bei unserer Ausgangsfragestellung angelangt sind. So wie die Supervisionsarbeit der „angewandten Logotherapie“ gilt, gilt die Selbsterfahrungsarbeit der „gelebten Logotherapie“. Um letzteres zu stimulieren, wird den Ausbildungsabsolventen über das Medium einer „geführten Autobiographie“ eine Situation verschafft, in der sie sich – vor und während des Schreibens – in Stille mit ihrem eigenen Leben auseinandersetzen müssen. Abschnitt für Abschnitt wird Vergangenes und Zukünftiges, Negatives und Positives, Empfangenes und Gegebenes auf den Logos hin durchleuchtet (vor das „ewige Du“ gebracht). Die Gruppengespräche, die parallel dazu abgehalten werden, haben nicht primär die Funktion einer aufklärenden Rückmeldung durch andere, sondern die Funktion, den sinninten-

---

* Vgl. dazu die auf Seite 116 erwähnte Forschungsarbeit von Reinhard Tausch!

siven und sinnintentionalen Prozeß in Gang zu halten, der da in Gang gekommen ist, damit sich für die Person selbst etwas klärt: das Wozu ihres Lebens.*

Zusammenfassende Aspekte logotherapeutischer Selbsterfahrung:

1. Gruppengespräch versus meditative Einsamkeit

a) Was soll bei der Selbsterfahrung erfahren werden? Das geschichtlich gewordene Selbst eines Menschen ist nie ganz faßbar und schon gar nicht aus seinen Determinanten aufschlüsselbar, es bleibt ein Mysterium.

> Frankl: „.. da unsere Entscheidungen letzten Endes frei sind, können sie unmöglich von irgendwelchen Determinanten zur Gänze bestimmt und von ihnen her pandeterministisch erklärt werden, ohne einen unerklärlichen Rest, der eben ein Mysterium bleibt. Und gäbe es das Mysterium nicht, so wären wir weder frei noch verantwortlich ..." **

Wenn es folglich nicht darum geht, das Selbst als Mysterium spekulativ zu entmystifizieren, sondern darum geht, das Selbst als Wertbild der Person zu erschauen (Dostojewski: ... wie Gott mich gemeint hat), dann ist die meditative Einsamkeit als atmosphärische Unterstützung dafür wesentlich geeigneter als ein lautes und alles zerredendes Gruppengespräch.

b) Ferner ist bekannt, daß Gruppen ihre Eigendynamik entwickeln. Sogar Personen von friedlichem Gemüt sind im Gruppenverband überraschend geneigt, Druck und Gewalt auszuüben, was sich im Bandenunwesen immer wieder bestätigt (von Dieter Zimmer als „Phänomen der Deindividuation" ausführlich beschrieben). Analog ist auch in Selbsterfahrungs-

---

* Das Konzept ist detailliert beschrieben im Buch „Spannendes Leben" von Elisabeth Lukas, Quintessenz Verlag, München 1991.

** Viktor E. Frankl, „Der Mensch vor der Frage nach dem Sinn", Verlag Piper, München, 8. Auflage 1990, Seite 220.

gruppen die Gefahr nicht von der Hand zu weisen, daß es zu ausschreitenden Hyperinterpretationen kommt, die demjenigen, der da etwas über sich selbst erfahren soll, in erniedrigender Weise übergestülpt werden. Oder daß gegen seinen Willen „Bekenntnisse" aus ihm herauszupressen versucht werden. Diese Eigendynamik ist vom besten Gruppenleiter kaum zu bremsen, weshalb es sich vorbeugend empfiehlt, der Gruppe keinerlei Macht zu geben, sondern lieber den Einzelnen der Macht des Du-Wortes in der Stille der Meditation zu überantworten, und der Gruppe nur eine begleitende Rolle zuzuordnen.

2. *Selbsterfahrung am Ende statt am Anfang der Ausbildung*

a) Es ist nicht zu leugnen, daß auch bei Therapeuten „Übertragungen" geschehen können, insofern, als sie ungewollt Assoziationen aus dem eigenen Leben auf ihre Patienten „übertragen". Was schützt sie davor? Es ist nicht garantiert, daß allein die Kenntnis ihrer Vergangenheitsmuster sie davor schützt. Vieles spricht dafür, daß vorrangig eine stark entwikkelte Fähigkeit zur Selbsttranszendenz vor „Übertragungen" schützt. Denn hohe Selbsttranszendenz im therapeutischen Dialog bedeutet, geistig ganz beim Patienten zu sein; und geistig nahe bei einem anderen Menschen zu weilen, bedeutet, Eigenes loszulassen und in der Hingabe an den anderen von sich selbst abzurücken – von sich und seinen Assoziationen (im Fall Peters: das Gesicht seines Gegenübers wahrzunehmen, und nicht das Gesicht eines früheren Schullehrers ...).

Wenn dem so ist, muß bei Ausbildungsabsolventen *erst* die Fähigkeit zur Selbsttranszendenz gestärkt werden, indem sie ihre Motivation voll und uneingeschränkt auf adäquate Hilfsmöglichkeiten für ihre Patienten richten. Wir wissen, daß z. B. Psychologiestudenten, die ihr Studium beginnen, um sich selbst besser kennen zu lernen, in überwiegendem Maße beruflich scheitern. Dem soll in der logotherapeutischen Ausbildung ein Riegel vorgeschoben werden, indem aller persönliche Gewinn von Ausbildungsabsolventen als unintendierter Nebeneffekt belassen wird, als der er sich einstellt, solange der Patient und dessen Heilung noch der intendierte Haupteffekt sind.

b) Am Ende der Ausbildung ist die Fähigkeit zur Selbsttranszendenz nicht nur bei den einzelnen Ausbildungsabsolventen stark genug entwickelt, auf daß Selbsterfahrung nicht mehr in Egozentrik umschlägt, sie ist auch in der Ausbildungsgruppe stark genug entwickelt, um die Gruppe zu befähigen, einen „Verletzten" zu tragen und zu bergen. Personen, die sich jahrelang mit der Logotherapie befaßt haben, verfallen nicht leicht dem „Phänomen der Deindividuation", im Gegenteil, sie sind optimal ausgerüstet, einem, der traumatische Lebensereignisse rekapituliert, das lindernde Wort zu sagen, dessen er bedarf. Von daher ist Selbsterfahrung am Ende der logotherapeutischen Ausbildung indiziert, gleichsam zur Heimholung eines Ichs, das auszog, einem Nicht-Ich zu dienen.

3. Zentraler Gegenstand: Heilsein statt Verletztsein

a) Wiederholt wurde darauf hingewiesen, daß es unzuträglich ist, sich in der Selbsterfahrungsarbeit lediglich mit dem Negativ-Empfangenen aus der Lebensvergangenheit zu beschäftigen. Diese Willkürauswahl liefert ein einseitiges Bild vom eigenen Werdegang und rückt den Schicksalsboden zu sehr ins Zentrum der Aufmerksamkeit. Das Schicksal jedoch ist der Boden, auf dem wir uns *in Freiheit* bewegen, und wenn die Freiheit nur darin besteht, dem Schicksal würdig ins Antlitz zu blicken.

Frankl: „Das Schicksal gehört zum Menschen wie der Boden, an den ihn die Schwerkraft fesselt, ohne die aber das Gehen unmöglich wäre. Zu unserem Schicksal haben wir zu stehen wie zu dem Boden, auf dem wir stehen – ein Boden, der das Sprungbrett für unsere Freiheit ist. ... Der Boden, auf dem der Mensch geht, wird im Gehen jeweils auch schon transzendiert und ist ihm Boden letztlich eben nur soweit, als er transzendiert wird, Absprungbasis ist. Wollte man den Menschen definieren, dann müßte man ihn bestimmen als jenes Wesen, das sich je auch schon frei macht von dem, wodurch es bestimmt ist –." *

Die Aufgabe der Selbsterfahrungsarbeit ist es sonach, auf dem Boden des Schicksalhaften nach der gelebten und zu lebenden Freiheit und Eigenverantwortung zu fragen, und auf dem Boden des Verletztwordenseins nach dem Heilgebliebenen und unabdingbar Heilen in sich selbst zu fahnden.

b) Dazu ein Beispiel:
Ein Ausbildungsabsolvent schildert in seiner Autobiographie, wie er als Kind beim Spielen in einem Weinberg auf eine Granate aus dem 1. Weltkrieg gestiegen ist und schwerste Verletzungen davongetragen hat. Sein Körper war mit Granatsplittern übersät gewesen, und lange hatte er zwischen Leben und Tod geschwebt. Danach war er schwächlich und krankheitsanfällig geblieben. Zwei seiner Freunde waren bei dem Unglück zerfetzt worden.

Bei der „Konfrontation seiner Existenz mit dem Logos" entdeckt er, daß er, der aus einer dörflichen Handwerksfamilie stammt, als gesunder und kräftiger Junge ebenso für eine Handwerkerlaufbahn vorgesehen gewesen wäre wie alle seine Brüder auch. Einzig deswegen, weil er ein schwaches Kind gewesen war, dachten seine Eltern, er müsse „etwas mit dem Kopf machen", und ermöglichten ihm eine höhere Schulbildung. Dieser wiederum dankt der Ausbildungsabsolvent seinen heutigen Wirkungsbereich als Universitätslehrer und Forscher, der ihn zutiefst erfüllt.

Die Gruppe, die an diesem bewegenden Abschnitt aus der Autobiographie teilhaben darf, trägt die Erschütterung mit, die den Ausbildungsabsolventen bei der Erinnerung an seinen Unfall überkommt. Aber sie bestärkt ihn auch in dem Glauben, daß auf dem Boden dieses tragischen Schicksals von ihm

* Viktor E. Frankl, „Ärztliche Seelsorge", Verlag Deuticke, Wien, 10. Auflage 1982, Seite 92.

und seinen Eltern Heiles gelebt und erlebt worden ist, das genug Anlaß bietet zu Dankbarkeit und Versöhnung.

4. Das historische Modell der Autobiographie

Die genannten Aspekte logotherapeutischer Selbsterfahrung folgen geradlinig dem großen historischen Modell, das uns der Begründer der Logotherapie in seinem unsterblichen Werk „... trotzdem Ja zum Leben sagen" gegeben hat. Denn dieses Werk *ist* ein Stück Autobiographie und gleichzeitig ein Stück außerordentlich gelungener Selbsterfahrung in Form „gelebter Logotherapie".

Niemand wird bezweifeln, daß Viktor E. Frankl nach seiner Errettung aus dem Konzentrationslager und seiner Rückkehr nach Wien (bei der er erfahren hat, daß seine Frau getötet worden ist) unter Schock gestanden ist. Niemand wird sich dem Gedanken verweigern, daß es ein halbes Leben braucht, um einen solchen Schock zu verwinden. Was also tat Viktor E. Frankl, der als Psychiater um seine schwere seelische Verletzung wußte, um „wieder heil zu werden"? Er schrieb in wenigen Tagen das Erlebte nieder. Aber wir sehen: nicht nur das grauenhaft Negative, sondern auch das trotz allem dagewesene Positive, und nicht nur das von der Gestapo und SS Empfangene, sondern auch das seinen Mithäftlingen Gegebene, und nicht nur das Vergangene, sondern auch das, was Ausblick und Richtschnur sein könnte für die Zukunft der Völker. Und wir sehen weiter: er schrieb es in der Stille, von fremden Kommentaren ungestört, fast wie ein Gebet, und er errang seine seelische Heilung. Und schließlich schrieb er es am Ende seiner „Lehrjahre", denn danach trat er vor die Fachwelt hin und präsentierte ihr ein ausgereiftes psychotherapeutisches System, das sie bis auf den heutigen Tag aufhorchen läßt.

Das Besondere an dem großen historischen Modell ist jedoch folgendes: das Buch, in einem Heilungsprozeß niedergeschrieben, besitzt seinerseits *Heilkraft*. Gemäß einer statistischen Umfrage in den Vereinigten Staaten rangiert es in seiner englischen Fassung „Man's Search for Meaning" sogar unter den ersten zehn Büchern, die nach Aussagen der Befragten ihr Leben entscheidend beeinflußt, ja, eine Wende darin hervorgerufen haben, die lebenserhaltend war.* Und das 45 Jahre nach seiner Entstehung!

Überlegen wir: wie könnte das Werk eine derartige Ausstrahlung besitzen, wenn es wirklich bloß zur Nivellierung eines Schocks und zur Aufarbeitung eines Traumas geschrieben worden wäre und nicht „aus Liebe"? Hier enthüllt sich die vielleicht wichtigste Zutat gelungener Selbsterfahrung: *sie muß das Selbst übersteigen.*

---

* Das Ergebnis der vom „Library of Congress" und „Book-of-the-Month-Club" durchgeführten Meinungsumfrage ist der New York Times vom 20. Nov. 1991 entnommen.

Anschrift der Verfasserin:

„Süddeutsches Institut für Logotherapie GmbH"
Geschwister-Scholl-Platz 8
D-82256 Fürstenfeldbruck

Tel.-Nr.: 08141/18041

Das Institut ist 1985 anläßlich des 80. Geburtstages von Viktor E. Frankl gegründet und am 1.2.1986 eröffnet worden. Es dient gemeinnützigen Zwecken, indem seine Arbeit direkt oder indirekt seelisch notleidenden Menschen zugute kommt und somit einen Beitrag zur Volksgesundheit leistet.

Die *direkte Hilfe* für ratsuchende und seelisch kranke Menschen wird im Rahmen der psychotherapeutischen Ambulanz des Instituts gewährt. Die *indirekte Hilfe* besteht in der Ausbildungs- und Öffentlichkeitsarbeit des Instituts. Zur Ausbildungsarbeit zählt die 3- bzw. 4jährige Zusatzausbildung in Logotherapie für Fachleute der Humanwissenschaften, die das Institut (in Kooperation mit einer Reihe von Universitäten) anbietet. Zur Öffentlichkeitsarbeit zählen Vorträge und Seminare über logotherapeutische Themen, die das Institut übernimmt, sowie Publikationen zu unterschiedlichen Fragestellungen der Lebensgestaltung und Lebensbewältigung.

Danksagung

Herr Prof. Dr. Dr. Viktor E. Frankl hat mich gewisserweise durch mein gesamtes bisheriges berufliches und wissenschaftliches Leben geleitet. Dabei hat er sich nie gescheut, mich auf Fehler aufmerksam zu machen, aber er hat auch nie mit Anerkennung und Ermutigung gespart. So schrieb er im Mai 1992 (kurz nach seinem 87. Geburtstag!) unter Bezugnahme auf mehrere Kapitel aus dem vorliegenden Buch, die ich ihm zugesandt hatte, folgende Zeilen an mich:

Liebe Frau Dr. Lukas,

wie auch sonst immer, finde ich Ihre Arbeiten ebenso lehrreich wie geistreich. Sie lesen sich auch leicht; aber man merkt, daß *Sie* es sich *nicht* leicht gemacht haben: Sie gehen bis ins Einzelne gründlich vor, und im Großen und Ganzen systematisch. Dabei greifen Sie immer wieder auf konkrete Kasuistik, auf exemplarische Einzelfälle zurück, und das alles in einer gewählten und doch leicht verständlichen Sprache, eben in der Sprache eines Autors, dem man anmerkt, daß er sich der Verantwortung bewußt bleibt, die darin liegt, daß er für die Leser da ist und nicht die Leser für ihn – auch in dieser Hinsicht haben Ihre Arbeiten Seltenheitswert!

Mit allen guten Wünschen von Haus zu Haus
verbleibe ich

Ihr

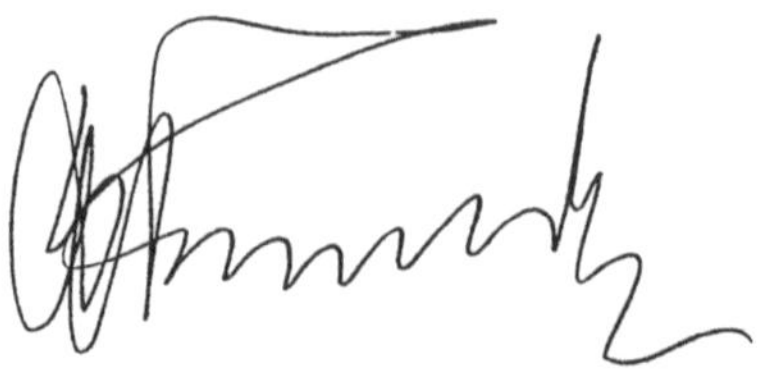

Dafür, für jede Stunde, die er sich für mich Zeit genommen hat, für jeden hilfreichen Kommentar und jeden lieben Gruß, den ich von ihm bekommen habe, möchte ich ihm hiermit meinen aufrichtigen Dank aussprechen.

Nirgends fühle ich mich fachlich mehr geborgen als in seinem Werk, nirgends menschlich mehr geborgen als in seinem Vorbild.

Elisabeth Lukas

evangelische – katholische – moralische –

Logotherapie bei Herder

Im deutschsprachigen Raum hat sich der Herder Verlag um die Publikation von logotherapeutischer Literatur verdient gemacht. Die folgenden Titel sind derzeit lieferbar:

Viktor E. Frankl, „Psychotherapie für den Alltag"
(Neuausgabe)

Viktor E. Frankl, „Das Leiden am sinnlosen Leben"
(Neuausgabe)

Elisabeth Lukas, „Auch dein Leben hat Sinn"
(Neuausgabe)

Elisabeth Lukas, „Auch deine Familie braucht Sinn"

Elisabeth Lukas, „Auch dein Leiden hat Sinn"
(Neuausgabe)

Elisabeth Lukas, „Höhenpsychologie"
(Neuausgabe)

Elisabeth Lukas, „Psychologische Seelsorge"
(Neuausgabe)

Elisabeth Lukas, „Sinn-Zeilen"

Elisabeth Lukas, „Von der Trotzmacht des Geistes"
(Neuausgabe)

Elisabeth Lukas, „Gesinnung und Gesundheit"
(Neuausgabe)

Elisabeth Lukas, „Rat in ratloser Zeit"

Elisabeth Lukas, „Psychologische Vorsorge"

Elisabeth Lukas, „Sinn-Bilder"

Elisabeth Lukas, „Die magische Frage Wozu?"

Elisabeth Lukas, „Geborgensein – worin?"

Uwe Böschemeyer, „Mut zum Neubeginn"

cold hots package